上海市一流课程“公共关系学”专业教材

中国公共关系史纲

A Brief History of China Public Relations

薛 可 余明阳 主编

上海交通大學出版社
SHANGHAI JIAO TONG UNIVERSITY PRESS

内容提要

本书采用历史和逻辑相结合的研究方法，全面论述了从1978年中国公共关系萌芽到2022年新时代下蓬勃发展的中国公共关系理论与实践44年的发展历程。全书分为四章，一方面，从历史学的研究角度，主要论述了中国公共关系从萌芽到繁荣发展进程中的特点、风格、走势、构架；另一方面，从系统论的研究视角，结合公共关系理论在改革开放、商业中的应用、公关教育、形象传播等维度，具体探讨了公共关系理论、公共关系实务、公共关系教育、公共关系管理、公共关系传播和国际交流等不同层面的发展历程，系统展示了中国公共关系改革开放44年来的成果。

书中所收录44年来的重大会议、学术成果、实践活动、教育进程、规章规范等，对中国公共关系学界、业界，以及政府相关部门的工作具有重要的参考价值。

图书在版编目(CIP)数据

中国公共关系史纲/薛可，余明阳主编. —上海：上海交通大学出版社，2023.4

ISBN 978-7-313-28375-7

Ⅰ. ①中… Ⅱ. ①薛… ②余… Ⅲ. ①公共关系学—发展史—中国 Ⅳ. ①C912.3-092

中国国家版本馆CIP数据核字(2023)第043004号

中国公共关系史纲

ZHONGGUO GONGGONG GUANXI SHIGANG

主　　编：薛　可　余明阳

出版发行：上海交通大学出版社　　地　　址：上海市番禺路951号

邮政编码：200030　　电　　话：021-64071208

印　　制：上海万卷印刷股份有限公司　　经　　销：全国新华书店

开　　本：710 mm×1000 mm　1/16　　印　　张：16.25

字　　数：257千字

版　　次：2023年4月第1版　　印　　次：2023年4月第1次印刷

书　　号：ISBN 978-7-313-28375-7

定　　价：68.00元

前　言
Foreword

作为中国第一代研究公共关系的学者，44 年来，我们亲历了公共关系事业在中国的发展全过程。是时代造就了中国公共关系事业的发展，同时，公共关系又为这个伟大的时代增光添彩。

1978 年，真理标准大讨论和中国共产党十一届三中全会从政治上解放思想，打破学术禁锢，包括公共关系在内的一大批学科被引入中国，随着社会主义市场经济的发展，企业开始大量运用公共关系，在深圳特区等改革开放较早的区域，开始出现企业公关部和专业公关公司。实践中，人才的缺乏和理论的缺失使得公关教育和公关研究被广泛重视。1985 年，深圳大学开办第一个公关专业，出版第一套公关丛书，有了从业人员自然需要行业组织。1986 年，上海成立了第一个省市级公关协会。1987 年，中国公共关系协会正式成立。因此，我们把 1978 年到 1987 年定义为中国公共关系的初创阶段。这一阶段，大家对公共关系的认知还比较模糊，从业的层级更多停留在接待、广告宣传、促销活动等初级阶段。有实务，但层级较低；有培训，但非常碎片化；有文章，但深度不足；

有组织,但功能不全。蹒跚学步,走得比较稚嫩,但这是可贵的,是发展中的必经阶段。

1988 年至 1996 年,我们把这一阶段定义为中国公共关系的探索阶段,这一阶段引进了大量国外公关书籍,有大量学者走出国门参加各种国际公关会议,也邀请了包括国际公关协会主席在内的大批国际公关知名人士来访问讲学,全球顶尖的公关顾问公司纷纷落户中国。顺应市场需要的各种公关教材纷纷出版,多家专业公关报刊纷纷创刊,全国各省市公关协会都成立起来,各种培训备受欢迎,各种评选、比赛令人眼花缭乱。尽管"公关热"中有许多不规范、不标准、不严谨之处,但这也是中国公关发展过程中的必经之路。从效果来讲,理论体系逐渐清晰,国家教委批准中山大学正式开设公共关系本科专业。此后,中山大学、复旦大学等进一步拓展研究生层次的人才培养,其学科地位得到了确立。从 1988 年起,经过多届全国公关组织联席会议,行业协会职能大大加强,职业规范得以清晰,电视连续剧《公关小姐》虽然易使公众产生些误解,但对于公众对公关的认知还是起到了积极的作用。以 1996 年中国国际公共关系大会的召开为标志,公关在中国的普及、正本清源,与国际的联动基本完成。

从 1997 年到 2011 年,是中国经济高速发展的阶段,也是重大事件频繁出现的时候,北京申奥、办奥,上海申博、办博,中国加入 WTO,香港回归、澳门回归、互联网引发的科技革命,都为中国公共关系事业提供了广阔的舞台。经历了躁动阶段的中国公关,沉寂了许多,也沉稳了许多,这一阶段,政府公关、国家公关、医院公关、警察公关、非营利组织公关都得到了蓬勃发展。企业公关更是硕果累累,于是各种案例评奖纷纷登场,以上海公关协会和中国国际公关协会的评奖最具影响,而且一直延续至今。中国学者开始大量在《公共关系评论》等国际最高影响因子的杂志发表有中国思考的学术论文,蓝色光标的上市,标志着本土公关公司已经有足够的实力与国际著名公关公司同台竞技。因此,我们把这一阶段定义为中国公共关系的成长期。

党的十八大以来,中华民族迎来了从站起来、富起来到强起来的伟大飞跃,由高速发展走向高质量发展,"中国梦""人类命运共同体""四个全面""四个自信""五大发展理念"等一系列创新理论的提出,为中国公关发展提出了新的课题与要求,也提供了全新的发展平台与土壤,把论文写在祖国大地上，讲好中国故事，绿水青山就是金山银山等一系列全新理念，都是对中国公关发展方向的指导，作为全球第二大经济体，我们在学习的同时，需要对全球挑战提出更多的中国思考，从理论到实务应用，从市场格局到企业规模，从城市品牌到各行各业，中国公关已是全球公关的重要力量和不可或缺的重要组成部分。因此，我们把这一阶段定义为中国公共关系的发展阶段。

本书就是按照上述四个阶段来进行分类的。

2006 年，在新一届中国公共关系协会的改选中，余明阳教授当选为常务副会长兼学术委员会主任，在会上，时任协会会长的原全国人大常委会副秘书长苏秋成先生委托余明阳教授组织编写《中国公共关系史（1978—2007）》。横跨 30 年，那时候网络不够发达，很多资料都缺失，经过一年多努力工作，由余明阳主编，吴亚楠、王玺睿、文俊、仪丽君执笔，薛可审编的《中国公共关系史（1978—2007）》在上海交通大学出版社正式出版，苏秋成会长亲自作序，成为中国的第一部公共关系史作。

2018 年，在时任中国公共关系协会会长柳斌杰、常务副会长兼秘书长王大平的提议下，由余明阳、薛可主编，胡毅伟、王思宇、陈治任、李柔、屈楚博、魏思伦参与的《中国公共关系史（1978—2018）》在上海交通大学出版社再次出版，总字数达 62.5 万字，并荣获中国公共关系 40 年 40 部代表书籍之一。

2021 年，经上海交通大学出版社责任编辑黄强强同志力荐，本书将出版英文版，作者对原书作了大规模的删减与修改，由薛可、余明阳主编，余雪尔作英文主审，李朝荣翻译，章甜参与修改，将原作改为 20 万左右规模的书籍，再次出版。

我们希望通过本书英文版的出版，让更多国外公共关系的同仁了解中国公关的发展，从而促进交流，共同提高。

薛 可

2022 年 9 月于上海交通大学

目　录

Contents

第一章
中国公共关系的起步
(1978—1987)

本章关键词: 真理标准问题大讨论、中共十一届三中全会、改革开放、经济特区、公共关系部、公共关系专业、危机公关

第一节　背景：真理标准大讨论与中共十一届三中全会

一、真理标准大讨论：中国公共关系发展的思想准备

1978年5月10日，中央党校内部刊物《理论动态》第60期首先发表经胡耀邦审定的《实践是检验真理的唯一标准》一文。11日，《光明日报》以特约评论员名义刊登此文。当日，新华社转发。12日，《人民日报》《解放军报》同时转载，此后，全国绝大多数省、市、自治区的报纸也陆续转载。文章论述了马克思列宁主义“实践第一”的观点，正确地指出任何理论都要接受实践的考验，指出马克思主义的理论并不是一堆僵化不变的教条，它要在实践中不断增加新的内容。文章在全党及社会引起了强烈的反响，从而引发了一场关于真理标准问题的全国性大讨论。

真理标准问题的大讨论在新中国改革开放中的历史性影响毋庸置疑，为中国公共关系之后的引入消除了思想上的障碍。

二、中共十一届三中全会：中国公共关系发展的体制准备

1978 年 12 月 18 日，中共十一届三中全会正式召开，标志着中国经济体制市场化改革（又称市场取向改革）正式起步。全会实现了一次历史性的伟大转折，纠正了长期以来“左倾”的错误，把党和国家的工作重心转向现代化经济建设，提出了经济体制改革的任务。全会要求，要“根据新的历史条件和实践经验，采取一系列新的重大措施，对经济管理体制和经营管理方法着手认真的改革”。《中国共产党第十一届中央委员会第三次全体会议公报》（1978 年 12 月 22 日通过）充分肯定必须完整地、准确地掌握毛泽东思想的科学体系，高度评价关于实践是检验真理的唯一标准问题的讨论，确定了解放思想、实事求是、团结一致向前看的指导方针；制定了关于加快农业发展的策略；提出了加强社会主义民主和健全社会主义法制的任务；审查和解决了党的历史上一批重大冤假错案，重新评价了一些重要领导人的功过是非。全会还增选了中央领导机构的成员；决定成立中央纪律检查委员会。这些具有重大意义的转变标志着党重新确立了马克思主义的思想路线、政治路线和组织路线，开始形成了以邓小平为核心的第二代中央领导集体，我国进入了社会主义现代化建设的新时期。

中共十一届三中全会以后，党中央确定了“对内搞活、对外开放”的基本国策，中国从封闭、半封闭型经济开始转向积极利用国际环境的开放型经济，摆脱了“左”的思想和自给自足的经济观念的束缚，纠正了把自力更生和对外开放对立起来的错误认识，在利用国内国外两种资源、开拓国内国外两个市场方面取得了显著成效。1979 年 4 月召开的中央工作会议，确定了“调整、改革、整顿、提高”的新八字方针，把改革开放放在重要位置上，在吸收外资、引进技术和先进的管理方法等方面取得了显著成果。

总的来说：① 开放增加了信息源，提高了透明度；② 开放使人们突破了封闭式的思维方式；③ 开放使人们对资本主义社会有了全面而科学的了解；④ 开放促进了意识形态的发展，为中国特色社会主义理论的创立提供了实践经验。[①] 正是在这样的社会背景下，公共关系这个“舶来品”才得

---

① 何颖，石昆明. 中国公共关系兴起、发展的分析与思考 [J]. 攀登，1994 (2)：65－68.

以在中国大地上生根、开花、结果。

第二节　舶来与引进

一、从港台到内地

现代公共关系思想和公共关系实践进入内地，与 20 世纪 60 年代我国香港、台湾地区的公共关系的繁荣发展是分不开的。

早在 20 世纪 60 年代的香港与台湾地区，由于其政治经济发展的特殊性，较早地接受了公共关系思想的洗礼。1963 年，一些跨国公司的分公司纷纷把母公司的体制和管理方式引进香港和台湾，企业的公共关系部迅速壮大，公共关系理论和实务迅速流行开来。台湾地区《世界日报社》社长成舍我先生创办的世界新闻学校率先引入了公共关系课程。1963 年香港地区出现了第一家专业的公共关系公司——韦特公共关系公司。1975 年台湾的魏景蒙先生创办了第一家中国人自办的公共关系专业公司——联合国际公司。20 世纪 60 至 70 年代香港和台湾地区的公共关系已进入职业化阶段。特别是在香港地区，一些跨国公司在其分公司内部设立公共关系机构，聘用受过专业训练的人员从事公共关系工作，他们开展的公共关系活动具有较高的水平。此后，各类企业纷纷设立了自己的公共关系部门，社会上涌现出一批公共关系专业公司，公共关系从业人员迅速增加，公共关系以其独特的社会作用在香港获得了认可。

正当香港与台湾地区公共关系事业红火之时，内地的政治及经济形势也正在悄然发生一些变化。公共关系是于 20 世纪 70 年代末 80 年代初，伴随着我国的对外开放而被引入的。经过“解放思想，实事求是”的洗礼，随着国家工作重心转向经济建设，许多新鲜的事物被创造出来或从国外介绍进来。深圳与香港仅一水之隔，两地在改革开放后有大量的经济、社会往来。公共关系率先在改革开放最早的深圳特区的一些外商独资或中外合资企业中出现，紧接着中外合资企业中的公共关系部也在广州、汕头、佛山、北京等地开始陆续出现，主要集中在宾馆、饭店等行业，公共关系部在这些行业中的表现尤其出色。公共关系在内地的最初发展是从酒店业开始的，这是由于酒店业本身作为一种新型的服务行业，有其特殊的营运模式。

1984 年，广州的中国大酒店、花园酒店、东方宾馆、白天鹅宾馆等企业的服务部门设立公共关系部。而中外合资的广州中国大酒店和北京长城饭店，凭借成熟的公共关系操作经验，向内地引入了完整意义上的公共关系运作，演绎了一个个精彩的中国特色的公共关系经典案例，使两家高档宾馆蜚声海内外。[①]

二、深圳经济特区

深圳，毗邻香港，以这个地理优势作为中国改革开放的窗口的确是独一无二的。但是，深圳特区的发展并非一帆风顺。深圳特区的建设是从荒山野岭的蛇口起步的，其中之艰辛可想而知。在“招商局蛇口工业区”建立之初，建设者们喊出了“时间就是金钱，效率就是生命”的口号，但就是这个当今深入人心的口号在当时招来了全国一片抗议之声。中央电视台播出的电视剧《激情年代》就反映了这段真实的历史。现在，“时间就是金钱，效率就是生命”的标语牌依然屹立在蛇口工业区，已经成为特区精神的标志之一。

到了 1984 年，深圳特区已经初具规模，特区良好的改革体制和开放的社会氛围使得各种港资公司进驻深圳投资，相应地也带来了他们的管理技术。也正是在这个时候，公共关系这门新兴的融传播学与管理学等学科于一体的现代管理科学和操作方法开始被引进内地的沿海地区。之后在广州、北京，当地一批中外合资经营和外商独资经营的企业，参考深圳的模式，直接按照境外模式设立了专门的公共关系部。

深圳经济特区是成功的。多年来，深圳不但为香港顺利回归祖国、尽早实现深港衔接，做出了巨大贡献，发挥了其他任何地区所无法替代的作用，同时在中国公共关系发展的进程中发挥了窗口和试验田的作用，在中国公共关系发展的历程中，做出了一个又一个的中国公共关系创举。

---

① 小平与广东实践：三大酒店神话［EB/OL］. 20040813/20190106，http：//news. sohu. com/20040813/n221511605. shtml.

继1980年内地与香港合资的深圳蛇口华森建筑设计顾问公司率先成为我国第一个具有公共关系性质的专业公司，1982年深圳竹园宾馆也设立了中国内地第一个公共关系部。

第三节　白云山制药厂：大型国企公共关系

一、大型国企的公共关系起步

1984年9月，广州白云山制药厂率先设立公共关系部，在开展公共关系实务方面进行了大胆而有益的尝试，为我国大型国营企业的公共关系活动开了先河，成为中国公共关系史上具有里程碑意义的事件。之后北京王府井百货大楼也设立了公共关系机构，为加强该公司与社会公众的联系起到了重要的作用。[①]

1984年12月26日，《经济日报》以广州白云山制药厂为示范而予以报道，发表长篇通讯《如虎添翼——记广州白云山制药厂的公共关系工作》，并配发了题为《认真研究社会主义公共关系》的社论，阐述了对引进并发展公共关系具有原则性和指导性的意见。接着，《光明日报》《广州日报》《北京日报》和《文汇报》等35家报刊先后载文报道或评论公共关系。许多报道和评论文章都具体介绍了我国新兴的公共关系事业的发展现状，阐述了公共关系在当代中国兴起与发展的必然性和紧迫性。《认真研究社会主义公共关系》这篇社论的发表标志着公共关系在中国开始受到重视。同时，《经济日报》作为具有官方性质的权威报纸对公共关系予以肯定，这就确定了中国公共关系的合法性地位。同时，新闻媒介的报道对于人们正确地认识、了解和接受公共关系，以及公共关系在中国的传播也起到了积极的作用。[②]

白云山制药厂运用公共关系手段进行信誉投资，提高了企业的声誉，塑造了良好的企业形象，使消费者在心理上产生认同及信赖，进而在商品

---

① 林达志. 从广州白云山制药厂的实践经验看企业公共关系部的职能 [J]. 企业经济，1985（11）：41-42.

② 梁世彬. 试论公共关系 [J]. 国际经贸探索，1985（3）：23-26.

市场上取得成功。这实际上是顺应了市场变化的规律，在当时的社会文化环境中认清了局势，为该厂赢得了更好的市场环境。

二、白云山制药厂的象征意义

作为大型国营企业，白云山制药厂开始设立公共关系部，这是经济体制改革后企业大胆尝试新型管理制度的新举措。对公共关系最初的尝试使企业取得了经济效益和社会效益的双赢，也揭开了国营企业开展公共关系活动的序幕。这在当时为公共关系观念的形成营造了良好的社会氛围。但我们还是要看到，当时的企业内部公共关系部的设置还只是在低水平的接待和媒体公共关系上，企业公共关系部的职能并没有完全发挥出来。[①]

我们看到，起步阶段的中国公共关系主要是把国外的公共关系运作模式、运作程序、管理经验及具体做法引入中国。由于当初人们对公共关系缺乏认识和了解，对公共关系的运用多为简单搬用或模仿外国公共关系。但对改革开放的中国人来说，能以新的思想观念接受外国的经验技术，在当时已经是一种创举。

【相关链接】

中国首个国有企业公共关系部

20世纪80年代初，广州白云山制药厂还只是一个生产单一产品“穿心莲”的乡办小厂，生产设备极其简陋，年产值不到20万元。到90年代这个厂已发展成为生产医药品种达数百种，年产值超亿，上缴利税过千万元的大型骨干企业。

白云山制药厂是我国国营企业中率先设立公共关系部的企业。作为一个营利性组织，该厂注重以公共关系求发展，每年拨出总产值的1%作为“信誉投资”，这笔投资为白云山药厂带来了巨大的社会效益和经济

---

① 林达志. 从广州白云山制药厂的实践经验看企业公共关系部的职能［J］. 企业经济，1985（11）：41-42.

效益。

该厂的公共关系部负责与社会各界建立并保持良好的关系，主持关系到企业信誉的各项公共关系事务，包括向社会开放工厂，向来访者播放企业录像，奉送精美宣传品，带领客人游览厂区，介绍科学制药方法等。通过医药刊物和学术界、卫生界进行信息交流，通过邮购药品的来往书信同顾客进行思想交流，通过遍布全国的800多个销售网点及时反馈公众需求和意见，获得了公众的支持和信任。

白云山制药厂十分重视信誉投资。该厂充分利用大众传播为企业树立形象，着重抓球场广告和电视广告，以“有奖问答”等形式在报纸上刊登公共关系广告，也曾利用广州街头出现的双层巴士，做车身广告；该厂还积极扩大“免费广告”渠道，设专职人员与新闻界联系，经常撰稿给新闻界，对来访记者热情接待并主动、如实地反映情况，并经常邀请新闻单位工作人员出席企业重大活动。

白云山制药厂还投资举办多种形式的公共关系专题活动，赞助社会福利事业和文艺、体育、教育事业。资助广州足球队，组建了广东省第一个轻歌剧团，在国内首创企业办文体事业的先例。还邀请厂内外颇具名气的老药师、讲师、研究人员、经济师、离退休的管理人员组成顾问团，通过顾问团加强与研究部门、竞争对手的联系，不仅获得了许多珍贵的医药信息，还在很大程度上提高了白云山制药厂的声誉，增强了公众对该厂药品的信赖。

白云山制药厂很快发展成为全国三大制药企业之一，该厂以信誉投资赢得经济效益的公共关系战略，被国内许多企业关注和仿效。[①]

第四节　外国公共关系公司进驻中国

一、专业公共关系公司

公共关系公司是指由具有一定专业特长的公共关系专家及专业人员组

---

① 熊源伟. 公共关系案例［M］. 合肥：安徽人民出版社，1993.

成的，专门从事公共关系咨询或接受客户委托为其开展公共关系活动，提供相关服务性工作的营利性组织。[①] 公共关系公司依其业务领域的不同，规模也各不相同。最大的专业公共关系公司可以拥有数千名成员，而小型的工作室性质的公共关系公司可能只有几个成员，从事特定的工作或服务特定行业的客户。

二、外国公共关系公司进驻中国

20 世纪 80 年代的中后期，随着中国改革开放的逐渐深入和社会主义市场经济的迅速发展，公共关系在中国呈现出蓬勃兴起的局面，国外的知名公共关系公司纷纷进驻。[②]

1984 年 10 月，世界第二大公共关系公司伟达公共关系公司（Hill Knowlton）率先在北京设立办事处。1985 年世界第一大公共关系公司博雅公司（Burson Marsteller）进入中国。同年，法国人迪孟（Serge Dumont）在中国创办了第一家中外合资的公共关系公司——中法公共关系（Interasia）。[③]

1985 年 8 月 31 日，世界最大的公共关系公司——博雅公司与中国新华社下属的中国新闻发展公司签订协议，共同为在中国从事贸易的外国机构提供公共关系服务。中国新闻发展公司为此特别设立了中国环球公共关系公司，独家代理博雅公司及其客户在中国国内的公共关系事务。同时，博雅公司也可以通过环球公共关系公司的介绍，代理中国企业的海外公共关系事务。[④] 中国环球公共关系公司是中国第一家公共关系公司。

20 世纪 80 年代中期，这些著名的跨国公共关系公司开始尝试进入中国市场是基于如下战略考虑的：

一是中国改革开放后的良好发展前景。中共十一届三中全会以后改革所带来的开放，打破了因封闭造成的固化，迅速地开拓了中国民众的视野，也使得中国以新的姿态走进国际社会，引起了国际社会的热切关注和

---

① 黄昌年，赵步阳. 公共关系学 [M]. 上海：上海交通大学出版社，2003.

② 吴白雪. 跨国公共关系公司在中国——关于中国公关业的一次实证研究 [J]. 国际安全研究，2002 (2)：44-50.

③ 陈向阳. 中国公共关系服务市场发展之我见 [J]. 国际公关，2011 (3)：90.

④ 戚娟娟. 博雅公关的“中国激情” [J]. 中国企业家，2002 (5)：52-54.

强烈反响。国际上有远见的公共关系从业人士看到了中国领导层改革的决心，更看到了中国市场强大的潜力。

二是维系其原有的跨国客户。改革开放后，尤其是有计划的商品经济提出后，中国大量引入外资进行社会主义建设。为了吸引国际资本流入，在1979至1988年的10年中，中国采取了一系列措施改革投资环境，其中包括制定实施了400多个涉外经济法规，与23个不同社会制度的国家签订了投资保护协定，从法律上保护外国投资者。一些知名的跨国企业，如可口可乐等进驻中国。为其提供公共关系服务的专业公共关系公司，不愿意放弃其优质客户在中国的业务，也顺势而动尝试进驻中国。

三是在华市场争夺新的外资客户。出于对改革开放后的中国的不了解，许多知名公共关系公司在对于是否或者何时进入中国市场比较谨慎。这就使得一批有胆识的国际公共关系业人士看到了在中国市场上大量已经入驻的外资客户急需公共关系服务这一空白市场。

四是发展其全球业务网络。中国拥有世界上1/4的人口，疆土面积也排在世界前列。加之，改革开放后，中国积极跟随世界的脚步，尝试与世界上其他国家和地区建立贸易往来，初步建立了一个世界范围的销售网络。在国际上影响较大的公共关系公司看到中国在世界上的影响逐步增强，出于拓展自身业务，完善全球业务网络的考虑进入中国。

五是着眼未来的中资客户。随着中国经济规模逐步增大，一批优秀的大中型企业将成为这些跨国公共关系公司潜在的客户。

第五节　政府公共关系的起步

一、改革开放与政府公共关系

政府公共关系，是指政府机关在特定社会环境中，通过大众传播来协调公众关系的管理科学。其目的就是要维持政府与公众之间关系的总体协调，确保政府的施政方针能够顺利贯彻，并通过完成政府的基本任务，发展国家、社会和公众的整体利益，树立公正、廉洁、高效、务实、创新，全心全意为人民服务的好形象，提高政府的美誉度。要实现上述目的，开展政府公共关系是必要的措施。

我国随着经济体制的转换和政治体制改革的深入推进，政府职能和管理模式必然发生变化，这使政府公共关系的职能日益重要。在新的经济体制下，政府要成功、有效地履行其职能，就必须充分发挥政府公共关系。政府公共关系为政府职能的顺利履行打开了通道，它有利于协调社会各方面的利益，完善政府同企业及各类经济实体的关系，争取公众对政府各项政策及改革措施的理解与支持，创造良好的社会关系环境，提高政府的管理效能。

二、中国政府公关尝试

作为社会活动现象的一种，中国的政府公共关系早在古代社会就已经存在了，只不过当时还处于一种萌芽状态。1949 年后，虽然中国政府很少用到“公共关系”这一术语，但是却十分注重运用各种传播方式来树立自身的良好形象，以赢得国内外公众的理解支持与合作。特别是中共十一届三中全会以后，随着改革开放的进一步深入，政府公共关系开始逐步走上正轨。中国政府公共关系在经济市场化、政治民主化、社会利益和价值观念多元化等方面快速发展的大背景下，实现了一次又一次的历史蜕变。

中国的政府公共关系活动大体上是在 80 年代后期开始兴起的。1983 年 9 月 18 日，时任沈阳市市长的李长春，首先开通了中国第一部市长公开热线。之后，重庆、西安、郑州、广州、太原、北京、深圳、厦门、南京、成都、海口等城市相继效仿。

三、政府公共关系的作用

充分履行政府公共关系职能是政府走向民主化的内在需要。政治民主化是社会主义制度的本质要求，是社会主义社会的基本特征。政治民主化的表现就是人民群众通过广泛参与政治过程行使当家做主的权利。政治民主化的主要内容可以概括为两方面：一方面最大限度地吸引广大人民群众参与国家管理；另一方面，使政府在管理和决策中的一切政府行为符合广大人民群众的意愿和要求。政府公共关系的职能为这两方面内容的实现创造了条件和可能，政府公共关系可以通过“双向”信息交流，各种传播手段，更为真实、广泛地了解和汇集人民的意愿，反映公众的呼声，获得公众更为广泛的理解和支持，从而调动人民群众的积极性和创造性，以及参政议政的自觉性。

充分发挥政府公共关系职能是保持社会稳定的迫切需要。稳定是发展和改革的前提。在社会主义初级阶段，正确处理改革、发展同稳定的关系，保持稳定的政治环境和社会秩序，具有极为重要的意义。没有稳定，什么事也干不成。中国在体制转轨时期，各种矛盾比较突出。而人们观念的转变尚需要一个过程，因而，保持社会稳定具有重大的现实意义。保持稳定的任务在于：消除群众的各种疑虑和误解，缓和或化解各种矛盾与冲突，以减少或消除可能发生的动荡，形成一种稳定、和谐的社会政治局面。要做到这一点，除了要依靠政府的各项决策的正确、措施得力和实践中进展顺利，还需要政府公共关系的工作，来宣传、解释、说明政府决策意图和配套措施，以争取群众的理解与支持，以免引起群众的误解和不安，从而达到维护社会安定大局的要求。

充分发挥政府公共关系职能有利于对外开放。对外开放是我国一项长期的基本国策。面对经济、科技的全球化趋势，中国要以更加积极的姿态面向世界，完善全方位、多层次、宽领域的对外开放格局。对外开放不仅是经济开放，也包括政治、文化、信息方面的开放；不仅是国与国的开放，也意味着地区与地区之间、部门与部门之间的开放。在这种全方位、多层次、宽领域的对外开放格局中，国家、地区、部门要建立和发展同外部世界的联系和合作。首先是必须了解对方，同时让对方了解自己。要达到相互了解以至信任的目的，就需要发挥政府公共关系的职能作用。[①]

党和政府为适应社会主义现代化建设的需要，采取了一系列措施来进一步密切同公众的关系，如为调查研究公众意见而实行的信访、举报、合理化建议、民意测验等，都产生了良好的社会效果。政府公共关系就是协调公众在思想、行动和利益各方面的总体关系，通过完成政府的工作，实现社会和公众的整体利益。以经济建设为中心，注重社会效益应该是政府

---

① 陈锐．市场经济条件下我国政府公关发展研究［D］．四川师范大学，2003．

公共关系的出发点和最终归宿。因此政府公共关系要为领导决策服务。有效地开展政府公共关系离不开主要领导的大力支持。为取得政府领导的大力支持，公共关系部门必须为政府领导做好参谋。公共关系是以信息为基础的科学管理。公共关系部既是各种资料储存中心，又是信息搜集和发布中心，在同社会公众频繁的交往中，它掌握着有关公众和政府大量的一手材料，具备为领导决策提供咨询和服务的条件。政府公共关系部还是社会环境监测中心和发展趋势预报中心，它还担负着引导和教育公众的任务。

同时，政府的领导决策也只有在最全面、最充实、最可靠的信息的基础上才能保证其正确性。正确的决策才能得到公众的拥护，才能够实现政府工作的目标。根据公共关系的“双向对称”理论，公共关系不仅是组织向公众传递其信息，同时，也通过收集公众反馈的信息，不断对公共关系政策、方法进行调整。从这一层面上来讲，公共关系必须与时俱进，只有通过不断调整以适应社会大变革的需求，方能成为一棵长青之树，永盛不衰。也正是因为科学技术不断地向前发展，引起了社会变革，从而最终推动了公共关系不断发展。

第六节　深圳大学：公关教育的尝试

由于公共关系进入中国的时间不长，合格的公共关系人才十分欠缺，迫切需要通过公共关系教育培养更多适应社会需要的公共关系从业人员。具体地说，就是要培养数以万计的具有现代科学技术和经营管理知识、具有开拓能力的公共关系经理和公共关系部长；培养数以万计的工业、农业、商业等各行各业有文化、懂技术、业务熟练的公共关系工作者；培养数以万计的能够适应现代科学文化发展和满足新技术革命要求的公共关系教育工作者、科研工作者。

一、公关教育及各种培训兴起

中国内地学者自发推动的公共关系教育开始于“公共关系知识”讲

座。1985 年 1 月，深圳市总工会举办的公共关系培训班是中国有史以来公共关系培训第一班，开创了中国公共关系教育的先河。此后全国各地其他城市的公共关系讲座陆续开设。1985 年 4 月，北京师范大学举办公共关系讲座；1985 年 6 月，北京大学研究生院举办公共关系讲座；1985 年下半年，中山大学与广州青年经济协会、广州财贸管理干部学院联合开设了三期公共关系讲习班。之后，全国各地的大专院校、企业和社会团体，也相继在不同的地区和范围内开办了各种形式的公共关系培训班。这些培训活动对于公共关系知识的传播和普及起到了积极的推动作用，培养了一大批当时社会急需的公共关系人才。[①]

二、公共关系专业教育的开展

20 世纪 80 年代中后期，中国公共关系教育开始起步。而从无到有地引入中国公共关系教育主要有两种方式：一是由高校参照境外公共关系教育的模式，直接设立或者独立引进。如深圳大学、中山大学、复旦大学、兰州大学等高校均采用此种做法，这也是当时我国引入公共关系教育的主流形式。二是由境外、海外学者到我国高校协助开设公共关系课程，推动公共关系教育，如厦门大学及后来的外国语类大学借助外国专家设置的公共关系教育。鉴于当时国内环境和办学条件，采用这种移植引入法的学校较少。[②]

1985 年 9 月，深圳大学在中国率先设置了公共关系专业。作为地处当时中国最大的经济特区的深圳大学，从办学起就肩负着“试验田”的重任。当时深圳大学大众传播系在香港浸会大学林年同教授的全力协助下，培养了以余明阳、欧阳康、肖麟、杨志芳等为代表的一支年轻的教师队伍，同时整合国内复旦大学、暨南大学、北京电影学院、北京广播学院（现中国传媒大学）等名校师资，包括港台地区的名师，开设了与国际名校接轨的公共关系课程，并同步推出公共关系专业函授课程，学员多达 10 万人。从此，公共关系专业进入高校。1990 年，深圳大学以其在中

① 余明阳. 中国公共关系教育 20 年综述 [J]. 公关世界，2006 (9)：68.
② 宋超，赵凯. 深水静流 [M]. 上海：复旦大学出版社，2009.

国内地率先开设公共关系专业教育的这一辉煌业绩，荣获国际公共关系协会“世界最佳公关金奖”，实现了中国公共关系学界国际公共关系大奖零的突破。

从此，公共关系教育在一些省市的高校，特别是成人自考、夜大、职大等逐步开展起来，并形成相当规模。此后，中山大学、复旦大学、杭州大学（现浙江大学）、兰州大学、南京大学、清华大学、北京大学、中国科学技术大学、国际关系学院、厦门大学等上百所大学相继开设公共关系课程，从而使公共关系这种全新的思想观念和理论知识在高等学校得到迅速传播和普及。公共关系专业教育也正逐渐明确自己在整个公共关系专业人才培养中的定位，并逐渐形成了全日制、业余、在线等多种的、规范的培养教育模式。

【相关链接】

深圳大学公共关系专业课程设置大纲（1985 年）

深圳大学专业的设置起步较早，发展较快。深圳大学大专层次的正规公共关系教育，全日制为二年，夜大为三年，是我国第一所培养公共关系专业人才的学校。现在深圳大学公众传播专业的公共关系课程设置已日渐成熟，共包含四类课程：

（1）基础课：经济管理类，包括管理学、经济学和市场营销学；语言文字类，包括中文写作、新闻采访、英文等；社会科学类，包括计算机应用等。

（2）专业基础课：包括传播学、广告管理学、企业文化、组织环境学、动作语言学、媒介学等。

（3）专业课：包括公共关系原理、公共关系实务、演讲、谈判、摄影、社会调查技术以及表演类课程。传播实务（含编辑、摄影、影视制作等）140 课时；社会科学概论 60 课时；广告学 60 课时；谈判术与演讲术 60 课时。

（4）选修课：共两类 10 门，每人必须选修五门，280 课时。A 类（以下六门中，必须选修三门）：经济法规 60 课时；商品经济基础 40 课时；中国经济地理 40 课时；市场与消费 60 课时；国外公共关系原著选读 80 课时；财务分析 80 课时。B 类（以下四门中，必须选修两门）：民俗与礼仪 40 课时；国际经济法 60 课时；实用美学 40 课时；电脑使用原理 60 课时。另有毕业论文和毕业设计的指导和写作 20 课时，公共关系实习活动 60 课时。毕业实习另拟。

第七节　大亚湾核电站：危机公关

一、大亚湾核电站的兴建与核危机的出现

改革开放的良好环境吸引了境内外大批企业涌入珠江三角洲。中国的经济驶上了快车道。经济的高速发展使能源供应日显滞后。

摆在面前的局势是严峻的。广东省资源贫乏，水力发电无路可行，若依靠火力发电，按当时的消耗能力，仅能够维系一座 1 000 万人口城市的正常运转，每年需耗煤 370 万吨，这意味着火力发电厂的大炉膛，每天仅从数千里之外运输来的煤炭就得张口吞噬 200 多节车皮，同时每年还将排放数以百万吨计的废渣和废气。无论从环保、经济还是运输能力等角度考虑都难以承受。[①]

能源短缺这一问题不仅在中国存在，世界各国也同样被这一问题困扰。而作为一种经济、安全、可靠、清洁的新能源，发展核电无疑是解决能源紧张的首选方案。20 世纪 80 年代是世界核电发展的高峰时期。随着能源危机的进一步加剧，发展核电成了世界各国的共识。早在 20 世纪 70 年代末，广东省就在酝酿建设核电站这件大事。时任广东省委常委、广东省委书记处副书记的王全国提出了建设核电站的构想，这一构想得到中央领导和广东省委的大力支持。1982 年，国家正式批准了大亚湾核电站项目。翌年，大亚湾核电站厂址选定并获批准，位于深圳市东部的大亚湾畔，距深圳市直线距离约 45 公里，离香港约 50 公里，符合国际上对核电站距主要供电城市距离的规定。

1985 年 1 月 19 日，邓小平接见了参加广东核电合营有限公司合同签

① 李鹰翔. 大亚湾核电站危机公关的前前后后 [J]. 中国电业，2014 (4)：86－89.

图 1-1 大亚湾核电站

字仪式的香港中华电力有限公司董事局主席罗兰士·嘉道理（Kadoorie）勋爵一行。1985 年 1 月 26 日，广东核电合营有限公司，正式宣告成立。

大亚湾核电工程刚刚开始建设不久，发生了一件意想不到的事。继 1979 年美国三里岛事件后，1986 年 4 月 26 日苏联又发生了切尔诺贝利核电站核泄漏事故。

这次事故造成的放射性污染遍及苏联大面积的土地，由于放射性烟尘的扩散，整个欧洲也都被笼罩在核污染的阴霾下，核污染给人们带来的精神上、心理上的不安和恐惧更是无法统计的。一时间世界舆论哗然，尤其是发表正式消息过晚，致使流言四起，谣言广为传播，引发了不安情绪。中国建设大亚湾建核电站之举也成为香港各界讨论的热门话题。香港各报特地辟出版面，对此进行广泛报道，最后形成了一股反对在大亚湾修建核电站的社会舆论。香港公众还为此组织了专门机构，并发起香港各界 100 万人的签名运动。①

① 大亚湾不是切尔诺贝利［EB/OL］. 20120216/20190106, https: //www. docin. com/p-1042788740. html.

二、公共关系的成功运用与核危机的化解

面临舆论的压力，中国政府有关部门究竟应该怎么办？如何平息这场舆论风波，关系政府形象这一重大问题，不能不认真对待。这时，有人理直气壮地提出：我们是在自己的土地上修建核电站，任何人无权干涉。虽然这种观点有一定道理，但是随后有人提出不同意见，认为产生这种不利舆论的原因通过调查已得知有两点：一是我们对大亚湾核电站的修建缺乏宣传，致使香港公众不了解有关情况而产生了误解；二是客观上受到苏联切尔诺贝利核电站核泄漏“冲击波”的影响，人们产生了“核恐怖”心理。因此，处理这种公共关系危机应采取全面的公共关系宣传，以“软处理”的方式处理这种不利舆论。于是中国政府相关部门决定采取如下对策：① 全面了解这种不利舆论产生的原因、衍生和辐射的范围，以及已经产生和将要产生的影响；② 立即组建核电站公共关系处，由一位高级工程师任处长，以增强公共关系宣传的针对性；③ 通过新华社、中新社等新闻媒介如实报道苏联切尔诺贝利核电站事故调查及援救工作开展情况，并及时、详尽地报道了调查结果，即主要是操作人员不慎，并非技术问题；④ 由具有权威的核科学家和核电专家在香港举办关于核电站知识的讲座。在宣传中，他们针对香港公众所担心的问题，进行了耐心的解释和说明。

同时，政府有关部门策划了一些有针对性的公共关系传播活动，大大缓解了公众的核恐惧心理，成功地引导了公众舆论。① 组织香港有关人士参观大亚湾核电站基地及设施，提升了工程决策、设计、施工、管理及技术等方面的透明度；② 中央有关领导会见香港赴京请愿团，向香港公众做了认真的解释和说明，沟通了信息与情感，让香港公众代表感到政府对此是襟怀坦白的，从而增强了香港公众对我们的信任感，打消了对政府的误解；③ 相关部门与香港一家有影响、有信誉的公共关系公司合作，在日本的广岛举办了和平利用原子能的展览会，宣传核知识和中国政府对核电站建设的一贯态度。

通过以上一系列公共关系活动的开展，一场反对修建大亚湾核电站的危机就此平息。这次危机的处理是中国有关政府部门首次运用公共关系的方法，成功进行危机公关的活动。从这次危机的化解可以看来，以公共关

系角度解决问题的方式有两大步骤：一是信息落实，二是信息传播。所谓信息落实，就是使以信息方式存在的问题获得实际上的解决，即解决实际问题。所谓信息传播，就是将信息落实的情况向公众传达。信息落实是基础，信息传播是必要手段。如果想更有效地解决组织面临的公共关系问题，必须遵循这个基本思路，步步落实，才能完善地解决问题。仅有信息传播或信息落实都是片面的，是不能彻底解决问题的。没有信息传播，社会组织难以在更大的范围里塑造形象；没有信息落实，不可能从根本上摆脱困境，达到塑造良好形象的目的。如果说信息传播是“务虚”，那么信息落实就是“务实”。公共关系人员必须懂得什么是最根本的，应该从根本处着手解决问题。

对于这次的核电站建设危机，中国政府相关部门有效地运用了公共关系的管理方法，对已经发生的危机进行分析、处理、控制、化解、转化，从而获得了社会各方面的一致认同。

第八节　行业组织：上海市公共关系协会与中国公共关系协会

一、地方性公共关系组织的兴起

1986 年 1 月，中山大学公共关系研究会、广州青年经济研究协会、广州经贸管理干部学院共同发起成立了中国内地第一个公共关系民间团体——广东地区公共关系俱乐部，这是中国第一个公共关系机构，标志着中国公共关系事业进入一个新的阶段。[①]

1986 年 11 月，第一家由官方组织的公共关系机构——上海市公共关系协会在上海联谊俱乐部诞生。上海市前市长汪道涵任名誉会长，时任上海市委常委、市政协副主席的毛经权担任会长，揭开了上海公共关系行业发展的序幕。

① 张鹏. 上海公共关系三十年发展报告（19862016）［J］. 公关世界，2017（15）：118-119.

协会成立伊始，上海公共关系协会名誉会长汪道涵建议协会以“沟通信息、增进理解、加强联系、促进合作”为宗旨，得到协会同仁的一致赞同。随后协会确定了自身的基本任务：为企业与政府、企业与企业之间发挥桥梁的沟通作用；为公共关系从业人员的培训和提高创造条件，为他们之间的互相交流提供平台；开展各项高层次、多渠道、多形式的公共关系活动，促进各企事业单位与政府及媒体间的联系；培训公共关系人员，提高专业水平，推进公共关系事业的发展。

上海市公共关系协会始终贴近时代的脉搏，围绕上海的经济建设和社会发展，不断推动上海公共关系事业的发展。协会通过举办各种层次的培训班，培养了大量公共关系人才；通过经常举办讲座、研讨会、沙龙等活动，不断提高公共关系从业人员的专业水平；通过开展先进公共关系工作者和优秀公共关系案例的评选，推动社会各行各业进一步增强公共关系意识；协会还举办各种活动，促进各类企事业单位之间以及各类企事业单位与政府部门和媒体之间的沟通、交流与合作，产生了良好的社会经济效益。

在第二任会长胡炜的领导下，上海市公共关系协会组织举办了以大数据、上海形象、危机处理等为主题的国际公关论坛，产生了很大的社会反响。

二、中国公共关系协会的成立

1987 年 6 月 22 日，中国公共关系协会（CPRA）由公共关系领域相关的政府部门、新闻媒体、科研机构、企事业单位等的专家学者、行业从业人员自发成立，是经民政部核准登记的全国性、学术性、广泛性的非营利性社会组织，协会业务由国家新闻出版广电总局主管。薄一波任名誉主席，《经济日报》原总编安岗任主席，刘群任秘书长。协会宗旨是遵守宪法、法律、法规、政策，遵守社会道德风尚，促进中国公共关系事业的发展，努力为会员、企业和政府服务，为完善社会主义市场经济，实现中华民族伟大复兴做出应有的贡献。

中国公共关系协会自成立以后，致力于开拓和发展中国的公共关系事业，积极参与国际公共关系活动，弘扬中华民族文化，积极开展行业自律、资源整合、国际交流与合作、人才培训、理论研究等方面的工作，对促进公共关系事业的发展起到了重要的推动作用。中国公共关系协会拥有众多国内外资深教授和业界专家队伍，与国内外相关组织、著名院校展开合作，举办职业认证和专业培训等；编著业界专业书籍、教材，举办各类权威培训，促进行业整体素质提高；通过举办各类讲座、论坛，为会员和行业提供及时的信息服务；举办各类活动，使不同行业之间、企业之间、国内与国际之间增进相互了解；为中国企业走向世界，为海外信息、人才、技术、资金进入中国提供服务。①

中国公共关系协会的成立，标志着公共关系在中国得到了正式确认和接受，公共关系事业进入了一个崭新的时期。中国公共关系协会肩负着联络、协调、引导与推动全国各地公共关系事业和组织的任务。与此同时，协会还在经济技术开发、艺术交流等方面专设机构，并取得了显著成就。

紧接着，深圳、北京、浙江、天津、南京、武汉、陕西、四川等地先后成立了省市一级的公共关系协会、学会、研究会和俱乐部等社团组织。此后，全国各省、自治区、直辖市以及若干大中城市相继成立地方性的公共关系群众社团和学术组织。这些学术团体积极开展公共关系的研究活动，在20世纪80年代中期积极发展会员，进行公共关系基本知识的培训与传播，对于推进公共关系事业的普及，促进公共关系职业的规范化和公共关系学科化做出了卓越贡献。②

---

① 邢颖. 中国公共关系二十年：理论研究文集［M］. 北京：北京大学出版社，2007.

② 何春晖. 中国公关的回顾与瞻望［EB/OL］. 20130826/20190106，https：//max. book118. com/html/2019/1108/6232125100002122. shtm.

第二章
中国公共关系的探索（1988—1996）

本章关键词：走进中南海、《公关小姐》、CIS、评优、联席会议、职业道德、公关报刊、非营利组织公关、国际公关大会

第一节　公共关系走进中南海

一、政府公共关系的特殊性

政府公共关系是以各级政府为主体，以广大公众为客体的一种特殊类型的公共关系。政府公共关系活动是指政府为了更好地管理社会事务、争取公众对政府工作的理解和支持、塑造良好的形象，在公共关系思想（意识、观念）的指导下运用传播手段与社会公众建立、协调、改善关系的政府行为。政府公共关系的特殊性主要表现在以下两个方面：第一，构成要素的性质特殊。公共关系主体具有层次性、权威性和唯一性的特点，可分为中央政府和地方政府。公共关系客体具有广泛性、复杂性和相对性的特点，可分为外部公众、内部公众和辖区公众。政府掌握着大量的传播工具，政府与辖区公众之间具有上级与下级的严密组织关系，因此，政府公共关系的传播条件具有优越性、严密性和迅速性的特点。第二，目标任务特殊。政府公共关系的主要目标是提高政府的美誉度。中国政府公共关系的宗旨是全心全意为人民服务，通过广泛周到的社会服务满足公众的物质

利益和精神需求，树立“廉洁、勤政、务实、高效”的政府形象。[①]

二、中国政府公关的探索

从20世纪80年代中期开始，政府公共关系发展较为迅速，如天津市政府开展的一系列政府公共关系活动被作为当时政府公共关系的典型。此外，一些政府官员著书立说，论述了政府公共关系的理论原则、活动特点等。但是，中国公共关系事业特别是政府公共关系事业的发展极不平衡，传统的中国文化心态，特别是经济方式、管理体制上的弊端，阻碍了公共关系事业的发展，造成了中国公共关系发展左右掣肘、四方受制的尴尬局面，政府公共关系的发展也处于深浅、快慢不一的境地。

1988年4月，沈阳市政府设立了接待办公室公共关系处，作为市委和市政府的公共关系专职机构，专门负责与中央国家机构和兄弟单位，以及邀请来访的港澳台同胞、海外侨胞等高层次人士的联络工作，并搜集市民对政府机构的看法，以打通关系、疏通渠道、沟通信息、寻求谅解、增进友谊、建立信誉、树立形象。

1989年9月，中共中央办公厅和国务院办公厅主办的中南海业余大学开设公共关系课，北京公共关系学会会长明安香接受邀请，系统讲授了政府公共关系。公共关系课程在中南海业余大学的开设，也推动了各级政府部门开展公共关系活动，加强对政府公共关系发展的重视。

而在当时，不得不承认的是，普遍来讲，许多官员的政府公共关系观念还相当淡薄，不仅没有认识到政府公共关系活动的重要性，更谈不到将其上升为一种价值观和管理哲学，渗透到政府工作人员的日常行为之中。首先，表现在缺乏自觉利用传媒手段进行形象投资、形象管理、形象塑造的观念。政府形象，主要指政府及工作人员在民众心目中的美誉度高低，是政府获得民众欢迎、接纳、信任的程度。政府工作固然具有权威性与政策性，但无论是从民主政治的“大气候”，还是从政府公共关系的“小环境”来看，所谓的权威性及政策性都必须建立在民众信赖政府的基础之上，政府的形象如何，直接关系到党和政府的威信及工作的效果。许多政

① 赵伟鹏. 政府公共关系理论与实践［M］. 天津：天津人民出版社，2000.

府工作人员心目中没有形象意识，对现代传媒的重大作用了解不够，又十分缺乏应有的传播技巧，表现在决策和行动中则是对自觉进行形象投资和形象塑造的重视不够。其次，公共关系观念的淡薄还表现在缺乏为公众服务的观念上，门难进、脸难看、话难听、事难办的现象时有发生。一些领导干部更多考虑其权威性和政策性，习惯于高高在上，发号施令，不愿踏踏实实为群众、为社会奉献，通过自己的工作为群众带来满意和方便，用热诚的服务去赢得好感和信赖。更有甚者，利用手中的权力对群众办事进行"关、卡、压"，严重败坏了政府的形象。最后，缺乏协调观念，表现为不善于调节、平衡和统一各种不同的关系、不同的利益、不同的要素，不懂得"兼顾""统筹""缓冲"和必要的"调和""折中"的意义和价值。目光短浅，思路狭隘，经常陷入难以协调的矛盾中。

三、探索期政府公关的主要内容

如何强化政府公共关系？除了加强对高层政府官员的公共关系培训，以提高其政府公共关系意识外，及时地了解社情民意，重视公众舆论，建立和完善有效的渠道也是必需的。

首先，疏通信访渠道。要进一步发挥信访工作的窗口和桥梁作用。不能认为这是群众在给政府找麻烦，应把它看作公众直接与有关部门和领导的主动沟通，是送上门来的群众工作，是政府了解民意的一条重要渠道，发挥政府公共关系职能作用的好形式。信访工作的程序应更规范化、制度化，并成为工作人员日常工作的行为准则。信访工作还应由具有良好思想素质及公共关系业务能力的人员专职负责，除办理群众来信及接待来访之外，形式应向多样化发展，可采用市长电话、专项热线、市长专邮等方式，或建立行政首长接待日等专访接待制度，使老百姓能与政府官员直接沟通。

其次，领导加强基层访问，实地考察。要继续发扬我党了解民意的这一好传统，并将其制度化，政府的有关人员应经常深入基层，了解信息，倾听民意，迅速解决问题，树立政府开放高效的形象。

再次，学习国外的经验，进行民意测验。这是将民意的了解和分析建立在更为科学的基础之上的方法。美国已有不少专业性的民意测验机构，为政府和其他社会组织提供服务。实践证明，民意测验对掌握公众舆论倾向、了解组织公共关系工作状况、预测组织发展趋势大有益处，所以政府的每项事关民生的重大政策或措施在出台之前，应通过民意测验了解公众的基本意见和态度，使决策依据更可靠。为了使民意测验的结果更客观公正，这项工作应由中立的专业调查研究机构来进行。但目前国内这类机构较少，仅有的一些调查机构，也常因工作人员素质不高、缺乏调研技术或实践经验，不善于运用科学的、规范的抽样调查手段，套用国外现成的图表、数据，减弱了其民意测验的客观公正性。

最后，加强对基层官员的政府公共关系培训，提高其公共关系能力。公共关系最基本的要素是交流沟通能力，其中首要的是口头与文字沟通能力，其次是人际交往术。政府良好传媒形象的塑造，有赖于政府工作人员纯熟的交流沟通技巧。但是，中国文化的传统普遍看重一个人怎样做，而不是一个人怎样说，尤其是不重视“推销式”的演讲，羞于表现自我、宣传自我，致使许多政府官员在面对公众演说时常感到拘谨，接受媒体采访时紧张、呆板，不能应付自如。

在人际交往方面，中国人的基本文化心态是重情轻理。一些政府工作人员也注重人缘、血缘、地缘、业缘、道缘的人情伦理关系的影响，重情、重礼，遵循情感逻辑办事而非依理性逻辑办事，所以在处理人际关系、社会关系时人情化、情绪化倾向较明显，易使政府公共关系带上极强的“私关”色彩。

政府公共关系手段简单、生硬，缺乏公共关系技巧会造成政府形象的恶化和其他不良的社会影响，专业化、规范性的公共关系业务能力是现代政府公共关系行为中比较弱的一个环节。开展系列的公共关系培训，使政府公务人员认识公共关系、提高公共关系能力是有必要的。这些内容作为政府公关来说尽管不够完善，但的确是基础的，重要的。

第二节　企业公关与 CIS 热潮

一、企业公关热的兴起

1988 年，与当时中国经济的“狂热”相呼应，人们以对待改革开放的热情拥抱公共关系，使中国出现了规模空前的“公共关系热”，形成了中国公共关系历史上的第一个“公共关系潮”。

20 世纪 80 年代的市场氛围使一大批的企业家明白了“声誉”的价值，树立以公共关系为核心的企业形象才能使公众从买商品的讨价还价真正发展为“爱你没商量”。回馈社会、致力慈善几乎成为企业发展到一定阶段后的普遍行为。这一时期，大多数的企业都设立了公共关系部，采取各种方式开展公共关系活动。而企业也的确从其开展的活动中受益。

比如，1989 年，六个商场逐鹿郑州之时，亚细亚商场在公共关系促销活动中脱颖而出。亚细亚商场在举办了“儿歌大奖赛”，广泛传播了“你拍一，我拍一，我到亚细亚坐电梯”这样脍炙人口的儿歌之后，又拨款组建“亚细亚艺术团”，到全国各地巡回演出，并在周年纪念活动中连续推出《亚细亚感谢您》文艺晚会，免费赠送顾客入场券。而更让全郑州市民叹为观止的是亚细亚商场的迎宾式：每天早晨开门前半小时，全场各商品部人员列队在商场门口做早操，然后由 17 位天安门国旗班的学员表演有着 127 个动作的“班教练”。九点整，商场经理和各部主任则站在大门两旁恭请“上帝”光临。亚细亚商场的公共关系促销活动从改善销售环境着手，待顾客如朋友，视服务为代劳，拉近了商家与顾客的距离，自然也拉近了与高效益的距离。①

二、公共关系助推企业形象

这一时期，正是对公共关系的良好运用，成就了一大批知名企业。当年的健力宝公司和青岛海尔公司的发展很大程度上也是得益于其公共关系的成功开展。当时的中国公共关系在企业组织中的作用主要表现在以下四个方面：

一是提高产品质量和服务质量。企业具有良好形象的关键是做好自身的本职工作，向社会提供优质产品和优良服务。要树立全员公共关系的思想，运用客户满意（Customer Satisfaction，CS）理论，培训员工，提高员

① 邢颖．“亚细亚现象”：商业文化与公共关系创造性地融合［J］．北京市财贸管理干部学院学报，1994（1）：34－35．

工的素质，帮助员工面对变革，不断学习新知识，不断充电，使组织成为学习型组织，以优质产品和优良服务为公众和社会服务。

二是积极开拓市场。企业的中心任务是扩大生产，获得更大的经济效益，要达到此目的，必须要有广阔的市场。因此，企业在致力发展生产的同时，也应规划自己的辅助任务，主要包括市场教育、售前—售中—售后服务、消费咨询、社会培训等公共关系活动。

三是塑造和推广良好的企业形象。企业要在社会中生存发展，具有良好的组织形象是前提。要把树立形象的任务渗透到企业管理中，提升企业的人员形象、管理形象、产品形象和服务形象，运用CIS战略（CI是英文Corporate Identity的缩写，字面意思是“团体的同一性或个性”“企业或机构的识别”）。CI在发展的过程中不断得以完善，逐渐形成了Corporate Identity System，即“企业的识别系统”，即人们通常所说的CIS战略。[①]一般由三大要素组成：理念识别（Mind Identity）、活动识别（Behavior Identity）、视觉识别（Visual Identity），这三个要素是相互联系的统一整体，由里而外，由浅入深地全方位地塑造企业形象。并运用各种媒介，推广企业形象，促进公众对企业的组织和产品的了解、好感和信任，提升市场的竞争力。

四是增强企业凝聚力。建立和完善企业内部的传播沟通渠道，使企业内部全体员工在双向交流、信息共享的基础上增强企业的向心力、凝聚力。办好企业报刊，完善合理化建议制度，重视内部沟通，培养企业文化。

公共关系成为一种长线的或非长线的软投资，赢得了不太生硬的回报。这也就是丰田公司花巨资去进行交通安全宣传，以及许许多多的企业用公共关系实现了精神到物质的转换、社会效益到经济效益的转换的原因。

但企业形象塑造不可能一蹴而就，公共关系活动更非灵丹妙药。企业只有本着一颗回报社会的真诚爱心，不断投入到实际行动中去，才能真正从整体上改善企业形象，让这种形象成为企业最大的财富，而非昙花一现，得之即失。

① 汪秀英. 企业CIS战略的策划与实施［M］. 北京：首都经济贸易大学出版社，2000.

在对公共关系理论的接受与公共关系实务的操作规程中，不管动机如何，人们已经深切地体会到成败的关键取决于公众，公众的合作与否将决定企业的生存与发展。公众是公共关系的起点，也是公共关系的归宿。

三、CIS 热潮

20 世纪 90 年代初期，公共关系在中国的发展进入相对稳定、成熟的时期。在这一时期，公共关系的发展受到党和国家领导人的重视。在这一环境下，公共关系实践活动由自发走向自觉，全国有一大批公共关系专家和学者主持、策划、操作企业公共关系和企业 CIS 等企业层面的公关实践。在企业公关层面，企业内部公共关系和外部公共关系都有了较明显的起步。企业外部公共关系指企业与消费者、大众传播媒介、社区、协作单位、政府机关及竞争对手等外部公众之间的关系。[①] 在这些关系中，企业与消费者的关系是企业外部公共关系的重点，企业与竞争对手的关系则是企业外部公共关系的焦点。能否正确处理企业与外部公众的关系是衡量一家企业素质的基本标准之一，也是一家企业能否获得成功的先决条件之一。企业是社会经济活动的基本单位，其生产经营活动既有其相对的独立性，又是整个社会活动的有机组成部分。尤其是随着社会生产力水平的不断提高，在生产、交换、分配、消费乃至社会生活的各个领域，企业与社会各个方面都有着极为密切且日益广泛的联系，因此处理好企业与外部公众的关系有着重要意义。

当时一些学者较为成功地在实践和研究中运用了 CIS 理论，深圳大学余明阳、中山大学廖为建、国际关系学院郭惠民、北京联合大学李兴国等国内公关学科奠基者都直接参与了企业 CI 策划，其中“CI 少帅”余明阳组建了一支超过 300 人的策划团队，服务乐百氏、雅戈尔、德力西、波司登等众多品牌；郭惠民曾专门考证 CIS 之“Corporate”不单指企业而泛指一切法人机构，因而政府亦需要导入 CIS；中国人民大学涂光晋和程曼丽、

① 张龙祥. 中国公共关系大辞典 [M]. 北京：中国广播电视出版社，1993.

厦门大学纪华强等皆将CIS理论纳入公关教学重点内容。[1]

1992年，日本"CIS之父"中西原南先生到中国传播CIS理念，恰好满足了当时企业的外部公共关系需求，掀起了国内企业的CIS热，日本20世纪60年代工业高速成长时兴起的CIS运动景象得以重现。CIS对产品形象、企业形象及城市形象的理论与实务的介绍、研究、运用和推广，推动了中国产品、企业、城市品牌建设的发展，掀起了中国公共关系发展的第二次高潮。

从"凡宣传皆好事""公众必须被告知"，到"公共关系要投公众所好""团体与公众的沟通必须是双向的""公众就是上帝"，真正让人们意识到公共关系服务的对象不是别的，正是自己。值得庆幸的是中国的企业家已将公众摆到了与效率、时间相提并论的位置上。积极也好，无奈也罢，"公众就是上帝"已成为一种普遍的共识。

人是企业之本，是企业形象塑造的主体。企业的发展与美好形象的塑造，需要全体员工的共同努力。企业员工是一群有着多种需要的人，他们需要改善物质生活，需要照顾家庭，需要感情与激励，需要得到信任，需要与社会交往。作为社会人，具有受激励的潜能，他们一旦得到关心、尊重、激励，就会把自己的利益和企业的命运紧密相连，对企业充满信心和责任感，从而释放出巨大的能量。对这一点的认识，中国企业家们也走过了并不坦直的道路。

公众的舆论对企业来说是致命的利器，也是雄起的跳板。公共关系让企业努力将自己"做好"并善于"告诉"公众。消费者是企业所要面对的最大公众，与消费者建立情感沟通，是企业塑造良好形象的基础，因而进入市场，先要进入消费者的情感世界。

公共关系是一门很生动的行为科学，任何教条主义的东西都要不得，任何庸俗化的东西更应该被舍弃。公共关系从业人员应深切了解公共关系的精义：以舆论作用于人际环境。至于做什么是道德问题，而如何做则是技术问题。由此出发，融会贯通，娴熟于心，灵活运用，随机应变，公共关系的魅力自是不言而喻。[2]

---

① 胡百精. 合法性、市场化与20世纪90年代中国公共关系史纲——中国现代公共关系三十年（中）[J]. 当代传播，2013（5）：49.

② 谢万能. 浅议公共关系对企业的作用 [J]. 广东农工商职业技术学院学报，1995（s1）：28-32.

第三节　外资公关公司和本土公关公司

一、外资公关公司抢滩登陆

20世纪90年代，是外资公共关系公司抢滩中国市场的年代。自1984年、1985年美国的伟达、博雅挺进中国市场后，有相当一段时间外资公共关系公司在中国大陆的数量基本维持在两至三家。1991年，伟达受中国政府所聘，负责在美国国会游说，争取美国给予中国最惠国待遇，成为第一家服务中国政府的外国公共关系公司。之后，中国公共关系市场有所发展，生机初显，一大批外资公共关系公司又纷纷杀进，如美国爱德曼、奥美、福莱、罗德、凯旋先驱、英国宣伟等。这些公共关系公司纷纷与中资公司建立联营关系，或在一些发达地区设立办事机构和业务点。他们很多是出于自身战略发展的需求进驻中国市场，因为开放的中国是其发展全球业务网络的良好市场，同时，发展中的中国不仅可以维系原有跨国客户，还可以争取到新的外资国际客户，并且又可以带出未来的中资客户。

这些外资公共关系公司为拓展中国市场，积极导入公共关系新观念，着力于公共关系专业宣传，如有意识地举办公共关系研讨会、研修班、新闻发布会等形式，对媒介、企业、政府和社会公众进行公共关系专业知识的传播和教育，让业内人士了解了“认知管理”“危机和问题管理”“财经传播”“高科技传播”等一些公共关系的新观念。同时，外资公共关系公司通过自身的实践，引进了最先进的公共关系国际职业操作规范和标准，特别是对一些先进技术手段的运用，向中国的客户展现了极高的专业服务水准，让人们看到了公共关系更灿烂的未来。一些著名的公共关系公司代理著名跨国公司在中国市场运作的成功案例，也让业内人士和中国客户备受鼓舞。这极大地推进了中国公共关系市场的形成，并对中国公共关系市场的专业化、职业化、国际化起到了积极的影响和作用。[①] 国际公共关系公司无论是在年营业额还是员工人数方面均保持稳定发展，平均年增长率估计达到15%；奥美、凯旋先驱、宣伟、安可等公司发展速度较快；国际

① 何春晖．中国公共关系的回顾与瞻望［J］．中国传媒报告，2002（2）．

公共关系公司继续巩固北京、上海、广州三地办事机构，加快业务开发，并加强了全国网络建设。

二、本土公关公司在起步

专门化的公共关系公司经过十年风雨的洗礼，开始步入自我整顿、自我提高的时期。相对于营销学教育、广告，中国的公共关系实践开展得比较晚，原隶属于新华社的环球公共关系公司是中国第一家本土公共关系公司，也是当时在中国公共关系市场中最活跃的公共关系公司。

20 世纪 80 年代中至 90 年代初是知识普及期，全国上下掀起了普及公共关系知识、学习研究公共关系理论的热潮。一大批企业公共关系部门建立起来，一些国际著名公共关系公司相继登陆，它们引入了专业公共关系的全新概念和操作方式，也催发了中国专业公共关系公司的出现。

1990 年 4 月 12 日，全国政策咨询工作会议在北京闭幕。会议提出，政府系统的决策咨询机构要加强研究工作，为各级政府的科学决策当好参谋。会议期间，国务院发展研究中心主任马洪做了《加强政策咨询研究工作，为民主的科学的决策服务》的报告。此后，大量的公共关系公司像雨后春笋般冒出，但其中大多是缺乏实力、挂羊头卖狗肉的空头公司。

三、公关市场的艰难探索

自 1984 年伟达进驻中国，之后博雅、中法公共关系公司高调进驻中国大陆后，整个 80 年代几乎仅有这几家公共关系公司，更没有本土公共关系公司的身影。进入 90 年代，一些外资继续进驻中国，本土公共关系公司也开始零星起步。公共关系市场尚未真正形成。

一面是企业的公共关系活动开展得如火如荼，一面却是专业公共关系公司的惨淡经营和专业公共关系市场的冷清。形成这种局面的主要原因如下：

（一）当时的中国市场是典型的卖方市场：卖方始终处于优势地位，买方处于劣势地位

20 世纪 80 年代具有典型卖方市场特征的中国市场决定了企业更重视

生产。即便是大中型的国营企业投入资金用于公共关系活动，也多出于提高企业自身知名度的目的。而大多数这样的企业在这一时期均设立了自己的公共关系部门，它们通过对外国公共关系的简单模仿，引入一些公共关系运作的流程，也基本上可以满足企业提高知名度的要求。也有一些大型的企业内部的公共关系部门不能满足其发展的需要时，会转而与跨国公共关系公司合作。

（二）本土公共关系人才缺乏

中国引入公共关系较晚，虽然公共关系教育在高校中积极开展，但真正在公共关系实务界做出成绩的却很少。在最初的外资公共关系公司中，高层的公共关系策划人员也多为外国人，对本土公共关系从业人员的培育还需要一段时间。本土公共关系人才的缺乏，使得整个20世纪80年代无一家本土公共关系公司出现。

（三）企业公共关系的意识还停留在做广告层面

公共关系意识是指经过公共关系实践和公共关系知识积累以后，对公共关系活动经验的高度概括与升华，是一种自觉的公共关系观念。[①] 自白云山制药厂设立公关部以后，一些企业纷纷效仿，也设置了相应的部门，但此时企业的公共关系意识仅停留在公共关系可以让企业在媒体上的曝光率提高，使更多的消费者认识自己，为企业做免费广告的水平上。这时企业公共关系部的主要业务就是对外接待来宾，向媒体输送新闻稿件等低水平的公共关系操作，这在当时中国人刚刚接触公共关系，新闻媒体总量较小且信息噪声较小的20世纪80年代末90年代初还是取得了一定的宣传效果的。所以，企业方也不太注意引入外部公共关系公司为其进行整体策划工作。但是，随着经济的进一步发展，这些基础性的公共关系行为已不能满足企业的发展需要。那么，专业的公共关系公司与企业内部的公共关系部门在职能上有哪些不同呢？

（1）从服务水平看，专业公共关系公司可提供较为全面的服务，在公共关系调研、公共关系策划、公众事务等方面有较高的专业水平。

---

① 张龙祥. 中国公共关系大辞典［M］. 北京：中国广播电视出版社，1993.

（2）从与社会的联系看，专业公共关系公司的经营以整个社会为舞台，在社会联系方面有着自己的优势；而企业内部的公共关系部则对本行业、本组织的公众了解更为深入。

（3）从意见受重视程度看，专业公共关系公司较公共关系部更容易为组织决策层重视和接受。

（4）从服务的及时性看，组织自身的公共关系部门在紧急情况下可以做出快速的决策和反应。

（5）从费用开支看，如果中小社会组织设立比较健全的公共关系部门，独自承担所有的公共关系事务，其实并不划算；反之，大型社会组织把所有的公共关系工作都委托给公共关系公司，同样也未必划算。

这些也是当时几家跨国公共关系公司可以维持下来，但本土公共关系市场并没有成熟的原因。但同时跨国公共关系顾问公司带来了先进的服务理念和实务经验，对中国市场起到了很好的示范作用。在提供市场活动等服务的同时，公共关系顾问公司也培养了一批专业的公共关系顾问队伍，注重专业发展研究和专业人员的训练，以不断提升服务质量和服务，使经营规模和客户群体得到迅猛发展。专业服务经营的财富效应吸引了一大批优秀人才加入这一服务市场，伴随着这一市场的发展而学习、成长，共同推动中国公共关系市场的发展。

公共关系行业的迅速发展是中国走向市场经济的产物，也是全球经济一体化和市场竞争的必然结果。企业社会公众影响力的提高，需要依靠媒体宣传和公众活动策划。企业通过媒介的介绍、传播，与观众的交流、沟通和互动，在公众面前树立并强化公司的品牌形象，在市场竞争中赢得先机。而在这一系列活动安排中，专业公共关系公司是企业的好帮手。

第四节　公共关系理论研究及教育

一、公共关系理论研究探索

1986年11月，由中国社会科学院编著的《塑造形象的艺术——公共关系学概论》成为我国最早的一部全面系统论述公共关系理论和实践的专著，[①] 它对推动我国公共关系事业的发展发挥了重大的作用，对我国的改革开放和经济建设、建设有中国特色的社会主义事业产生了积极的影响。此后，大量的公共关系译著、专著、教材、辞典纷纷面世。同年12月，王乐夫、廖为建等人的专著《公共关系学》问世。1986年12月，曹小元等编著的《企业公共关系必读》出版。

这一时期，公共关系学界开始尝试针对当时的社会需求，结合中国的国内情况，探索如何在社会主义初期发展“中国社会主义公共关系”。虽然，1986年只有三本公共关系领域的图书出版，但这三本书开拓了中国公共关系界人士的视野，填补了中国公共关系理论界学术研究的空白。在之后短短的几年内，有关公共关系方面的书籍如雨后春笋般出现。

1988年前后，居易、余明阳、郭惠民、邢颖、崔秀芝、廖为建、汪秀英等一大批年轻学者出版了一系列著作，发表了不少高质量论文。同时，弗兰克·杰弗金斯（Frank Jefkins）的《公共关系学》，斯科特·卡特李普（Scott M. Cutlip）等编写的国外公共关系著作在中国大陆陆续翻译出版。理论界掀起了一股研究公共关系的热潮。

在公共关系的迅速兴起时期，具有中国特色、适合中国国情的公共关系理论尚未建立起来，而引进的国外的公共关系理论又不能有效地指导中国的公共关系实践，这种理论落后于实践而导致的偏差与误解，使得公共关系领域出现了机械模仿、良莠不齐等现象，这些现象不同程度地影响了公共关系事业在我国的正常发展。但同时也应该看到，这一时期在理论研究方面取得的成绩和进展、在实践领域积累的经验和教训，为公共关系在后来的稳步发展奠定了基础。

二、国内外理论研讨会

（一）国内公共关系会议的召开

20世纪80年代中后期，随着我国公共关系教育和实践的迅速发展，

---

① 公共关系学在中国的发展［EB/OL］. 20161220/20190106，https：//www. docin. com/p-1825554431. html.

一大批学者结合中国的政治、经济和文化的特点对学科的一些重大理论问题进行探索。尤其是在中国公共关系协会的推动下，每年都召开公共关系理论与实践问题的研讨会。

1988 年 5 月，由中国环球公共关系公司和博雅公共关系公司联合主办的首届国际公共关系专业研讨会在北京召开。1988 年 12 月，全国第一次省市公共关系组织联席会议在杭州举行。1989 年 11 月 1 日至 11 月 7 日，首届中国沿海开放城市经济技术开发区公共关系工作年会在天津召开，来自大连、烟台、青岛、连云港、南通、宁波、福州、广州、天津等沿海开放城市经济技术开发区的代表与会。

1989 年 12 月 15 日至 12 月 20 日，由深圳大学、杭州大学（现浙江大学）、兰州大学、中山大学、复旦大学发起，深圳大学大众传播系主办的全国高等院校公共关系教学研讨会在深圳大学举行，来自 23 个省份 50 多所高等院校的 90 名代表出席会议，余明阳主持了开幕式。会议研讨了公共关系专业的课程设置，原则通过了《公共关系教学大纲》。大会交流了经验，研讨了我国公共关系教育界的现状、发展的趋势和高等公共关系教育的各个方面的问题。会议加强了学术成果的交流与传播，对研究的深化和完善，公共关系的国际化、专业化、职业化发展起到了促进作用。同时，以余明阳、廖为建为代表，展开了对“形象”与“协调”的核心概念之争，这一争论持续了几十年，成为公关学术争鸣的范例。这次会议是对我国公共关系发展十年来的研究和总结，它标志着我国公共关系学界研究和教育发展走向规范、蓬勃发展的新时期。全国高校公共关系教学研讨会，到 1998 年在杭州大学（浙江大学）、兰州大学等高校共召开了五届研讨会。当时全国性公共关系教育组织还没有成立，这些会议的召开促进了全国高等学校公共关系教育信息与经验的交流，积极推动了公共关系教育事业的发展。

（二）公共关系国际交流

随着全球化进程的加快和中国市场的进一步放开，中国与国外交流愈加频繁，中国公共关系界也走出了国门，与国外公共关系界进行进一步的交流与合作。我国公共关系界与国际公共关系界的联系、交流和合作活动逐渐增多，为“让世界了解中国，让中国走向世界”开辟了新途径。中国公共关系协会和一些省、市公共关系协会开展了许多工作，加强了与国外公共关系界的交流。

1. 国际交流与互访

在这方面，国际公共关系协会（IPRA）做出了典范。该组织每年在世界不同地区召开两次研讨会，在较高的层次上进行理论探讨和交流。首届大会于 1958 年在比利时首都布鲁塞尔举行。

1988 年 4 月，在国际公共关系协会在澳大利亚墨尔本举行的第 11 届世界公共关系大会上，中国应邀首次派出深圳大学三位公共关系专家钟文等参会，并申请加入国际公共关系协会，受到与会各国代表的热烈欢迎，当即获得协会总部批准。在大会闭幕式上国际公共关系协会主席阿兰·萨杜（Alan Sadou）宣布："作为本届大会的重要成果之一，国际公共关系协会中国分会正式成立。"它标志着中国的公共关系进入了国际公共关系领域。

1987 年初，英国公共关系专家萨姆·布莱克（Sam Black）应邀到深圳访问；年底，国际公共关系协会主席保罗·库普（Paul Coupe）也应邀前往深圳，向蛇口公共关系协会赠送了国际公共关系协会雅典公共关系道德准则证书。1989 年 1 月 22 日和 23 日，"今日公共关系"国际交流会议在曼谷举行，中国公共关系界的三位代表钟文、范东生和魏强在会上做了精彩发言，引起与会者极大兴趣。

2. 国际会议与研讨

1989 年 4 月 19 至 4 月 22 日，在联合国计划开发署的支持下，中国公共关系公司和中国国际经济技术交流中心在北京联合举办了 1989 年国际公共关系研讨会。来自 12 个国家和地区的专家学者、经济界人士以"公共关系与企业发展"为议题进行了研讨。

这些活动均扩大了中国公共关系界与国际公共关系的沟通范围，建立了一些合作途径，促进了中国公共关系与国际公共关系的"接轨"。

三、首家公共关系学院的探索

1987 年，国家教委（教育部）正式把公共关系列入行政管理、工业经济、企业管理、旅游经济、市场营销、广告学、新闻学等专业的必修课。

之后全国大约有300所大学开设了公共关系课程，本科课程教育已逐步发展成为中国高等公共关系教育中覆盖面最广的教育形式。复旦大学、中山大学、兰州大学、杭州大学（现浙江大学）等高校均是较早引入公共关系这门学科的大学。1989年6月20日，黑龙江公共关系协会获省政府编制委员会批准副厅级建制，常设机构秘书处为正处级单位。该会创办的我国第一所公共关系学院——黑龙江省公共关系专科学校（大专）于当年9月25日正式开学。

随着改革开放形势的发展，公共关系工作在社会上越来越受到人们的重视。许多部门，特别是经济界的一些机构纷纷邀请公共关系专家、学者讲授公共关系知识，介绍公共关系工作经验。各种各样的培训也举办得如火如荼，培训推动了当时公共关系的社会教育。

1989年2月，费孝通在接受《人民日报》记者采访时，倡议在北京大学开设公共关系课程。时隔不久，北京大学与香港中文大学在北京联合举办了公共关系讲习班，学员包括来自全国几十所高等院校从事公共关系教学的教授及实际工作者。

四、公共关系教材的应需而生

与实务界模仿外国模式引入公共关系一样，第一代的公共关系教材多是1986至1990年吸收引进国外公共关系理论汇编而成的。这批教材应社会公众对公共关系知识的需求而产生。

其中，20世纪80年代末90年代初出版的一系列优秀公共关系教科书，如深圳大学熊源伟的《公共关系学》、复旦大学居延安的《公共关系学》、中山大学廖为建的《公共关系学简明教程》等。这些代表性著作有的获得省部级优秀社科成果奖励，有的被列入教育部规划教材或高等教育精品教程，发行广，影响大，为我国公共关系学科研究起步奠定了基础。1990年，深圳大学开始出版总计11种的中国第一套公共关系教材“当代传播与公共关系系列”，包括熊源伟的《公共关系案例》、余明阳的《公关素质论》等，许多内容填补了公共关系研究的空白。

中山大学在1990年设置公共关系本科专业，成为中国内地首家有权授予公共关系专业学士学位的高校。这标志着我国公共关系学科教育地位的确立，中国公共关系教育开始走向正规化、规范化、高层次的发展新阶段。1994 年，中山大学开始在行政管理专业硕士点招收公共关系研究方向的研究生。此后，厦门大学、国际关系学院等多所重点高校先后在传播学、国际新闻、国际关系等硕士点正式招收公共关系方向研究生。这种规范的公共关系硕士培养计划的推行，揭开了中国内地高层公共关系教育的序幕，标志着中国内地高层公共关系教育进入了一个新的发展阶段。

第五节 公共媒体与传播

一、专业公共关系报刊

最早问世的公共关系专业报纸是由浙江省公共关系协会主办的《公共关系报》，1988 年 1 月 31 日在杭州创刊；1989 年 1 月 25 日，陕西省公共关系协会和中国公共关系专业委员会联合主办的《公共关系》杂志在西安面世；同年，《公共关系导报》在青岛创刊。它们构成了中国公共关系业界的“两报一刊”。中国公共关系事业的发展与 20 世纪 80 年代中期火热的公共关系学术成果的翻译、出版、推介有直接关系，同时也与公共关系报刊的陆续推出有关。

据不完全统计，1989 年全国公开、内部发行的公共关系报刊达三十余种。[①] 专业性公共关系传播媒介的发展，极大地推动了公共关系的普及和公共关系向纵深的发展。

20 世纪 80 年代末 90 年代初，由于中国的公共关系教育呈现“狂热”态势，各种公共关系出版物大量涌现。这种狂热的态度对于公共关系的普及是有积极意义的，但不切实际地放大公共关系职能，脱离需求地扩展公共关系人才培养规模，缺乏创造性的公共关系教材编写，必定导致狂热过后的低谷。而此时尽管读者的偏好和报纸特长都没变，但整个公共关系专业报刊市场萎缩了。除《公关世界》杂志以外，之后，各地的公共关系报

① 张龙祥. 中国公共关系大辞典 [M]. 北京：中国广播电视出版社，1993.

纸纷纷停办。甚至在公共关系界享有盛誉，被称为“两报一刊”的全国公开发行的“两报”——浙江的《公共关系报》、青岛的《公共关系导报》（后者还被评为1992年度经济类十佳报纸）和“一刊”《公共关系》也不得不停办。市场极度萎缩，再也支撑不起哪怕一份全国公开发行的公共关系报纸，也可以说，这个全国性的细分市场消失了。这一方面反映了过度的“热炒”会导致市场的失衡，另一方面也反映出互联网媒体的逐步出现对传统纸媒产生了取代效果。

二、广播电视的公关传播

电视的特点是综合使用了图像、声音、文字等多种传播手段，因此现场感十足，传播时效性快，受众范围广，娱乐性强。总体上看，其传播效果是非常强大的。但是同广播一样，电视节目的即时、不易保存的特点，使观众选择的余地很小，观众接受电视节目的时间和空间及设备都受到较大的限制；另外，电视的制作、转播和播放的费用很高，公共关系人员在使用这种媒体时，常常需要很大的资金投入。①

电视传媒是当今社会颇具影响力的大众传媒，电视中的各类新闻节目、娱乐节目、专题节目都可能是传播公共关系信息的有效平台。公共关系人员应该在娴熟地了解和掌握电视媒体制作基础上，根据不同的栏目、节目特性，把与本组织有关的公共关系信息“恰当地”纳入节目中，既配合了电视台的工作，为其提供了合适的节目素材，又自然合理的通过电视台这一平台向社会大众传播了有关组织的信息，取得“双赢”效果。这里的关键是公共关系人员有没有知识与能力把本组织的公共关系信息输出与电视台各类节目的制作需要有机、自然地联合在一起。从这个角度来说，公共关系人员必须成为媒体专家，了解电视台各类节目运作的规律与要求，有很强的媒体报道感，能够从组织的相关信息中敏锐“嗅出”电视台需要的素材和报道“由头”。媒介不仅是公共关系运作中不可缺少的载体，同时也成为公共关系普及发展的平台。

1990年，上海市公共关系协会与上海电视台联合摄制电视专题片《公

---

① 李磊. 公共关系实务［M］. 北京：中国广播电视出版社，2004.

关在上海》。该片主要反映了公共关系这门新型学科在上海的逐步兴起和发展，以及上海市公共关系协会成立以来所组织的大型公共关系活动及本市企事业单位如何运用公共关系手段为企业经营和产品经销服务，提高企业经济效益的典型事例。通过电视专题片的形式普及公共关系概念，比先前单纯地利用公共关系出版物这一形式更引人入胜，老百姓也更能够尽快了解这种新兴的管理技术。

但真正使中国老百姓了解公共关系的乃是 1989 年广东电视台开播的 24 集电视连续剧《公关小姐》。《公关小姐》是我国首次将公共关系职业形象搬上荧幕，也是中国大陆最早的反映改革开放、最早反映公共关系行业、最早反映女性和女性群体生活的电视连续剧。《公关小姐》荣获第十一届中国电视剧“飞天奖”三等奖，之后又获得第九届全国“大众电视金鹰奖”优秀长篇连续剧奖等众多奖项。

《公关小姐》以 20 世纪 80 年代初期公共关系在酒店业的发展为历史背景，选取中国公共关系业早期从业人员为主角。广州的中国大酒店首任公关部经理美籍华人田士玲小姐和第二任公关经理常玉萍小姐的公关业绩，在《公关小姐》中得到了生动再现。该剧既有效地传播并普及了公共关系的观念和知识，也展现了早期的中国公共关系历史。《公关小姐》也是一部反映改革开放成就的主旋律电视剧，在与香港电视剧和中央电视台电视剧的竞争中，选取了通俗与严肃之间的“第三条道路”。《公关小姐》选取的角度相当精巧——把主角设计成一个来自香港的公共关系人士，这样一部吸取了香港电视剧优点的都市言情剧，同时也具有主旋律电视剧的特点。

这部电视剧在一定程度上客观地描绘了早期酒店公共关系从业者的工作状态，使大众基本了解了公共关系从业者的工作内容以及需要具备的能力等。从此之后，大众对公共关系有了最直观的感性认识。作为电视剧，故事情节的冲突性要求使该片在关注酒店公共关系运作的同时，用艺术化的夸张手法掺杂了多位男女之间的感情纠葛，夹杂着不属于公共关系具体运作范畴的社会世态与不良习气，这使观众在观看的同时，把戏剧化的荧幕形象和现实的公共关系从业人员画上等号，一定意义上使公共关系陷入了说不清道不明的尴尬之地，在不经意间给公共关系在中国的发展带来了负面影响，很多人误以为公共关系就等于漂亮的脸蛋加时髦的打扮，经常出入酒吧舞厅的浮华生活，但这只能算是公共关系发展中的一个小小杂音。随着市场经济的发展，以及公共关系实务在各个领域中不断显现，人们对公共关系也有了新的认知。

1988 年 11 月 1 日至 11 月 3 日，中国公共关系协会深圳办事处筹办的深圳公关小姐、公关先生首届全国邀请赛在深圳举行。来自全国 12 个省市代表队的 120 名代表经过两天的准决赛，有 9 名公关先生、16 名公关小姐进入了总决赛。决赛选手先后通过了公共关系专业知识对答、英文会话的测试，又先后进行了个人特长表演和风度表演。最后，由著名学者张启人、王驰、田开慧、著名演员邵华、耿莲凤等八人组成的评委会，评选出公关先生及公关小姐冠、亚、季军。他们分别是：公关先生冠军何斌（深圳南海酒店队）、亚军张国强（深圳队）、季军李鲁宁（南京队）；公关小姐冠军罗晓音（深圳队）、亚军徐坚（深圳南海酒店队）、季军胡洁（南京队）。①

当时的比赛十分低调，但因为是第一次举办该类型的比赛，还是吸引了不少的关注。许多人认为这次选公关先生、公关小姐只是个幌子，实则是选美。更有人指斥这次大赛是对公共关系的曲解和嘲弄。当时的深圳市政府思想解放，对此采取了宽容和不予干涉的态度，才使大赛得以顺利进行。这次大赛至少在一定程度上，宣传了公共关系事业。②

今天来看，这次比赛在普及公共关系、推广公共关系发展方面还是有一定积极意义的。它宣传了公共关系，加深了国人对公共关系概念的了解。同时，也给公共关系从业人员提供了一个展示自我风采的平台。只是这次比赛的内容本身能否反映出实际的公共关系从业者的能力，或者说，公共关系从业者所具备的能力是否可以在一场比赛中展现出来是有待商榷的。

三、全国十年杰出企业公关评优

1991 年 5 月 5 日，由熊源伟、余明阳、孔繁任组织的全国十年杰出企业公关评优颁奖会暨全国公关工作会议、企业公关交流会在北京召开。许

---

① 唐文. 公关小姐向新闻界微笑 [J]. 新闻记者，1989 (10)：33-35.

② 林根. “公关小姐”与“公关谋略”[J]. 社会，1991 (5)：41.

多大中型企业的厂长、经理、公关人员从理论和实践的结合上就“走中国式企业公关道路”“公共关系与企业发展”等问题进行了较为深刻的探讨。从这次活动获奖的39家企业的情况来看，企业公关有其名也有其实。

1991年7月5日，江苏人民广播电台开辟“公关一角”专栏，连续对企业公共关系个案进行介绍和分析。1991年12月10～12日，全国首届明星企业公关演讲复赛在北京举行，来自全国12个省、市、自治区的40个企业代表参加复赛。1991年7月18日，由上海公关协会、《解放日报》《文汇报》《新民晚报》、上海人民广播电台、上海电视台联合举办的1990年上海市优秀公关实例评选活动结果正式揭晓。18家企事业单位获优秀公关实例金、银、铜奖。1995年11月，第五届全国企业创新与公关策划研讨会在秦皇岛召开，大会主题为企业策划与现代企业制度。

【相关链接】

全国十年杰出企业公关评优：中国公关界第一次历史性盛会

1991年5月，全国十年杰出企业公关评优颁奖会暨全国公关工作会议、企业公关交流会在北京召开。这是中国公关界第一次历史性盛会。

全国30余家公共关系协会负责人以及“白云山”“健力宝”和“黄河电器”等大中型企业的代表赶赴北京。

大会定于5月5日开幕。在此前给高层领导的请柬已经发出，但高层领导的反应不得而知，公关界翘首以盼。

5月4日上午，10时零5分，电话铃响，时任中共中央政治局常委李瑞环办公室来电：“中国十年杰出企业公关评优颁奖大会的召开，是一件好事。我因事不能到会，特电话祝贺，中国公共关系事业的发展，是中国改革开放的必然趋势，它以新兴的管理科学，协调社会各方面关系，密切党和广大人民群众的联系，调动各种积极因素，维护安定团结，促进社会主义建设。我相信，在进行十年规划和‘八五’计划的奋斗中，中国的公共关系事业一定会有一个更好的发展前景。”[1]

---

① 余明阳，孔繁任. 中国十年杰出公关评优活动在北京成功举办 [J]. 公关教学报，1991 (7).

下午，时任中共中央顾问委员会常务副主任薄一波给大会发来贺词：“公共关系在我国还是一项新事业，它是伴随着改革开放而发展起来的。搞好这项工作，对于扩大信息交流、促进商品流通、沟通企业联系、建立新型人际关系都有着积极的作用。”中顾委委员杨成武为大会题词：“发展公关事业，促进经济繁荣。”

消息传开，代表们奔走相告，欣喜之情溢于言表。

5月5日9时30分，在北京人民大会堂，中国十年杰出企业公关评优颁奖大会隆重开幕，首次全国公关工作会议同时召开，中国公共关系协会主席安岗主持大会，刘澜涛、陈锡联出席大会，台湾地区公关界代表专程到会祝贺。首都各大新闻媒体竞相报道大会盛况。

第六节　职业规范

一、职业规范的意义

公共关系以其特有的专业技术和专业人才，在社会各类组织的决策和运作中发挥了前所未有的影响力，在相当的程度上影响着社会组织与决定其生存、发展的社会公众环境之间的生态状况。因此，职业道德问题逐渐成为世人关注的问题。这一职业所应承担的社会责任也越来越大，面临的职业道德困境和压力也越来越大。

道德是指“一定社会为了调整人们之间以及个人和社会之间的关系所提倡的行为规范的总和。它通过各种教育和舆论的力量，使人们具有善与恶，荣誉与耻辱，正义与非正义等概念，并逐渐形成一定的习惯和传统，以知道和控制自己的行为”。[①]

道德与法规不同，对人的行为规范不具有强制性。但道德不仅涉及法律所规定的“什么是对、什么是错”的问题，也涉及“什么是好、什么是坏”的问题。公共关系学者唐·怀特（Don Wright）就曾指出：道德不是指“做对的事”，而是指“做好的事”。根据怀特的观点，在公共关系中做

① 宋原放. 简明社会科学词典［M］. 上海：上海辞书出版社，1982.

出道德选择的关键是：判断对于一个组织来说采取什么样的行动是好的，是有益的。卡特彼勒公司（Caterpillar Tractor）的企业道德法则中阐释了同样的观点："法律是最低的准线。道德的商业行为应当用比法律更高的标准来约束自己。"[①]

职业道德是人们在职业生活中应遵守的基本道德，是从事一定职业的人在工作岗位上同社会中的其他成员发生联系的过程中逐渐形成和发展起来的，是一般社会道德在职业生活中的具体体现。[②] 良好的职业道德操行规范，应当与社会、文化总体上作为规范来接受的道德价值观始终保持一致。各行各业都把有关正当操行和共同认同的观念准则转换成正式的职业道德准则和专业操行。职业道德规范一般会以"职业公约""职业守则"等的文件形式公布。这些职业道德规范条文一旦形成，就会转过来指导各行各业的专业实践，以便加强全体成员自律和社会监督，并作为规范行为的实施和制裁依据。注重对职业道德规范的执行，对于保护委托人应有的利益，承担应有的社会责任，取信于社会，保护职业的专业特权等具有重要意义和价值。

二、中国公关职业规范的探索

1989 年 9 月 25 日至 9 月 29 日，全国省市公共关系组织第二次联席会议在西安举行，来自 24 个省份的 160 多位代表出席。会议通过了由余明阳、权裕和齐新潮执笔起草的《中国公共关系职业道德准则》草案。这个草案是以中国社会公认的道德规范和公共关系实际为出发点，并借鉴《雅典准则》《威尼斯准则》，以及国外一些有参考价值的文件写成的。虽然它还有待进一步完善，而且在文字表述上带有当时社会背景的色彩，但就其诞生而言，无疑是中国公共关系事业发展史上的一件大事。

在已成文的公共关系职业准则中，《国际公共关系职业道德准则》的影响较大，很多国家的公共关系组织都采用这一准则。1991 年 5 月，全国公共关系组织第四次联席会议在武汉召开，70 多位代表集中讨论了如何运用公共

---

① 卡特彼勒的《行为准则》[EB/OL].20150209/20190106，https://www.caterpillar.com/zh/company/code-of-conduct.html.

② 宋原放. 简明社会科学词典 [M]. 上海：上海辞书出版社，1982.

关系，促进经济发展等问题，并通过了《中国公共关系职业道德准则》。

【相关链接】

《中国公共关系职业道德准则》总则
(1991年5月23日第四届全国省市公共关系组织联席会议通过)

中国公共关系事业的发展是中国改革开放的必然趋势，它以新型的管理科学协调社会各方面的关系，密切党和广大人民群众的联系，调动各种积极因素，维护安定团结，促进社会主义建设。因此公共关系工作者肩负着时代的使命，公共关系工作者必须具有高尚的职业道德并将职业道德准则作为完善自身形象的行为准则。

条款

一、公共关系工作者应当坚持社会主义方向，自觉地遵守我国的宪法、法律和社会道德规范。

二、公共关系工作者开展公共关系活动首先要注重社会效益，努力维护公共关系职业的整体形象。

三、公共关系工作者在公共关系活动中，应当力求真实、准确、公正和对公众负责。

四、公共关系工作者应当努力提高自己的政治水平、文化修养和公共关系的专业技能。

五、公共关系工作者应当将公共关系理论联系中国的实际，以严肃认真、诚实的态度来从事公共关系学教育。

六、公共关系工作者应当注意传播信息的真实性和准确性，防止和避免使人误解的信息。

七、公共关系工作者不能有意损害其他公共关系工作者的信誉和公共关系实务。对不道德、不守法的公共关系组织及个人予以制止并通过有关组织采取相应的措施。

八、公共关系工作者不得借用公共关系名义从事任何有损公共关系信誉的活动。

九、公共关系工作者应当对公共关系事业具有高度的责任感。不得利用贿赂或其他不正当手段影响传播媒介人员真实、客观的报道。

十、公共关系工作者在国内外公共关系实务中应该严守国家和各自组织的有关机密。

附则

本准则将根据实际情况予以调整和修改。其解释、修改、终止权属全国省市公共关系组织联席会议。

第七节　非营利组织公关

非营利组织是在公众支持下，以实现公共目标而存在的组织，包括学校、慈善组织、宗教组织、合作团体、社区组织、市民俱乐部以及许多其他组织。20 世纪 90 年代初期的医院、学校主体还是非营利组织，其公关发展尚处在起步阶段，而其余一些非营利组织的公共关系意识初见雏形。

一、医院公共关系

中国的医疗机构分为营利性和非营利性两类。营利性医疗机构，以营利为主要目的，主要包括中外合资医院、股份制医院和私立医院，它们的医疗服务价格开放，依法自主经营，照章纳税。非营利性医疗机构，是指为社会公众利益服务而设立和运营的医疗机构，不以营利为目的，分为两类：一是政府设立的主要提供基本医疗服务并完成政府交办的其他任务的医疗机构；另一类是社会捐资兴办，企事业单位、社会团体和其他社会组织举办的医疗机构，这一类非营利性医疗机构主要提供基本医疗服务。

中国早期医院以公立医院为主，多为非营利性机构，其市场营销观念比较落后。1980 年，广州医科大学第一医院与香港、澳门地区开展资源合作，兴建了全国第一家合资医院——珠江华侨医院，为境外人士提供特需医疗服务，开创了与外资合作办医和涉外医疗服务的先河。

20 世纪 90 年代前期，医疗机构的公共关系在萌芽中起步。医疗卫生改革使医院管理的内容不断扩展，从 20 世纪 90 年代初期的“总量控制，结构调整”，发展到后期推行的“三医”联动改革。这个时期也是民营医疗机构的起步阶段，同时国营医院的改革还没有启动，整个医疗市场处于卖方市场，医疗资源缺乏，老百姓很难找到合适的医院治疗疑难病症，信息渠道不通畅，全面的医疗信息发布渠道还未形成。中国较早的系统论述医院公共关系的著作，是 1991 年经济管理出版社出版的《实用医院公共关系学》。1992 年 9 月，国务院下发《关于深化卫生改革的几点意见》。据此，卫生部按照“建设靠国家，吃饭靠自己”的精神，要求医院在“以工助医”“以副补主”等方面取得新成绩。

医疗保健机构公共关系主要对象有内部职员、医护人员、患者及其家属、社区公众、社区新闻媒介、捐助人、投资者以及政府机构等。在这些公共对象中最为关键的是患者及其家属。一家医疗机构形象的好坏、社会舆论的褒贬，首先取决于患者及其家属对医院服务的满意程度。政府和捐助人也主要是从医院形象及满足患者需求的能力、解决某些社会医疗保健问题的方式等方面来决定其投资。①

随着人们生活水平的全面提高，人们对医疗服务的需求也在发生剧烈变化。这种变化不仅仅是量的增加，还伴随着质量、结构、层次的变化和社会公众对医疗费用支出不断增长逐渐表现出的强烈不满。种种的现象和矛盾使得中国的医疗机构的公共关系在 20 世纪 90 年代走上了自我整顿和快速发展的道路。医院公共关系的目标是树立一个具有良好的医生和设施资源、规范的管理、完善的服务的组织形象，一方面增强内部的凝聚力，另一方面在社会上提高医院知名度，拓展医院服务，营造可持续发展环境。

二、教育公共关系

中国一直将教育视为一种公共事业。20 世纪 90 年代前期，中国的基础教育和高等教育还是不允许营利的。在基础教育方面，国家颁布了《义务教育法》，规定教育是一种义务，而受教育则是一种权利。目前中国高等教育主流是在国家投资的经济基础上构筑起来教育体系，办学主体主要是政府。

---

① 纪华强，杨金德. 公共关系的基本原理与实务［M］. 厦门：厦门大学出版社，1999.

（一）科教兴国发展战略的提出

1985年，中共中央颁布《关于教育体制改革的决定》，确立了社会主义建设必须依靠教育的战略方针，首次将教育摆到了优先发展的战略地位。20世纪90年代，以江泽民为核心的第三代中央领导集体提出科教兴国战略，进一步采取了一系列重大措施推动教育的改革与发展。中共十四大以来，中国制定了一系列关于教育发展和改革的重大决策，明确提出，必须把经济建设转移到依靠科技进步和提高劳动者素质的轨道上来，真正把教育摆在优先发展的战略地位，努力提高全民族的思想道德和科学文化水平。1993年，党中央和国务院发布了《中国教育改革和发展纲要》（以下简称"《纲要》"）；1994年，全国教育工作会议召开，进一步动员全党全社会认真实施《纲要》；1995年在全国科学大会提出了科教兴国战略，该战略的提出奏响了教育体制改革的新乐章。

（二）加强自身形象建设，逐步完善管理体制

学校公共关系的重点是协调好与主要公众的关系，包括政府关系、股东关系、教师关系、学生关系、社区关系、媒介关系、企业关系等。高等院校根据自身的目的、受众、范围等因素选择适合的媒体，把学校的发展动态、最新的科研成果、教学改革情况，以及学校硬件和软件的建设状况等有特色的内容及时地传播给特定的公众对象，使其对高校的科研能力、教学水平、特色专业及教学现状有较为具体的了解，形成有利的社会舆论。高等院校还可以借助人际传播进行宣传。例如，高校定期举行校友联谊会，校友与在校师生之间经常进行信息的交换，一方面可以增强学校的亲和力，另一方面还可以扩大本校在社会中的影响，提高公众对高校的认可程度。这种利用人际传播的公共关系实践凭借人与人之间情感的联结，可强化社会公众对高校的好感。同时，学校的品牌保护意识也很重要。例如，武汉大学通过商标注册，依法享有"武大"商标的专用权，任何未经学校同意，以"武大"名义从事教育、科研的行为均属侵权。[①]

20世纪90年代初，在国家的宏观指导下，由地方负责、分级管理的

---

① 赵小宁. 试论高等院校的营销活动 [J]. 教育探索，2001（4）：86-89.

基础教育体制进一步完善，普及义务教育的进程加快。地方政府对当地经济、科技和教育发展进行统筹规划，在城区积极进行社区教育试点，探索现代企业教育制度和城市教育管理新体制；同时，积极实施农业、科技和教育相结合的“燎原计划”，促进农村地区普通教育、成人教育和职业教育的协调发展。1996年3月，国家教委、国家计委、农业部、财政部四部委联合制定《农村教育集资管理办法》，规定农村教育集资应根据当地经济、教育发展水平和群众承受能力，坚持依法、自愿、量力、专款专用原则。教育集资可通过资金、实物和劳务等方式进行。

高等学校的科研工作发展迅速，成为我国科技事业的重要组成部分。据1996年统计，高等学校建设国家重点实验室101个，国家工程和工程技术研究中心27个，开展科技研究课题50万余项，科技成果转化创造了显著的经济和社会效益。[①] 教育的国际合作与交流不断扩大。1992年至1996年，中国向103个国家和地区派出各类留学人员9.8万人，接收152个国家的来华留学人员13.7万人。

三、非营利组织公共关系

中国社会改革开放以来，在社会生活方面最为引人瞩目的变化之一，就是出现了为数众多的社会团体。20世纪90年代初期的非营利组织公共关系活动以“希望工程”和红十字会为代表，影响深远。与此同时，知名个人与企业、娱乐圈等也开始参与到非营利社团活动中，非营利组织的公关活动兴起，有与国际接轨的初步征兆。

20世纪90年代前期，随着市场经济体制的建立，大规模的慈善机构纷纷成立，并成功地开展了多项引起全社会高度关注的公共关系行动。例如，1989年，中国青少年发展基金会实施名为“希望工程”的社会公益项目，它旨在集社会之力，捐资助学，保障贫困地区失学孩子受教育的基本权利。那张名为《大眼睛》的希望工程宣传海报曾感动无数人，而“希望工程”也成为90年代中国最有影响的公益项目之一。这项“功在当代，利

---

① 戴军，穆养民，李兴鑫，等. 高校科技创新体系的内涵结构与建设思路［J］. 西北农林科技大学学报（社会科学版），2003，3（5）：71－75.

在千秋”的公益活动改变了无数失学儿童的未来。1995 年，由中国人口福利基金会、中国计划生育协会和中国人口报社联合发起的救助贫困母亲的“幸福工程”在人民大会堂宣布启动。作为发起人和组委会主任，当时 74 岁高龄的王光美女士在之后的 11 年里一直多方奔走。在她的努力下，仅发起后的 10 年内，“幸福工程——救助贫困母亲行动”在全国设立了 389 个项目点，累计投入资金 3.1 亿元，救助贫困母亲及家庭 15.4 万户，惠及人口 69.5 万人。[①]

中国红十字会成立于 1904 年，至今已走过百年历程，其主要工作是推动无偿献血及非亲捐献骨髓、社会服务、备灾救灾等。它的各级组织遍布全国。2018 年 6 月官网信息显示，中国红十字会设有 7 个专门委员会、35 个分会，影响波及全世界。1993 年，《红十字会法》颁布，这为中国红十字会实现“保护人的生命和健康，发扬人道主义精神”这一目标提供了更好的法律保障。

20 世纪 90 年代初期，非营利组织的公关实践开始活跃的同时，以个人名义成立的基金会开始初露头角。1988 年，成龙成立了以自己名字命名的慈善基金会，目的是为了帮助贫苦孩子、残疾人士、老年人和那些在科学以及在艺术领域颇有追求的学生。这些年来，捐钱捐物，代言慈善机构，都能看见成龙的身影。

其他类型的各种团体组织也纷纷开展了公共关系活动。1991 年，中国华东地区遭遇重大水灾。香港演艺界为赈灾筹款组织了大汇演，并义拍了名为《豪门夜宴》的影片。当时，这部由 200 多位香港明星参与拍摄的影片引起了轰动，被列为“1991 年香港十大娱乐新闻”。据统计，1991 年 7 月 11 日至 12 月 31 日，中国共接受境内外的捐赠合计 23 亿元人民币，相当于国家正常年份灾民生活救济费的 2.3 倍。[②] 在 20 世纪 90 年代以前的中国社会行善者是不愿意被宣扬的，而到了 90 年代中期，人们打开电视、翻开报纸，扑面而来的都是关于慈善义演、慈善晚宴、慈善舞会、慈善品酒会的报道。

---

① 中国政府网. 开展救助贫困母亲行动［EB/OL］. 20060923/20190106. http：//www.gov. cn/ztzl/fupin/content _ 396688. htm.

② 凤凰网. 共和国抗击 91 年洪灾启示录［EB/OL］. 20081120/20190106. http：//phtv.ifeng. com/program/tfzg/200811/1120 _ 2950 _ 888257. shtml.

图 2-1 香港演艺界为内地水灾举行赈灾表演，1991 年

1996 年 7 月 9 日，美国、加拿大、泰国非营利机构专家代表团来中华慈善总会访问，总会会长崔乃夫以及总会常务理事、理事等 20 余人与代表团就非营利组织发展问题进行了座谈和交流。这次国际性的交流为中国社团的发展注入了新鲜的血液，建立了与世界沟通的桥梁。

第八节 国际公共关系大会

一、中国国际公共关系协会成立

1991 年 4 月 26 日，中国国际公共关系协会在北京成立。前驻美大使柴泽民任会长，并提出“让世界了解中国，让中国走向世界”的宗旨和“指导、协调、服务、监督”的工作方针，自此翻开了中国公共关系业发展的新篇章。中国国际公共关系协会成立以来，一直致力于加强中国公关界与国际公关界的联系和交流，尤其致力于建立接受世界各国商业性公共关系业务的渠道，有助于国内企业认识和了解国际市场并为国内企业提供国际公共关系服务，更为中国培养和输送国际公共关系人才创造了环境，同时为国际社会了解中国公共关系业的市场发展的潜力提供了机会。从此，中国的公共关系事业日益走向规范化、职业化，学术理论水平不断提高，公共关系实践发展不断进步。

此外，20世纪80年代末成立的中国公共关系协会积极倡导行业自律，加强行业的社会责任感；组织研究公共关系理论和实践问题，开展公共关系知识教育培训，普及和提高公共关系知识和能力；积极参与国际公共关系活动，传递中国声音，树立中国形象；积极开展文化艺术交流活动，传播中华民族优秀文化，弘扬民族文化精神。努力把中国公共关系协会建设成为政府决策的智库，社会认可、公众信任的社会组织。

二、国际公共关系交流

自1992年，清华大学的李希光教授与美国宾夕法尼亚州立大学的刘康教授合作出版了《妖魔化中国的背后》一书以后，如何塑造与维护国家形象这样一个极为重要的战略问题便摆在了国人的面前。由于全球化进程的快速发展，国与国之间的交往，各个民族之间的往来，国家间商务、文化、政治交流的日益频繁，树立并维护一个国家、一个民族、一种文明的形象和整体声誉，加强与内外信息沟通交流等问题便凸显出来了。正是在这个国际大背景之下，国际性的公共关系活动被提上了各国的议事议程。①

国际公共关系界的交流与合作主要是指世界各国公共关系组织、公共关系人员之间的联系、交往、沟通和协作。1955年成立的国际公共关系协会（IPRA）就致力于开展这方面国际公共关系工作，以推动国际公共关系事业的发展。

20世纪90年代以后，随着改革开放的深入和中国公共关系的发展，我国公共关系市场逐步拓展，公共关系国际交流进入了一个崭新的发展阶段，中国的声音出现在了国际公共关系的舞台上。

三、国际公共关系大会

1996年10月，中国国际公关协会与中国环球公关公司在北京联合举

---

① 李磊. 公共关系实务［M］. 北京：中国广播电视出版社，2004.

办了中国国际公关大会。来自海内外的公关行业协会、国际公关协会会员、公关学者、各地公关协会、公关公司、企业界和新闻界的代表共250多人出席了会议。时任中国国际公关协会会长柴泽民、中国公关协会常务副主席翟向东、新华社秘书长蔡名照和副总编辑闵凡路出席了大会。

与会代表以面向世界、走向未来的眼光和气概，围绕推进中国公关事业繁荣的主题，展开了热烈讨论。此次盛会，正值中国第一家公关公司——中国环球公关公司10年华诞；为第二届中国最佳公关案例大赛获奖者颁奖，也为大会增添了喜气洋洋的氛围。这次站在新世纪门槛的盛会，极富时代气息，又蕴蓄着迎战新时代挑战的力量。

会议发言者认为：信息时代的来临，给国际和国内公关工作者都带来了新的机遇和挑战，它将推动着公关事业迈上新的更高的层次和阶段。肯尼亚公关协会创始人之一的科林邱奇在发言中形象地描述了世纪之交的公关形势，他说，当20世纪日落之时，一个新的更加巨大的转移将要发生——“从北美到新亚洲的力量和影响的大转移”。而当我们进入信息时代，经济的转移和亚洲的崛起，将把公关提升到一个新的战略主导地位。我们的公关人员不应只看到自己的公关组织，还必须站到最高决策者身边，为他们出谋划策。

科林邱奇表示在电子地球村，公众有可能与企业总裁们一样了解公司的情况。因为信息可以打破有形界限，传播至每一处。企业所做的一切都在公众的监督之下，并期望获得公众的信任。公众的观念及其影响决策的力量将是空前的。而在这种情况下，董事会需要高水平的公关工作者制定决策战略，最高管理层需要最有效地塑造公司形象。

会议也预见到，越来越激烈的市场竞争，将促使企业越来越注重自己的形象塑造，提高对形象和信誉是企业生命的认识，进一步理解公关形象管理的功能。这将为公关提供更为广阔的市场，使专业化智力劳动的价值更加受到尊重，同时也对公关业提出了更高的要求——提高服务质量，因此规范职业行为和职业道德势在必行。

第三章

中国公共关系的成长（1997—2011）

本章关键词：香港回归、澳门回归、北京奥运会、上海世博会、WTO、品牌万里行、非典、城市品牌

第一节　港澳回归与政府公关

一、香港回归中的公共关系

1997 年，全世界的目光聚焦中国。7 月 1 日零点，中华人民共和国国旗和中华人民共和国香港特别行政区区旗在香港升起，经历了百年沧桑的香港回到祖国的怀抱，中国政府开始对香港恢复行使主权。

早在 1982 年 9 月，英国首相玛格丽特·撒切尔夫人访华，邓小平就香港前途问题与其进行谈判。邓小平提出，关于收回香港主权问题，可以用“一个国家，两种制度”（一国两制）的方案解决。他强调：“关于主权问题，中国在这个问题上没有回转余地。”“应该明确规定：中国将于 1997 年收回香港”。双方最后达成共识，通过外交途径商谈解决香港问题。1984 年中英双方签署《中英关于香港问题的联合声明》。通过漫长的谈判，直至 1985 年 5 月 27 日，两国政府在北京互换批准书，《中英关于香港问题的联合声明》正式生效，香港进入了中国恢复行使主权前历时 12 年的过渡期。

1997 年 6 月 30 日，时任国家主席江泽民率中国政府代表团抵达香港，出席香港政权交接仪式，这是中国最高领导人首次踏上香港的土地。同日，江泽民发布《中国人民解放军驻香港部队进驻香港特别行政区的命令》，命令中国人民解放军驻香港部队进驻香港特别行政区，于 1997 年 7 月 1 日零时开始履行防务职责。中国人民解放军驻香港部队进驻香港欢送大会在深圳隆重举行。原中共中央政治局常委、中央军委副主席刘华清代表党中央、中央军委向即将启程的驻港部队官兵表示欢送，并发表重要讲话。

早在 1996 年 3 月 31 日凤凰卫视中文台这一华语卫星电视台启播的那一天，管理层就已经瞄准了九七香港回归。凤凰卫视中文台启播才两个月时，就派出强大的摄影队，于 1996 年 6 月初到深圳独家采访了解放军驻港部队，作为长篇报道播出。年底推出《时事直通车》专栏，设置“聚焦九七”的固定板块，专门报道香港回归的消息。

《新华日报》编委会按照中央和江苏省省委的要求，从 1997 年年初起就着手有计划、有步骤、有重点、浓墨重彩地宣传好这件举世关注的大事。3 月份以来，该报牢牢抓住了香港回归“倒计时”的每一个契机，动员全体编辑、记者以饱满的爱国热情、高度的政治责任感投身到有声有色、丰富多彩的宣传活动中，为 7 月 1 日香港回归营造了十分浓郁、热烈喜庆的舆论氛围。抓住有鲜明地方特色的爱国主义教育题材，精心设计、超前定位，集中优势力量。同时，发挥党报理论优势，深入浅出地展开《新华日报》迎接香港回归的理论宣传，为这段难忘的历史留下理性的一笔。

为庆祝香港回归，我国还举办了全球直播的大阅兵活动，这一次大阅兵是举世瞩目的，代表着中国实力在不断增强，可以保卫国家领土的完整。在大阅兵期间，受阅士兵全副武装，充分展示了中国军人不屈不挠的精神。

这是中华民族的盛事，也是世界和平与正义事业的胜利。经历了百年沧桑的香港回归祖国，标志着香港同胞从此成为祖国这块土地上的真正主人，香港的发展从此进入一个崭新的时代。这也是 20 世纪 90 年代我国政府国际公共关系的一座里程碑。

图 3-1　1997 年香港回归

二、澳门回归中的公共关系

1999 年 12 月 20 日，中华人民共和国和葡萄牙共和国两国政府在澳门文化中心举行政权交接仪式。零时整，中国人民解放军军乐团奏响雄壮激昂的中华人民共和国国歌，中华人民共和国国旗和中华人民共和国澳门特别行政区区旗冉冉升起，猎猎飘扬。时任国家主席江泽民宣告澳门回归祖国。交接仪式完成后，举行了中华人民共和国澳门特别行政区成立暨特区政府宣誓就职仪式。中葡两国政府完成了澳门政权的交接，中华人民共和国对澳门恢复行使主权。

交接仪式完成后，中华人民共和国澳门特别行政区成立庆祝大会隆重举行。中央代表团成员，以及时任香港特别行政区行政长官董建华、澳门特别行政区行政长官何厚铧和来自各国的嘉宾共约 3 000 人出席庆祝大会。江泽民发表讲话，他强调中国政府和人民将继续按照“和平统一、一国两制”方针，完成祖国统一大业。原澳门特别行政区行政长官何厚铧发表演讲，他说：“澳门特别行政区的成立，标志着进入澳门人当家作主的新纪元，我们为此感到万分激动和光荣，同时也焕发起崇高的使命感和神圣的责任感。”

为庆祝澳门特别行政区成立，中央人民政府和31个省、自治区、直辖市人民政府及香港特别行政区政府，向澳门特别行政区赠送了各具特色的贺礼。这些精美礼品的图像，通过会场主席台两侧的巨型电子屏幕向全场展示，受到高度赞誉。

为迎接澳门回归祖国，早在1998年中央电视台便拍摄了一部关于澳门的大型电视纪录片《澳门岁月》，全面介绍了澳门的历史渊源、回归历程、经济发展和文化等。《澳门岁月》经过近长达一年的拍摄、编辑和制作，于1998年12月20日在中央电视台播出，而《七子之歌·澳门》作为这部六篇十二集电视纪录片的主题曲更是被广泛传唱。

作为澳门回归重要文化庆典活动之一的“澳门回归祖国大型展览”也在北京中国革命博物馆隆重开幕。该展览由文化部、国务院港澳办、国务院新闻办、新华社澳门分社、国家档案局、国家文物局联合主办，旨在使广大人民群众对澳门问题和澳门社会有更多了解，加深对澳门回归祖国伟大意义的理解。展览全面系统地介绍了澳门的历史、澳门问题解决的过程以及澳门社会、经济文化发展现状。展览在北京持续到1999年10月12日，然后在中国内地各主要城市进行巡展。澳门方面于11月11日在澳门置地广场隆重开幕，展至11月19日结束。

回归开创了澳门历史新纪元，是继香港回归之后，祖国统一大业的道路上又一重要里程碑，也是20世纪90年代我国外交工作中的又一件大事。在“一国两制”“澳人治澳”、高度自治的方针指引下，澳门会更美好。

图3-2 1999年澳门回归

三、“电子政务”与公共关系

自20世纪末，40多个部委的信息主管部门共同倡议发起了“政府上网工程”以来，中国政府便开始了其电子政务建设，这是政府开展内部公共关系的一种方式，在21世纪初得到了广泛的应用。关于电子政务，目前有很多种说法，如电子政府、网络政府、电子信息化管理等。严格地说，所谓电子政务，就是政府机构应用现代信息和通信技术，将管理和服务通过网络技术进行集成，在互联网上实现政府组织结构和工作流程的优化重组，超越时间和空间及部门之间的分隔限制，向社会提供优质和全方位的、规范而透明的、符合国际水准的管理和服务。根据国家政府规划项目，中国电子政务主要包括三个方面的内容，即政府间的电子政务、政府对企业的电子政务和政府对公民的电子政务。为了加强政府机构和公职人员、内部公职人员、政府同级职能部门之间的联系，中国政府开展了政府网站建设和政府间的电子政务建设。

（一）通过全面建设政府网站开展政府内部公共关系

2006年1月1日，中央政府门户网站正式开通，标志着中国政府网站的框架体系基本形成。2006年7月19日，CNNIC发布的第18次中国互联网统计报告显示，中国网站总数约为788 400个，其中，CN下网站共342 419个，占网站总数比例的43.4%，在CN下网站中，GOVCN下网站共11 978个，占CN网站数的3.5%。国际域名包括：com（商业机构）、net（网络服务机构）、org（非营利组织）；国内域名包括：cn（国内顶级域名）、com.cn（商业机构）、net.cn（网络服务机构）、org.cn（非营利组织）、gov.cn（政府机关）。2007年1月16日，第五届（2006）中国政府网站绩效评估结果发布暨经验交流会在北京召开。会议进一步指出，2006年中国政府网站的平均拥有率已达到85.6%，部委网站拥有率达96.1%。[1]

截至2006年6月，96%的国务院部门建成了政府网站，约90%的省

---

[1] 中国政府网站处内容导向阶段　平均拥有率达85.6%［EB/OL］. https://www.chinanews.com.cn/it/dzzw/news/2007/01-11/852047.shtml.

级政府、96%的地市级政府、77%的县级政府拥有了政府网站。一个从中央、各部委到省、地、县各级政府及其职能部门的政务网站体系架构已经初步建立。[①]

（二）通过政府间电子政务建设开展政府内部公共关系

2002年，国信办成立之时就着手起草《信息公开条例》，2004年发布的《关于加强信息资源开发利用工作的若干意见》又明确了“公开是原则，不公开是例外”的基本原则。但是，除了上海、广州等少数城市外，多数城市并没有把政府信息公开作为电子政务建设的重点，甚至有意或无意地抵制政府信息公开。实际上，电子政务信息公开受阻是有原因的，原国家信息中心副主任，中国信息协会常务副会长胡小明认为，主要有三个方面的原因。首先，缺少足够的激励，政府信息开放从建立和谐社会的长远目标来看非常重要，从地区经济的短期增长则看不出明显的效果；其次，政府信息封闭给一些干部或部门留下了从中获利的机会，在一些行政许可的审批过程中，信息不开放有利于某些工作人员索要好处费，如果全部过程都透明这个好处费就得不到了；最后，信息开放存在着政治风险，凡没有开放的信息一律被视为保密信息，泄密将受到严处。

随着电子政务建设的不断深入，中国政府开始了政府内部公共关系的步伐，希望通过对政府内部、政府之间信息的共享，达到政府内部、政府之间良好沟通的目的。然而，通过电子政务的发展我们看到，虽然中国的政府网站已经达到了一定的数量和水平，但是在发挥其良好沟通的作用方面，电子政务尚未实现这一愿望。由于各种各样的原因，要做到政府内部的完全沟通，还有很长的路要走，这就需要政府公共关系不遗余力地发挥作用。

第二节　WTO、申奥、申博与国际公关：“办赛”的新时代

21世纪的第一个10年，中国经济年平均增长率为10.5%，国内生产

① 王汝林. 政府网站建设呈现六大新突破［EB/OL］. 中国信息化网站，2007-3-6，https：//www. docin. com/p-946674131. html.

总值由世界第6位上升到第2位，对外贸易总额由第7位上升到第2位；[①]产业结构优化升级，农业基础不断加强，中西部地区发展加快，各具特色的区域发展格局初步形成；各项社会事业蓬勃发展，城乡居民收入水平大幅提高。中国经济实力、综合国力、人民生活水平迈上新台阶，国家面貌发生了翻天覆地的变化。

中国政府扩大改革开放，以更加积极开放的态度向国际社会展现了大国形象。在这个时期内，中国也发生了许多具有国际影响的大事：2001年6月，亚太经合组织成员国贸易部长会议在上海召开，当月上海合作组织在上海成立；同年7月，北京赢得2008年奥运会的主办权；同年12月，中国正式加入世界贸易组织；2002年12月，上海赢得2010年世博会主办权……“加入WTO”与“办赛”成为21世纪初期政府公共关系的两大盛事，中国公共关系的舞台越来越大。

一、加入WTO与公关

当地时间2001年11月10日18时39分，在卡塔尔首都多哈喜来登酒店萨尔瓦会议大厅，随着世界贸易组织第四届部长级会议主席、卡塔尔财政、经济和贸易大臣卡迈勒手中击槌轻落，会议通过了关于中国加入世界贸易组织的决定。11月11日晚，时任中国代表团团长、原外经贸部部长石广生向时任世贸组织总干事迈克尔·穆尔递交了中国加入世贸组织批准书。根据规定，递交批准书30日后，即12月11日，中国正式成为世贸组织成员。2002年1月28日，中国常驻世界贸易组织代表团在日内瓦湖畔威尔逊总统酒店举行了隆重的揭牌开馆仪式。中国第一任常驻世贸组织代表、特命全权大使孙振宇在致辞中说：“中国将在权利与义务平衡的基础上，严格遵守世贸组织规则，切实履行各项承诺，为多边贸易体制的发展做出积极的贡献。”

加入WTO以来，中国全面履行入世承诺，积极践行自由贸易理念，大幅开放市场，履行知识产权保护承诺和透明度义务等，展现了真正的大

---

① 温家宝在2011年夏季达沃斯论坛上讲话（全文）[EB/OL]. http://www.gov.cn/ldhd/2011-09/14/content_1947544.htm.

国担当。加入WTO不到10年，中国就全部履行完货物降税承诺，关税总水平由2001年的15.3%降至9.8%。中国持续自主扩大开放，关税总水平降至7.5%，远低于入世承诺的10%。货物进口额年均增长率超过两位数，在华设立的外资企业超过100万家，让世界各国更多分享中国经济发展带来的红利。

开放带来进步，封闭必然落后。中国将坚定站在历史正确的一边，推动贸易和投资自由化、便利化，维护多边贸易体制，坚定不移推动经济全球化朝着更加开放、包容、普惠、平衡、共赢的方向发展，推动建设开放型世界经济，同各国一道共同开创人类更加美好的未来。

二、申奥、办奥中的公关

2001年7月13日，北京成功申办了2008年奥运会，北京申奥的胜利也是中国政府公共关系的胜利。北京申奥的公共关系主体是中国，是北京。

《申奥片》的片头展现了这样的画面：黑底黄色龙的图腾在清晨的鸟鸣声中慢慢浮现，旭日下的故宫城楼浮现出来又慢慢隐去，让中国显得如此神秘而又充满魅感。在《申奥片》中，张艺谋分别以“绿”“水”“动”“愿”为主题，用画面描绘了一个绿色的中国、运动的中国、人文的中国。水和水上运动在《申奥片》中贯串始终，被视为黄河文明的中国借水与海洋文明的西方架起了一座因水而沟通的桥梁。中国人一改过去西方人眼中保守、沉默的形象，以欢乐、明朗示人。①

在申奥过程中，广播、电视、互联网现场直播了国际奥委会112次全会。中央电视台除了直播国际奥委会全会，还直播了大型综艺晚会“奥林匹克情”，以及申奥成功后的庆祝酒会和新闻发布会等。北京电视台和凤凰卫视也合作进行了连续24小时的“通向2008”北京申奥全程直播，世界各地的观众从现场直播中见证了北京申奥成功的历史瞬间。

在办奥过程中，开幕式后各国媒体争相报道，基本都对开幕式及中国

① 安思国，张静．打造中国：从《申奥片》《申博片》看中国国际形象的塑造［J］．现代传播，2003（06）：106－107．

持相当肯定的态度，对中国悠久的历史和灿烂的文明赞不绝口，一个强大、积极融入世界、友善而又被公民高度认可的中国形象也得到了大多数西方主流媒体的承认。如《纽约时报》在开幕式特稿中评价道："从四大发明到现代科技，一个古老的中国在经历百年沧桑后，从这一刻起更加确定了自己现代世界大国的地位。"①

北京奥运会不仅吸引了全球47亿观众的目光，同时有力提升了中国在世界舞台的国际形象。尼尔森公司在奥运会开幕式和闭幕式后，对全球16个国家和地区的消费者进行的在线调查结果显示，有八成人士在奥运前从未到访中国大陆，这些受访者中接近五成的人表示有意向前往中国旅游。这一比例在奥运会闭幕式后的新一轮调查中有所提升，并超过了五成。尼尔森公司表示，境外受访者对中国有如此浓厚的兴趣，显示出北京奥运成功提升了中国的国际形象和吸引力。70%的全球受访者认为北京比他们预期的"更为现代和高科技"。② 总体上看，北京奥运会的成功举办得到了国际媒体的盛赞。《纽约时报》认为，北京奥运会传递出了中国的力量和信心。北京奥运会是独一无二的文化遗产，它让世界各国人民看到了一个非常出色的国家。

三、申博、办博中的公关

2002年12月3日，上海在五个候选城市中脱颖而出，成功获得了2010年世博会的主办权，在这次成功的政府公共关系过程中，公共关系的主体是上海。

《申博片》中，璀璨的东方明珠、繁华的南京路、时尚的新天地，与大量短镜头的切换结合，用快速的、橱窗式的展示手法，表现出上海惊人的现代化进程与激越的活力动感，这也是所有国际化大都市所共通的。一曲民乐《好一朵美丽的茉莉花》给都市化的上海增添了东方的柔美。小桥流水、白墙黛瓦更具中国水墨画的神韵。③

---

① 冯隽. 中国媒体的狂欢：评部分新闻媒体对申奥成功的报道 [J]. 新闻与写作，2001 (08)：1-4.

② 龚立仁. 北京奥运成功提升中国国际形象 [N]. 中国旅游报，2008-09-17 (001).

③ 安思国，张静. 打造中国：从《申奥片》《申博片》看中国国际形象的塑造 [J]. 现代传播，2003 (06)：106-107.

申博成功后，从2009年5月1日起，中央电视台国际台的各重点播出窗口便滚动播出世博会公益宣传片，国际在线中文网推出世博专题，并推出了授权播放的五集纪录片《百年世博梦》。从2010年1月21日开始，全台44种语言的无线广播每天播报世博会倒计时，在专题节目中每周挂牌播出一期上海世博会专题；逐步增加与世博会相关的图、文、音视频网络报道。从2010年2月1日起，国际在线各子网站统一推出上海世博会网络专题，签发至首页，采用新媒体节目中心统一制作的世博会横幅广告。同时，通过专访、独家编译、独家策划等多种方式，着重报道各国展馆的进展情况，吸引了众多外国网民关注。

2010年4月30日晚，国际台使用30种语言文字，对上海世博会开幕式进行了音、视、图、文全方位直播报道，取得圆满成功。开幕式期间，国际在线共有约65万境内外网民在线收听、收看，直播专题点击量达2 397 300人次。[①]

长久以来，中国的对外文化交流传播严重“入超”，这与中国作为一个经济大国的地位形成了极大的反差。中国政府主办本届世博会，正是一次扭转“文化逆差”、积极对外传播中华文化的契机。上海世博会召开期间，以论坛、娱乐表演为表现形式的文化交流活动此起彼伏，以中国汉字为形体的世博会会徽传向世界各地，人们兴致盎然地讨论、收藏带有中国元素的世博会纪念品，这一切无不向世界展示着中国文化的特殊魅力。沐浴着改革开放春风的中国，以脱胎换骨的崭新形象屹立在世界的东方，中华文化如同中国经济一样也在步步崛起。中国的文化形象不应该只停留在古老、传统、保守这几个有限的词汇，古老而又时尚优雅、传统又与创新并存、保守但不墨守成规……世博会向世界立体地展示了中国文化的丰富形象与巨大魅力，树立起新时期中国与时俱进的文化形象。[②]

四、APEC会议与公关

2001年10月18日，在上海如期举行了APEC会议，各国领导人汇聚

① 王庚年. 多语种采访 多语种直播 多媒体联动：国际台上海世博会报道特色与亮点 [J]. 中国广播电视学刊，2010 (06)：5-7.

② 王琴. 世博会与中国国家形象塑造 [D]. 上海社会科学院，2008.

在上海一起讨论世界经济发展和反恐怖主义等重大问题，并取得了圆满成功。这次会议本身就是一次成功的国际公共关系活动，树立了上海乃至中国的良好国际形象。①

承办 2001 年 APEC 会议是我国在 21 世纪伊始的一次重大外交活动，它给我国在新世纪巩固和发展与 APEC 各成员的关系，加深与它们的经贸往来和合作提供了难得的历史机遇，承办此次会议，还将有力地推动我国的改革开放和经济建设向前发展，并使之成为我国向全世界展示改革开放、经济建设的巨大成就的一个重要窗口。

首先，举办地上海为中国树立了"繁荣开放、危机中的避风港"的国际形象。作为中国最大的工商城市，当时上海已连续年实现两位数的经济增长，正在迅速成为国际经济、金融、贸易和航运中心之一。本次上海会议的主会场选在上海浦东新区，那里是率先在国内实现金融、保险、贸易、商业零售、信息咨询、电讯等领域服务贸易对外开放的地方。

其次，上海会议的成功举行树立了中国"负责任"的大国形象。1990 年代，当一场突如其来的金融风暴肆虐亚洲时，是中国牺牲了自己的利益，坚持人民币不贬值，为维护亚洲金融稳定、经济发展做出了贡献，中国也因此树立了"负责任的大国"形象。几年来，在亚洲其他国家经济普遍放缓的情况下，中国经济一枝独秀，仍以 7%—8%的速度增长。

最后，这次会议树立了中国愿意融入国际社会、"合作"的国际形象。中国愿意融入国际社会首先体现在从领导人到志愿者对英语的熟练使用上。为了迎接本次会议，上海有万名市民学习英语和礼仪，希望和各经济体宾客友好交流。会议期间每天举行的中国筹委会新闻发布会上，筹委会发言人章启月用流利的英语回答记者的提问；部长级会议开幕当天，时任中国外长唐家璇用英语致开幕词；时任国家主席江泽民在主持亚太经合组织领导人与亚太经合组织工商咨询理事会对话会时用的也是英文。这一切使与会领导人、代表和数千名新闻记者相信，随着中国成功申办奥运会、世博会和此次上海会议的成功举行，中国将更加全面地融入国际社会。

---

① 申家宁. APEC 上海会议与中国的国际形象［J］. 国际政治研究，2002（01）：115 - 118.

这一国际性研讨会的举办，为一个国家、一个城市带来了强大的经济活力。这种经济活力引发了新一轮的关注热潮，这本身就是宣传国家和城市形象的国际公共关系。APEC 会议最大的成果在于提供了各个国家之间的协调和沟通的平台。无论对于上海，还是对于中国，都是一次成功的公关范例。

五、文化交流与国际公关

从申奥失利到成功，中国政府体会到了政府公共关系的重要性。中国政府加入 WTO，为国际公共关系提供了良好的契机。广阔的国际市场也为中国提供了更加宽广的平台。加入 WTO，让“文化产业兴起”，让“文化贸易”成为炙手可热的名词。加入 WTO，在放宽国内市场的同时，也加快了国内企业“走出去”的步伐。

不论是孔子学院在全球的成功开办，还是各类中国文化节的成功举办，都意味着我国已经把文化摆到了一个举足轻重的位置。加入 WTO 以来，中国愈加重视培植根深蒂固的中国文化，重视文化创新，力求使中国从文化资源大国发展为文化产业大国，并采取灵活有效的途径和渠道，努力将其作为整体文化品牌推向世界。2001 年 11 月，党的十六大报告提出积极发展文化产业的主张。在中央政府的大力倡导下，许多地方政府发展文化产业的热情高涨，据统计，全国所有的省都已经把文化产业列入“十一五”规划要重点发展的产业，其中有 2/3 的省份提出要建设文化大省，包括很多大省都提出要着力发展文化产业。[①]

在国内发展“文化产业”的同时，面对国际市场，中国积极地推动“文化走出去”战略。中国传统文化在开放和对外交往中不断焕发生机，也有力地推动了中国的国际形象塑造和提升。正如时任中国文化部长孙家正指出的，在中央的关心和重视下，文化外交已经成为中国继经济、政治外交之后的第三大支柱，是中国总体外交的重要组成部分。他指出，在对外文化交流和文化贸易中，既要坚持中国的文化主权，保证中国的文化安

---

① 中国社科院预测“十一五”文化产业发展 5 大趋势 [EB/OL]. 20060111/20190101. http://cn.chinagate.cn/culture/2006-01/12/content_2341867.htm.

全，又要不断扩大中华文化的影响，扩大中国文化产品与服务的出口份额。

为了促进“文化外交”，推动中国“和平崛起”形象的树立，中国开展了一系列的文化活动，如2003年开始的“中法文化年”“非洲主题年”和“中华文化非洲行”等活动，这些活动有力推动了中法、中非的友好合作关系发展。

“中法文化年”就是“文化外交”理念的产物，这一历史性创意诞生于1999年和2000年，江泽民和希拉克在互访的时候共同确定举办中法文化年。2001年4月，时任国务院副总理李岚清访问法国期间与法国外交部长签署了关于中法互设文化中心和互办文化年的《会谈纪要》。双方商定，2003年10月至2004年7月，中国在法国举办文化年；2004年秋季至2005年7月，法国在中国举办文化年，文化年涉及文学艺术、教育、科技、广播电视、图书出版、青年、体育、民族、宗教、建筑、环保等方面，共计300多个项目，成为中国与法国沟通的最佳桥梁之一。

2003年10月至2004年7月，中国文化年活动“北京文化周”的主要活动是香榭丽舍大街盛装大游行。“中国文化年”在法举办期间，欧洲乃至世界各国媒体对“中国文化年”进行了大量报道。有媒体称这一活动“体现了不断升温的中法关系”。《人民日报》援引前法国总理拉法兰的话说：“毫无疑问，‘中法文化年’的意义已远远超出文化活动本身，进一步证明法中全面战略伙伴关系，证明我们有共同的决心迎接当今世界的各种挑战。”[①] 随后，2004年秋季至2005年7月，法国文化年在华也实现了成功推广，法国巡逻兵飞行表演、让·雅尔北京音乐会、法国时尚100年设计展等系列活动给中国人民留下了深刻印象。法国文化部长指出，当今世界的和平建立在文化对话的基础上，“中法文化年”的举办恰逢其时，这是了解世界多样性的最佳途径，同时也充分显示了法国和中国的共同主张：尊重和捍卫文化的多样性，推动世界的多极化。他说，欧洲和世界都需要中国，中国也比以往任何时候都希望加强它在世界上的影响，同时中

---

① 百度百科：中法文化年［EB/OL］. https://baike.baidu.com/item/中法文化年/1645884?fr=aladdin.

国也向世界传达出渴望和平与和谐的信息。

从 2003 年开始，中国举办了一系列的“中国文化节”活动。文化节活动在宣传中国文化的同时，也树立了中国良好的国际形象。在加拿大奥素幽士镇（Osoyoos），2003 年 4 月 24 日至 5 月 3 日，首次举办了“中国文化节”，通过展览、讲座、示范及工作坊等，向各族裔介绍中国书法、国画、围棋、拳术、音乐及中药等。据当地华文媒体报道，华人书画家黎沃文获该镇艺术局的邀请，主持书法及国画讲座，并展出他最新的北美野花系列及书法作品。此外，该镇又邀请多位专业人士作示范表演。如李锦涛示范太极拳、蔡梅娟示范木兰拳、陈肖平示范花鸟画，韩玉新介绍围棋及中药，同时还展出陈肖平及刘渭贤的国画及书法作品。

为了加强与泰国的文化交流和沟通，2003 年 12 月 4 日至 12 月 18 日，在泰国曼谷、清迈、廊开和洛坤府举行了“2003·中国西藏文化周”，这也是中国首次在东南亚地区举办以西藏为主题的大型综合性宣传活动。在华盛顿，2003 年 9 月 21 日下午，华盛顿华人社区联盟、大华府侨学界等一百多个社团合办的“第五届中国文化节大游行”在美华埠隆重举行，绚丽壮观的游行队伍和多彩多姿的节目表演，吸引了众多的市民围观。在俄罗斯的圣彼得堡，2003 年 8 月 20 日，“中国的世界遗产”大型图片展开幕，从而正式拉开了以文化交流为主要目的的圣彼得堡“中国周”活动的帷幕。“中国周”活动连续进行八天，为异国他乡的民众带来了一场中国文化的盛宴。

2003 年，中国成功举办了一系列文化活动，这些活动得到了海外媒体的高度评价，加强了中国与国外的沟通和联系，用比较柔和的方式，让国外民众潜移默化地开始受到中国文化的影响，就像我们对“麦当劳”“肯德基”“必胜客”“好莱坞大片”“日本动画片”“韩剧”“披头士”和“麦当娜”等习以为常一样，中国希望通过文化的推广，让国外的民众开始感受中国文化的魅力，让他们开始关注“姚明”“章子怡”“成龙”“中国功夫”“孔子学院”“普通话”“汉字”“京剧”和“杂技”等，这一切，都是中国的文化吸引力。因此，21 世纪的前 7 年，中国一直在进行中国文化推广。

2005 年，中国在美国华盛顿举行了文化盛宴“中国文化节”，吸引了成千上万的美国民众，使中国成为人们关注的热点。华盛顿举办中国文化节的主要场所肯尼迪表演艺术中心被富有中国民族特色的剪纸、灯笼和中国节装扮得红红火火，看中国舞狮，听中国艺术家演奏的交响乐，感受中华民族歌舞的韵律，买几件正宗的中国小商品，成为周末华盛顿民众的一种时尚。

为了树立中国“和平崛起”的国家形象，增强软实力，中国做出了很大努力。通过设置文化机构、开展文化活动等方式，中国文化已经逐渐为世界所认可。因此，对于中国而言，通过文化这种公共关系手段，来树立良好的国际形象具有重大的意义。如果把中国和其他国家作为组织，两国的人民作为公众的话，那么，中国文化活动的成功举办就是对“公共关系”的完美诠释。同时，把一个国家作为传播主体，最终使两种文化相互交融，其立意之深刻和影响之深远，充分显示了公共关系作为一种管理工具的广泛性和重要性。“中法文化年”“中国西藏文化周”和“中国文化节”的成功落幕，是中国开展对外文化活动、进行文化外交的开端，而非结束。

第三节 “非典”与危机

一般来说，危机是指危及社会组织利益、形象、生存的突发性或灾难性的事故或事件。美国学者罗森塔尔（R. Rosenthal）和皮恩伯格（Pijnenburg）对危机的定义得到较为普遍的接受，他们认为，危机是“对一个社会系统的基本价值和行为准则架构产生严重威胁，并且在时间压力和不确定性极高的情况下，必须对其做出关键决策的事件”。[①] 为何中国政府开始进入了危机多发期？理论界认为：根据一般规律，一个国家发展到人均 GDP 500 至 3 000 美元时，往往对应着人口、资源、环境、效率与公平等社会矛盾较为严重的瓶颈时期，比较容易造成社会失序、经济失调、心理失衡等问题，出现一些不稳定因素。当时中国正处于经济转轨和社会转型的过程中，改革开放触及深层次的体制性问题，再加上有些地方政府在工作上和

① Uriel R., Michael C., coping with crisis: the management of disarsters, riots and terrorism [M]. Springfield: Charles C. Thomas, 1989.

作风上存在一些问题，因此，从领域、频次、规模、组织性等多个维度来看，中国处于危机事件的多发期。[①]

一、“非典”中的危机公关

2002年11月16日，广东佛山发现第一例SARS病例，然而，由于其时正临春节，更由于应对突发事件的经验不足，相关部门既没有及时成立危机处理小组，尽快搜集并公布事实真相，也没有对百姓抢购板蓝根、食醋等流言进行辟谣，甚至在2003年2月12日广东省卫生厅召开的新闻发布会上，出现了新闻发言人对记者提问进行指责的现象，可以说基本失去了对议题设置的主动权，从而丧失了在危机潜在期进行危机公关的机会。

2003年3—4月份危机进入突发期，政府的危机公关传播也进入了一个新的阶段，其标志事件就是4月20日卫生部召开的发布会。在这次发布会上，担任新闻发言人的是时任卫生部常务副部长高强。高强言谈稳健诚恳，符合新闻发言人的基本要求。更为重要的是，新闻发言人一改以前新闻发布会对事实真相遮遮掩掩的态度，对北京患病人数给以客观的公布，并首次承认“工作中也确实存在一些缺陷和薄弱环节”“卫生部对北京市的防治工作指导检查也不够有力”。在随后的每天，卫生部新闻办公室还定时向公众发布最新疫情报告。各级地方政府也纷纷由省长、市长出面，接受传媒采访，及时公布防治进展情况。这种开诚布公的态度，既是对公众知情权的尊重，也是政府危机公关的前提。由此可见，面对“非典”如此重大的危机，中国政府经历了一个从严密封锁到开诚布公的过程。

从整个过程来看，“非典”事件的危机公关可以分为两个阶段。第一个阶段是春节期间广东地区爆发SARS疫情，然而与疫情相关的信息是由个别媒体首先披露的，人们无法从政府的渠道获取相关信息，因此，各种流言、谣言迅速传播，很快引发了强烈的社会恐慌和抢购风潮。第二个阶段是积极运用公共关系阶段，并取得了很好的效果。

---

① 薛澜，张强，钟开斌. 危机管理——转型期中国面临的挑战［M］. 北京：清华大学出版社，2003.

"非典"期间，新加坡作为疫情较为严重的地区之一，新加坡政府妥善处理了这期间的危机，世界卫生组织（WHO）特地表彰了新加坡在防治非典中的优秀表现。[①] 首先，新加坡政府利用各媒体及时发布新闻信息，抓住了治理混乱的最佳时机，在疫情初发的四月初，政府就在官方网站设置"非典"专题，专门发布疫情进展情况和政府应对措施。同时每周至少召开一次新闻发布会，这样就抓住了信息发布的主动权，对提高公众对各种信息的鉴别能力，抑制流言起到了很好的作用。其次，新加坡政府通过媒体凸显领导人的亲和力，2003 年 4 月 22 日，吴作栋以"您真诚的吴作栋"署名，在《联合早报》上用平等的姿态给全体新加坡人和在当地居住的人士发了一封言辞恳切，语言平实的公开信，吁请他们负起社会责任。最后，新加坡政府影响媒体的议程设置，塑造领导人勤政爱民的形象。新加坡官方网站、《联合早报》和《海峡时报》报道了以下新闻：政府官员带头减薪，引领国民共渡难关；卫生部各成员走遍了新加坡所有的医院、菜场和交通测温站，对探视的病人家属、不配合的小贩和司机进行劝服。各主要新闻渠道互相配合，口风一致，共同营造出官员们的良好形象。

由此可见，在危机爆发的关键时刻，如果政府与媒体鼎力合作，则会取得良好的公共关系效果；然而，如果政府没有意识到危机公关的重要性，则可能错失处理危机的最佳时机。

二、危机公关机制的建立与完善

（一）电子政务：建立健全双向沟通交流机制

在中共十六大上，中共中央提出了"政治文明"这一重要概念，在一定程度上推动了各级政府逐渐走向透明施政。中国电子政务主要包括三个方面的内容，即政府间的电子政务、政府对企业的电子政务和政府对公民的电子政务。

为了加强政府外部公共关系，增强与公民的联系，实现透明施政，在 2007 年 1 月 11 日，由国务院办公厅、国务院信息化工作办公室主办，

---

① 从新加坡控非典看政府公共关系与媒体的有效互动［EB/OL］. 新浪网，2003 - 8 - 11. https：//tech. sina. com. cn/other/2003-08-11/1358219487. shtml.

中国电子信息产业发展研究院承办的“第五届（2006）中国政府网站绩效评估结果发布暨经验交流会”上，中国电子信息产业发展研究院张向宏在发言中说，中国政府网站层级体系已经形成层级体系的四个层级：顶层是2005年1月1日开通的中华人民共和国中央人民政府门户网站；第二层级是各副省级以上地方政府门户网站，以及国务院部委及直属机构网站；第三层级是各地市政府门户网站，以及副省级以上地方政府部门网站；第四层级是县级政府网站、地市级政府部门网站。[①]

电子政务建设，可以充分发挥媒体在危机管理中的积极作用。政府，是社会公权力的代表，代表人民管理社会公共事务；媒体，是社会公器，代表公众行使社会守望的职能。媒体是一种公共资源，理应最大限度地为增进公共福利而发挥最大效益，否则，就会导致对公共资源的浪费，以及对公众知情权的漠视。因此，在危机管理中，媒体不仅可以及时监视可能导致危机发生的各种潜在因素，而且在危机过程中作为政府和公众的代言人，可以起到沟通信息、疏导情绪的积极作用。

（二）通过媒体塑造良好政府形象

美国传播学家麦库姆斯（M. McCombs）和肖（D. Shaw）认为，大众传媒具有一种为公众设置“议事日程”的功能，大众传媒作为“大事”加以报道的问题，同样也作为“大事”反映在公众的意识当中；传媒的新闻报道以赋予各种“议题”不同程度的显著性的方式，影响着人们对周围世界的“大事”及其重要性的判断。[②] 任何危机传播，总会形成一定的舆论焦点，影响人们的观念。在抗击“非典”的危机公关传播中，大众传媒为公众设置了这样几个议题：党和国家高度重视抗击“非典”危机、各地采取了积极的防治措施、医护人员做出极大牺牲、科研人员正在全力攻关、国际合作全面展开等。所有这些，正是政府在危机处理中采取的积极措施。这些措施，通过大众传媒传播的放大功能，在设置舆论焦点中塑造政府危机管理的良好形象。在这其中，大众传媒将钟南山、叶欣等正面的传播符号，深深地根植于公众心中。

---

① 我国政府网站形成4个层次体系中国政府网位于顶层[EB/OL]. 中国政府门户网站，2007-3-2. http://www.gov.cn/zhibo45/content_492866.htm.

② 敦镇之. 关于大众传播的议程设置功能[J]. 国际新闻界，1997(03)：18-25.

任何一件事情的解决都必须最终落到实处，任何公共关系技巧与策略都只能暂时安抚公众，延缓危机。因此，政府公共关系仍要以实际有效的工作为立足点，结合实际行动开展公共关系活动，才能真正妥善处理危机。

（三）建立和健全新闻发言人制度

解决“非典”这样的突发危机的最好方法是建立突发事件应急机制，这一机制的缺乏，导致了中国政府在面临“非典”的时候出现了短暂的不知所措。为此，中国政府自“非典”以后开始建立和健全新闻发言人制度。

新闻发言人制度真正开始得到全面展开，得到政府和企业的重视，是在“非典”发生以后。从2003年开始，新闻发言人制度得到普及和推广。国务院各部门已经全部建立了新闻发言人制度，北京、上海、四川、广东、云南、安徽、重庆、福建、山东、河南、吉林等地已经制定和实施了新闻发言人制度。

时任国务院新闻办公室主任蔡武表示，新闻发布和新闻发言人制度建设在2006年又向前迈进了一大步，政府新闻发布和新闻发言人制度得到进一步完善。国务院已有74个部门建立了新闻发布和新闻发言人制度，设立了91位新闻发言人。全国31个省份人民政府都已建立新闻发布和新闻发言人制度，共设立52位新闻发言人。①

另外，各地各部门积极组织开展多种形式的新闻发布，尽力为新闻媒体的采访报道提供优质服务，受到媒体和公众的充分肯定。特别是外交部、教育部、公安部、卫生部、国台办定时、定点举行新闻发布会，权威信息发布的层级也有较大提升。

自国新办第一期全国新闻发言人培训班于2003年9月22日开课始，我国中央和地方政府全面展开了新闻发言人的培训。首先，省部级新闻发言人培训班纷纷开课，2003年12月北京举办全国公安机关首期新闻发言人培训班。2004年，中共中央宣传部、商务部、建设部、教育部等部门相

① 吴晶晶. 国务院已有74个部门建立新闻发布和发言人制度［EB/OL］. 2006-12-28/2019-01-01. http：//www. gov. cn/zhibo44/content_481620. htm.

继设班培训自己的新闻发言人；其次，各地方政府纷纷开办新闻发言人培训，2003年10月14日，来自四川省级各部门的59人领取了由省委宣传部和省政府新闻办公室共同颁发的蓝色新闻发言人证书，成为四川省第一批省级部门新闻发言人。云南、海南、西藏、黑龙江等省也纷纷展开发言人培训。

三、医院危机公关体系的建立

在医院公共关系方面，早在1988年，原广州军区总医院医务科委鲍学温就曾撰文表示，公共关系这一企业管理职能已开始成为医院管理科学需要重视和研究的新课题。[①] 中国最早系统论述医院公共关系的著作，是1991年由经济管理出版社出版的《实用医院公共关系学》一书。

21世纪的前几年，中国医院公共关系的重点仍然是塑造医院外部形象，通过组织会议、提高服务水平等方式来进行医院公共关系，例如上海瑞金医院提出的“医疗卫生体制改革影响下医院品牌的建设和推广项目”。2002年10月26日至10月28日，第二届中美21世纪医学论坛在上海召开。论坛的参与方由中美双方国家级专业协会和著名的大学、研究中心组织组成，包括美国医学会、世界医学会、上海中华医学会、中国科学院上海生命科学院、上海瑞金医院、上海第二医科大学、旅美专家协会医学会等单位。在上海瑞金医院的积极争取下，上海瑞金医院不仅成为论坛的主要组织者之一，同时获得了论坛的主承办权，执行机构是瑞金医院市场部。通过对公共关系活动的受众和活动目标的确定，上海瑞金医院制定了相应的公共关系活动的媒体（组合）策略和公共关系活动的组织与实施策略。

在广州，广州市红十字会医院自2001年的“广州一日游”活动之后，2002年，再次由医院公共关系部负责策划，为该院肾内科的10多位尿毒症病人组织了一次免费的“番禺宝墨园一日游”活动。而广州医科大学附属第二医院的做法是，从2000年开始，在华南地区乃至全国发起了引

---

① 鲍学温. 研究公共关系是医院管理职能的新课题 [J]. 中国医院管理，1988 (04)：50-52.

起一时轰动的请航空公司给护士培训项目，这也是广医二院的传统培训项目，每年加入广医二院的新护士都要到南方航空公司接受一系列的准空姐培训，这是医院提高服务质量的重要措施。2002 年 9 月开始，广州市第二人民医院在全院推广“向梁毅文学习，树优良医德医风”的活动，希望通过梁毅文大夫这个榜样，给全院职工树立一个生动的“偶像”，鼓励大家学习她的医术和医风。

2003 年，“非典”疫情袭击全国，中国开始反思和检讨整个卫生事业。

特别是哈尔滨医科大学附属第二医院天价医疗事件的曝光和随后一系列医疗事件的曝光，如上海长江医院的“孕妇不孕事件”、上海协和医院的被摘牌等一系列医疗事件曝光后，许多医院开始反思。

2006 年 10 月 31 日，未婚女子王××及其妹妹先后被上海协和医院医生祝新革诊断为“不孕症”，并实施“宫—腹腔镜联合术”。两人共花费 8 万元左右，2007 年 1 月 5 日，上海市药监局接到举报，对上海协和医院进行突击稽查，发现该院存有多项违规违法行为，2 月 6 日，上海市卫生局认定上海协和医院手术过程中存在违法违规之处，吊销上海协和医院《医疗机构执业许可证》。再到深圳人民医院的天价医药费，让医院逐渐注意到危机公关的重要性。虽然，随着中国的经济发展，今天的医院比之前有了很大的发展，添置了高、精、尖诊疗设备，开展了试管婴儿、器官移植等高科技的手术，挽救了许多重症患者的生命，但医院却出现了前所未有的医患关系紧张的问题。如何化解这种危机，成为摆在政府、卫生主管部门、医院院长和全体医务人员面前的一个严峻话题。

上海长江医院的“孕妇不孕事件”发生后，有业内人士总结：主要问题在于医院危机公关能力太差。但是，如果把问题的症结归于此的话，同样作为业内的新星，上海协和医院的媒体运作水平被认为远超长江医院。在许多上海民营医院还停留在“电话号码＋服务项目”上时，协和医院已经率先有了品牌意识。电视上屡次出现的“妈妈，我来了”的可爱婴儿形象，让许多观众印象深刻。

在当时的形势下，医院应该重视的不是通过媒体公共关系来掩盖自己已经犯下的错误，而是应该提前就具备危机公关的意识，摒除公共关系危机发生的一切可能。医疗机构应该重视通过媒体与民众的沟通，大胆地公开那些医院单方面无法解决的矛盾，让全社会都能理解这种矛盾，并关心矛盾的解决。应该用加强沟通、增进理解的态度对待媒体和广大民众，而不是用送红包等方法来规避、抵制媒体。医院也应像企业单位建立危机警报系统，把处理医疗纠纷作为管理工作的重要部分，建立内外信息沟通渠道，及时妥善处理。

第四节　媒体竞争加剧

近年来，媒体的力量发展迅速，由于中国特别的舆论环境，媒体的公信力相对而言比较高，因此，媒体除了继续与政府保持的密切联系外，也在加强与其他媒体、企业、观众的联系。

一、电视媒体公关竞争

进入21世纪以来，中国电视台之间的竞争越来越激烈。随着有线、卫星和数字电视技术的推广以及广播电视内部体制机制改革的深化，中国电视业走上了高速发展的道路。截至2002年3月，中宣部与广电总局对全国电视媒体进行了整合。国家广电总局《中国广播电视年鉴（2006）》的统计数据显示，截至2005年底，全国共设立电视台302座，广播电视台1 932座（其中有1 759个县级广播电视台在电视公共频道的预留时段内插播自办节目），教育电视台50座，共开办电视节目1 279套。全国有各类广播电视节目制作经营机构1 944家，其中持有《电视剧制作许可证（甲种）》的机构共125家。另外，2005年12月8日，经国家广电总局批准的首个全国性数字电视运营商正式成立，同时，北京已经开通20个付费频道。[1] 从电视台数量的发展趋势来看，进入21世纪以来，中国电视台数量基本上得到了平稳控制，目前处于稳定的状态。[2]

在广电节目套数方面，从总量上讲，广电的节目套数非常多。根据中

① 李长春：宣传要为十一五目标提供强大精神支撑［EB/OL］. http：//www. jiaodong. net/news/system/2005/12/09/000792804. shtml.

② 胡正荣，黄炜. 新的尺度新的变革——2005年我国广播影视年度发展报告［M］. 北京：中国传媒大学，2005.

国广播电视协会秘书长助理高君昌的统计，2006 年，中国省级电视台频道数 241 个，栏目数 3 873 个。拥有栏目数最多的是中央电视台，共有 292 个栏目，其次是拥有 264 个栏目的上海电视台，最少的是拥有 34 个栏目的西藏电视台。不算单列频道的话，省级以上电视台平均频道拥有栏目数最多的电视台为上海电视台，共有 24 个栏目，最少为云南电视台，共有 9 个栏目；平均栏目数超过 20 个的电视台有两个，分别是广东电视台和上海电视台。由此可见，虽然电视台的数量有所下降，但是由于广电节目套数的增多，由于电视栏目数的大幅度增加。在这种情况下，运用公共关系手段加强与公众、其他媒体、企业、政府、国际之间的联系，进行公众公共关系、媒体公共关系、企业公共关系、政府公共关系、国际公共关系都显得尤为重要，只有进行良好的公共关系活动，才能在公众、企业、政府中和在国际上形成良好的媒体形象，促进自身的发展。

（一）电视媒体更加注重与其他媒体之间的沟通与合作，加强与其他媒体的联系

从 1958 年中国第一个电视台建成开播，直到 20 世纪末，无论是中央、省市的电视台，其运营都基本处于各自为政的状态。随着市场经济的日益发展，国家的资金投入逐年减少，电视台原有的经营方式已明显不能适应时代需求，甚至出现生存危机，一些地方电视台开始摸索新的经营模式。[①] 进入 21 世纪以来，为了促进电视台的跨区域发展，中国电视媒体加强了对外公共关系，促进各地电视媒体的联系。2003 年以来，国家电视产业政策环境逐渐宽松，这给不少电视台带来了开拓地区外市场的契机。

江浙城市电视台经营协作组织的成立宣告了全国首个跨省城市电视台经营联盟的诞生。陆地教授认为："这种区域合作模式是最早出现也是最普遍的一种跨地区合作模式。"而所产生的能量是十分惊人的，"江浙城市电视台协作体收视区域人口一亿，去年购买节目的资金也达到一亿元，已成为全国节目市场最具实力的买家之一"。

---

① 李韵. 中国电视业：风劲角弓鸣 [N]. 光明日报，2006 - 3 - 27. https://www.gmw.cn/01gmrb/2006-03/27/content_394581.htm.

中国教育电视台张志君与陆地的观点不谋而合。他指出，电视台之间跨地域的合作是基于优势互补。比如西部的新疆、西藏、青海的卫星频道，由于各种原因经济效益上不去。而东部沿海的一些电视台虽然经营得不错，但没有“上星”的资格。因此，双方合作，东部借西部的频道优势，西部借东部的资金、节目优势，东西部共同发展，最终达到一种双赢的结果。

（二）媒体更加注重受众公共关系，加强与观众的沟通和联系

为了保持与观众的联系，媒体想尽一切办法细分观众，以满足每个观众的不同口味。另外，还想尽一切办法与观众互动，包括短信互动，游戏互动，甚至出现了专门的游戏频道等。

在细分观众方面，为了在几近饱和的电视市场上占得更多的份额，诸多电视台纷纷开始频道专业化。仅中央电视台就有新闻频道、综合频道、经济频道、文艺频道、体育频道、电影频道、电视剧频道、科教频道、戏曲频道、音乐频道、少儿频道、法制频道等十几个专业频道，各地方电视台的频道更是五花八门。与此同时，为了吸引更多的眼球，争取更多的受众，各频道中针对不同人群、不同需求取向的栏目也风起云涌。仍以中央电视台为例，仅人物访谈类节目，就有《新闻会客厅》《面对面》《大家》《今晚》和《音乐人生》等数十档。

（三）电视媒体更加注重政府、企业公共关系

政府与媒体的关系较为特殊，随着开放的深入和政府活动的多样开展，政府与媒体的联系也越来越紧密。在政府举办的各种活动上，也总能看到电视媒体的身影。因此，我们可以说，电视媒体一如既往地进行着政府公共关系。

为了加强与企业的联系，许多电视台都会举办客户答谢会，感谢支持自己的企业，并同时进行广告招标。比如，中央电视台几乎每年都会举行答谢会，对广告客户表示感谢，也对次年的一些项目进行说明。广西电视台在南宁举行2005年项目推介暨新春答谢会，广西电视台台长黄著诚在答谢会上感谢广西本土广告公司和合作单位2004年对广西电视台的支持；2005年11月，重庆电视台举办了2005年广告客户答谢会，邀请了六

百多名嘉宾共游两江，共谋发展。除此之外，有的栏目也开始以类似的方式来加强与企业的交流，例如浙江电视台的《艺裳》栏目组。

（四）电视媒体更加注重活动策划，开始注重国际公共关系

进入21世纪后，中国的电视台越来越重视活动策划，通过这种方式来聚集人气，加强公共关系。如：2004年中央电视台推出的年度经济人物评选、服装设计暨模特电视大赛、“感动中国”年度人物评选、电视广告盛典、中国电视体育奖、第四届“CCTVMTV”音乐盛典等一系列的大型活动，湖南卫视主办的一年一度的金鹰电视艺术节等，深圳电视台甚至就把2004年定位为“活动营销年”。

在活动策划方面，凤凰卫视是这方面的高手，它总是不失时机地开展公共关系活动。例如，2001年5月，为了支持北京申奥，凤凰卫视组织“北京—莫斯科”申奥远征活动，活动举行正值申奥城市选举结果产生的前两个月；2004年5月，为纪念郑和下西洋600年，凤凰卫视与五洲传播中心共同举办历时八个月航海电视活动“凤凰号下西洋”。而此次活动的时间之早、规模之大，都远远超过了内陆媒体。

就国内电视台而言，不仅要与国内各兄弟电视台之间竞争，而且面临着凤凰卫视、星空卫视等外资电视媒体的强大压力。因此，媒体公共关系仅仅局限于中国境内是不够的，只有走出国门，提高国际竞争力，才是中国媒体公共关系的制胜关键。为此，许多电视媒体开始了其国际公共关系之路。全国有多套外宣节目在北美和亚洲长城平台播出，包括中央电视台国际频道、英语频道、西法语频道、娱乐频道和戏曲频道、北京电视台频道、山西黄河电视台等。

以中央电视台为例，在CCTV4中文国际频道的建设方面进行的改革，使节目质量，特别是新闻、文艺、专题类节目的质量得到明显提高；CCTV9英文频道通过与维亚康姆交换落地的方式全频道进入了美国，2003年华盛顿、纽约、洛杉矶、旧金山、芝加哥等10个主要城市的30家高档酒店开始播出央视英文频道，此外，CCTV9还通过新闻集团旗下的福克斯有线网在美国播出。时代华纳也在自己的电视网络内向纽约、休斯敦、洛杉矶三个城市转播CCTV9的节目。

二、网络媒体公关竞争

（一）网络发展势头的强劲，预示着网络公共关系的未来

毫无疑问，21世纪是网络的世纪。互联网已全面融入了当代人的工作、学习、生活、娱乐、人际交往等领域，加速了不同媒体间影响力和市场份额的消长。

与平面媒体增长率下降形成鲜明对比的是，进入21世纪的中国网络媒体迎来了史无前例的发展。尤其值得关注的是互联网广告，在报业广告大幅跳水的同时，互联网广告却迎来了春天。艾瑞市场咨询发布的《2004年中国网络广告研究报告》显示，2004年中国网络广告市场规模已达到19亿元，较2003年增长75.9%；2005年第二季度，网络广告仍然是一派红火。新浪、网易、搜狐三大门户网站的广告收入，无论是同比还是环比，均呈现持续性的上扬：网易第二季度广告服务营收比去年同期增长30.8%，比一季度增长18%；新浪第二季度广告营收较去年同期增长31%；搜狐广告收入比去年同期增长27%，比上一季度增长14%。[①] 根据中国互联网络信息中心（CNNIC）于2006年7月公布的《第18次中国互联网络发展状况统计报告》，中国网民总人数为12 300万人，上网计算机总数约为5 450万台，中国网站总数约为788 400个。

根据对网民的调查，在网民的特征结构方面，男性、未婚、35岁以下、大学本科以下学历、月收入在2 000元以下（含无收入）依然占据主要地位，所占比例分别为58.8%、55.1%、82.3%、72.4%、78.0%，其中，男性、未婚、月收入在2 000元以下（含无收入）群体比例与上年同期相比有所下降，35岁以下、大学本科以下网民比例同比有所上升；在职业方面，中学生网民的比例仍为最高，达到36.2%，其次是企业单位工作人员，占28.9%，排在第三位的是学校教师及行政人员，所占比例为7.4%。[②] 从调查数据中可以发现，越来越多的人通过网络来获取资讯。

---

① 吴海民. 中国媒体大变局京华时报的战略选择［EB/OL］. https：//wenku. baidu. com/view/bf4eb00e7cd184254b35355f. html.

② 新浪网. 第十八次中国互联网络发展状况统计报告［EB/OL］. 20060719/20190101. https：//tech. sina. com. cn/focus/cnnic18/.

（二）网络媒体开始利用自身庞大的受众优势，开展公共关系活动

近年来，我国网络媒体的数量越来越多，除了搜狐、新浪等四大门户网站外，各个行业的网站数量呈现出逐年上升的趋势，因此，网络媒体除了进行新闻报道外，也开始开展在线互动、公众节目、线上发布会等公共关系活动。

此时的媒体公共关系情况也出现了一些新变化：媒体更加注重与政府、企业、公众、社会的联系，甚至具备了走出国门的实力。在这样的发展趋势下，21 世纪的媒体不再只是单纯报道新闻的媒体，而是一个公共关系的中心，政府公共关系少不了它，企业公共关系离不开它，非营利组织公共关系也离不开它的关注，由于媒体已经遍布中国，并进入了一个“碎片化”时代。在这种环境下，媒体必须保持自身的清醒，分辨社会现实，而不是企业只要给钱，什么广告都播放；政府相关部门只要施压，什么都不敢说；观众只要愿意，什么都敢播放。媒体作为舆论的导向，必须牢记自己的社会责任。

第五节　公关市场的激烈竞争

进入 21 世纪以来，随着中国本土公共关系公司的战略转型，业务范围逐渐扩大，与外资公共关系公司展开同场竞争。形成了外资公共关系公司前十名和本土公共关系公司前十名平分天下，许多小型本土公共关系公司在夹缝中生存的状态。

根据中国国际公共关系协会的调查，中国内地公共关系业的营业额呈现逐年上涨的态势，中国成为世界公共关系业在 21 世纪的焦点。

1999 年，中国公共关系业营业额大约是 10 亿元，专业公司从业人数超过 3 000 人；2000 年，营业额约 15 亿元，年增长率 15％，专业公司从业人数超过 5 000 人；2001 年达到 20 亿元，比 2000 年增长了 33％；2002 年达到 25 亿元，比 2001 年增长了 25％；2003 年达到 33 亿元，比 2002 年上涨了 32％；2004 年达到 45 亿元，比上年增长了 36％；2005 年达到 60 亿元，增长率为 33.33％。总体而言，进入 21 世纪以来，呈现出逐年上涨的态势。[①]

---

① 中国国际公共关系协会. 中国公共关系业年度调查报告 1999—2005［R］.2006.

在宏观经济转好，国企改革取得决定性胜利，市场机制逐步完善，政务公开、民主法制建设步伐加快的背景下，2001 年以来至 2011 年，中国公共关系业继续保持较快的增长，进入了发展的快速增长阶段。[①]

一、全面竞争的公关市场

2001 年，由于美国网络经济泡沫的破灭，纳斯达克遭受重创，全球 IT 业，尤其是代表新经济的网络企业纷纷破产、倒闭，大批员工失业，全球经济出现严重衰退，而美国“9・11”事件更加重了市场的恐慌情绪，服务于企业、服务于市场的全球公共关系业直接受到巨大冲击。[②] 2001 年中国公共关系业营业额增长率出现了小幅回落。而由于成功申办北京奥运会、胜利举办 APEC 会议、成功加入 WTO 等重大事件的发生，国际公共关系公司还是看好中国市场，纷纷寻找并且试探进入中国市场的各种途径。同时本土公共关系公司如雨后春笋般出现，除北京、上海、广州等原有市场外，一些发达的省会市场和二、三线城市公共关系市场趋于活跃。但由于受到全球 IT 业衰退的影响，本土公共关系公司开始向财经传播、医疗保健公共关系以及消费品公共关系聚焦，同时，客户资源开始从外国客户转向国内客户，以中国上市企业为主，财经传播需求旺盛。

2002 年，全球经济出现回暖，但受美国安然等事件的重大打击，继续在低谷徘徊，作为全球经济推动力的 IT 产业在整合过程中仍没有恢复元气。受此影响，全球公共关系业也出现了一系列的信用危机，业务明显下降，出现了负增加。[③] 2002 年是外资公共关系公司开始实施本土化战略的一年，奥美收购西岸成为 2002 年度中国公共关系行业的一大新闻，国际公共关系公司通过收购本地公共关系公司实施本地化战略，成为一种发展趋势。2002 年也是本土公共关系公司实现业务转型的一年，本土公共关系公司实现了向消费品公共关系的业务转型，汽车、通信及快速消费品也成为市场热点。由于我国公共关系业发展预期良好，大批本地中小公共关系公司在全国范围不断涌现。

---

① 中国国际公共关系协会. 中国公共关系业 2000 年度调查报告 [R].2000.
② 中国国际公共关系协会. 中国公共关系业 2001 年度调查报告 [R].2001.
③ 中国国际公共关系协会. 中国公共关系业 2002 年度调查报告 [R].2002.

2003年，尽管上半年受到了“非典”的影响，但是公共关系业整体形势良好。外资公共关系公司继续占据高端服务市场的重要份额，并逐步占据政府和非营利组织服务市场。本土公共关系公司新的增长点是快速消费品，另外，在医疗保健、房地产、金融、文化体育市场趋于活跃，本土公共关系公司逐步出现了整合的趋势，在奥美收购西案以后，嘉利收购博能开创了本土公共关系公司收购的先例。在这一年，蓝色光标分拆出蓝色印象和蓝色动力，从名字上看有走出IT领域的意义。另外，PFT传播集团开始整合内部资源，福莱灵克和帕格索斯也结为战略联盟，公司之间的合作力度有所加大。值得注意的是，2003年是中国咨询业市场全面开放的第一年，外资公共关系机构纷纷在华设立独资公共关系公司，在这一年，科闻100以第一家独资国际公共关系公司的身份进入中国市场。

2004年，经历了2003年的市场开放之后，中国公共关系市场继续保持增长态势，创造了高达36％的年增长率。在这一年，外资公共关系公司继续其本土化战略，文化体育、制造业、政府、非营利机构等领域开始趋热；本土公共关系公司积极开发本土客户，尽管外资客户仍占比较大的比重，但国内客户发展速度较快。

二、外资公关公司本土化

20世纪末，近15家外国著名公共关系公司进入中国市场，其中，世界排名前20名的公共关系公司有一半进入了中国。这些外资公共关系公司为了开拓中国市场，积极导入公共关系新理念，着力于公共关系专业宣传。

总结进入中国的外资公共关系公司在公共关系市场上的表现，可以用“大显身手”这四个字来形容。外资公共关系公司通过举办各种会议、培训班和新闻发布会等方式，对媒体、政府和社会公众进行新公共关系理念的传播，试图让中国公众、媒体和政府接受外资公共关系公司的理念；通过对新的公共关系理念的挖掘，来创造新的盈利点；通过扩张和收购等方式来扩展自己的版图，扩大自己的影响力；通过人才的培养，进行知识储备；通过参选国内国际奖项，在加强与国际的交流合作的同时，实施本土化战略的措施，来实现其争取中国和国际市场的雄心壮志。

（一）通过公共关系研讨会、研修班、新闻发布会等形式，进行公共关系专业知识的传播和教育

外资公共关系公司经常创设一些新的公共关系理念系统，让业内人士了解“认知管理”“危机和问题管理”“财经传播”和“高科技传播”等一些公共关系新观念[①]。通过这种方式，让中国公众、政府和企业了解新的公共关系理念，掌握新的公共关系知识，来进行公共关系的传播与教育。举例而言，在承办研讨会方面，2002 年 12 月，作为美国精信全球集团（Grey Worldwide）的下属企业，全球著名的咨询机构安可，承办了欧盟亚洲投资交流年会。几乎同时，作为目前全亚洲（日本以外）规模最大的信息科技专业市场传讯集团，博达公司成功承办了“飞利浦半导体亚洲移动通信媒体论坛”；2004 年 11 月 28 至 11 月 30 日，伟达公共关系顾问公司与国务院新闻办、中国市长协会共同主办了首届中国市长突发事件及危机处理研讨班，这一研讨班紧扣“政府公共关系”和“危机公关”两大主题；CIC 专业为客户监控并分析中文博客和网络留言板（BBS）信息；《中国医药健康网络口碑研究》首度将网络口碑研究和医药行业的传播经验合二为一，呈现给广大受众。

（二）通过新的公共关系理念的宣传，为本土化战略作准备

由于外资公共关系公司掌握了全球公共关系的发展情况，在顺应时势发展需要，不失时机地宣传公共关系理念方面，外资公共关系公司可谓不遗余力。以安可顾问有限公司为例，针对中国企业在加入 WTO 后，屡屡遭遇国外贸易壁垒的状况，安可开始将一个在国际上非常流行的企业理念传输给中国企业——专业顾问公司可以帮助企业开拓、适应新兴市场，并为解决贸易纠纷营造软环境。这类专业顾问公司不同于一般的公共关系咨询公司，业务只局限于推介产品或新闻发布，它们的“核心技术”是有着强大的与媒体和相关利益集团沟通的能力，直接或间接对出口市场或“当事”国家政府的贸易决策产生影响；凯旋则耗资开发了“凯旋公共关系策划流程（KPP）”，致力于制定公共关系工作的客观标准，使公共关系工作更加“有形化”。2003 年 9 月，凯旋启动了“影响者关系管理”系统；

① 何春晖. 中国公共关系的回顾与瞻望 [R].2004-9-23.

2006年，爱德曼成为亚太首家定期发布播客的公共关系公司；同年，全球领先的公共关系公司之一——万博宣伟公共关系顾问与KRC Research合作公布的一份最新“保护信誉”（Safeguarding Reputation TM）调查称，公司在危机降临声誉受损时，全球企业高管把近60%的责任归咎于首席执行官，调查结果并无显著地区差异，这份报告是在中国各类外资企业在华频频遭遇公共关系危机的情况下发布的，其影响力不言而喻。种种现象表明，外资公共关系公司在制造新的公共关系理念，解决时势带来的问题时，总是那么得心应手，不失时机。

（三）通过在各地设立代表处和收购的方式来开始本土化战略

实际上，从中国诞生第一家外资公共关系公司开始，它就没有停止其扩大版图的步伐。这种扩张的力度随着中国加入WTO和2008年奥运会的即将来临而达到顶峰。

2002年，是外资公共关系公司开始实施本土化战略的年份，在这一年，奥美成功收购西岸，成为2002年度中国公共关系行业的一大新闻，国际公共关系公司通过收购本地公共关系公司实施本地化战略成为一种发展趋势，也成为各个公共关系公司竞相进行的常态。2004年9月，欧洲易美济（EMG）公共关系顾问有限公司上海代表处成立；同年，高诚公共关系在京沪穗分别设立公司；Porter Novelli（PN）也通过与蓝色光标合作正式进入中国，其亚太区总监常驻北京。PN首席执行官海伦（Helen Ostrowski）女士表示：“中国公共关系行业正处于高速成长期，平均每年的增长率达到30%，这正是我们进入中国的良好时机。”[①] 对于此次合作，蓝色光标首席执行官赵文权认为：“通过与PN的合作，蓝色光标将可以扩展自己的服务能力和范围，PN以其‘以商业为中心的公共关系体系’而著称，这正是当前在中国的很多客户所迫切需要的，公共关系服务必须体现对客户最终商业目标的价值”。

接下来，WE（Waggener Edstrcn）宣布收购总部位于香港的亚太地区公共关系传播网络术卓通信有限公司（Shout Holding Limited），双方合

---

① 慧聪网. 全球公关巨头PN携手蓝色光标进入中国［EB/OL］. 2005-02-24/2019-01-01. http://info.service.hc360.com/2005/02/24104210817.shtml.

并后，术卓通信成为 WE 的亚洲业务基地。作为美国最大的私营公共关系公司之一、微软和迪士尼的“御用公共关系公司”，WE 在北京宣布收购香港公共关系传播公司术卓通信，展露了其布局亚太、进军中国公共关系传播市场的雄心。

总之，各大外资公共关系公司纷纷开始其本土化战略步伐，随着外资独资公共关系公司的进一步成立，它们跃跃欲试，雄心勃勃，其竞争力之强大，让许多国内的本土中小型公共关系公司难以望其项背。

（四）通过在全球搜猎公共关系人才，进行本地人才的培养，为本土化战略储备人才

2003 年初，前美国联邦航空管理局局长加盟安可，这对安可来说，无疑增添了不少底气；而博雅则十分重视对本地人才的培养，为其本土化战略做准备；万博宣伟作为全球最大的广告及市场营销集团 Interpublic Group of Companies（IPG）中的一员，在北京、上海、广州设立了办事处，虽然其彼时的客户大都是外资跨国集团，但是中国公共关系市场的快速增长和强劲潜力使万博宣伟对本土客户投入了越来越多的精力，2003 年，为了开发本土市场，万博宣伟（中国）加紧招兵买马开始了大规模的迅速扩张，“我们的目标是本地客户占到一半”，万博宣伟中国区董事总经理刘希平如是说。

（五）外资公共关系公司与本土公共关系公司合作，展开本土化战略

为了扩大国际影响力，外资公共关系公司往往通过国际交流与合作，来增强自身的实力。2003 年 6 月，万博宣伟就曾助力英国投资局；2003 年底，科闻 100 签约 ARM 及 IBM PCD，通过与跨国公司的国际交流与合作，率先挺进华东地区；2004 年 3 月，日本电通公共关系与时空视点签署战略合作协议；2004 年 4 月，麦当劳指定凯旋先驱为在华公共关系代理公司。

国与国之间观念的差异存在很强的文化壁垒，而语言是人与人之间展开交流的最好方式，语言也是解决国与国之间观念差异的最佳途径。因此，越来越多的跨国公司通过建立中文网站、聘请中国人担任 CEO、聘请中国员工、收购当地公共关系公司等方式来推进其本土化进程。

2004 年 1 月，福莱灵克公共关系咨询有限公司（FHL）与本土公共关系行业新锐帕格索斯传播机构建立战略联盟，为各自代理的客户在国内市

场提供更全面、更广泛的公共关系服务；2004 年 2 月，伟达中国公司正式推出中文网站，中文网站成为外资公共关系公司和中国公众、政府、企业之间沟通的桥梁，成为外资公共关系公司进行外部公共关系的方法和手段。此外，外资公共关系公司不失时机地运用合资、并购等管理手段，进行其本土化战略。2004 年，奥美与福建奥华广告合资，随后奥美公共关系收购香港知名财经公共关系公司 iPR；奥姆尼康（Omnicom）控股中国尤尼森营销咨询公司……

这一场场并购与重组都证明，外资公共关系公司正在寻求适合它的最佳本土化运作方式，不论是进行资本运作，还是对本土企业的活动进行赞助，其最终目的都是加强与本土企业、政府之间的联系，走出属于自己的外资公共关系公司中国化道路。

三、本土公关公司开始转型

20 世纪，随着 IT 产业的兴起，许多大的 IT 企业纷纷寻求与本土公共关系公司的合作，比如 IBM、Intel、HP、联想、方正。这个时代的本土公共关系公司大多以 IT 企业作为主要合作对象，从这些本土公共关系公司的名字中可见一斑，这如蓝色光标、海天网联、时空视点、道康（Dotcom）等。在这个阶段，外资公共关系公司可谓节节败退。

然而，进入 21 世纪，2001 年全球 IT 产业的消退引发了本土公共关系公司的转向经营。2002 年，可以说是本土公共关系公司的转型年，它们纷纷向消费品公共关系进行业务转型。经过了 21 世纪前几年的艰难转型，本土公共关系公司实现了其营业额的小幅增长。2004 年，公共关系公司的数量从 1 500 家上升至超过 2 000 家，而入围公共关系行业前十名的国际和本土公共关系公司和上年相比基本没有变化，这说明新增的大部分都是规模较小的公司。国际公共关系协会秘书长陈向阳介绍，排名前十位的国际公共关系公司和本土公共关系公司的营业额达到 9 亿元，占总额的 1/5，而剩下的公司分享剩余 4/5 的市场，在实力上远远落后。因此，我们可以根据中国国际公共关系协会的统计方式，把排名前十的公共关系公司分为 TOP10 外资公关公司（TOP10intl）和 TOP10 本土公关公司（TOP10local）进行统计，如表 3 - 1 所示。

表 3-1 TOP10 公司年度情况

	Top10-intl 2004	Top10-local 2004	行业平均 2004	Top10-intl 2005	Top10-local 2005	行业平均 2005	年度变量
平均年营业收入(RMB 万元)	3 000	3 100	3 050	3 550	3 240	3 395	11.31%
员工规模	78	126	102	90	146	118	15.69%
人均营业收入(RMB 万元)	39	25	32	39	22	30.5	—4.7%
经营利润率	15%	18%	17%	12%	16%	14%	—3%
签约客户	15.8	14.8	15.4	20	14	17	10%
外资客户比重	86%	58%	72%	95%	59%	77%	5%
女性雇员比重	54%	64%	59%	65%	58%	62%	3%
员工年龄	29	27	28	31	28	29.5	1.5
劳动强度(周)	45	46	45.5	45	47	46	0.5
培训时间(年)	63	61	62	84	72	78	16
人员流动率	12.8%	13.8%	13%	17%	14%	16%	3%

（一）进入 21 世纪以来，TOP10local 公共关系公司实现了从 IT 到消费品的战略转型，实现了营业额的稳定增长

根据中国国际公共关系协会“中国公共关系业 2005 年度调查报告”统计数据，TOP10intl 平均年营业收入 RMB 3 550 万元，比上年度增长 18%；TOP10local 平均年营业收入 RMB 3 240 万元，比上年度增长 4.5%。Top10 公司行业平均营业收入增长 11.31%；员工规模继续快速增

长，年增长率为15.69%，TOP10intl公司平均员工人数由上年度的78人增加到90人，TOP10local由126人增加到146人，增速分别为15.38%和15.87%；人均年营业收入仍保持较好的水平，其中TOP10intl则与上年度持平，为RMB 39万元/人，而TOP10local则有所下降，由上年度的RMB 25万元/人降为2005年的RMB 22万元/人。

通过以上分析我们发现，与TOP10intl相比，在2005年，TOP10local的平均年营业额虽然与TOP10intl同样有所上升，但是上升幅度相对而言不如TOP10intl大，而TOP10local员工规模增速比TOP10intl高，从而导致Top10local的人均年营业收入不但没有如TOP10intl般持平，反而有所下降。由此可见，本土公共关系公司中的佼佼者仍然不如外资公共关系公司的发展势头强劲。这也许和政府、企业和其他机构对外资公共关系公司的信任有关。

2003年是公共关系行业极为不平静的一年。城市营销凭空而起，上海、广州开始邀请国际公共关系公司参加城市包装的公共关系竞标；在18天卷走919万美元的皇马则上演了一场体育暴利秀，给中国公共关系公司上了一堂生动的体育公共关系课；政府由于“非典”时期信息紧锁而饱受非难，也开始考虑如何进行政府公共关系。但是，本土公共关系公司依旧只是充当看客。在广受称赞的中国移动“动感地带”的推广中，奥美一手包办，广告公共关系联动，可谓整合营销的范例。

在这种情况下，本土公共关系公司除了努力开拓客户市场以外，还通过举办会议、举办节日、充当讲师等方式进行公共关系。2003年底，时代龙音承办了第五届高交会馆外活动；时空视点为博鳌亚洲医药论坛提供会议品牌传播服务；蓝色光标成功举办了第四届Marco Media节。2004年初，嘉利公共关系在英国伦敦开设海外分公司，以加强与国际客户的沟通能力，开始了本土公共关系公司国际化的尝试。同年，时空视点受邀请在CIPRA高级公共关系专业人员培训班上讲课，时空视点还主张专业公共关系培训进校园，支持扶贫基金会公共关系专业化。另外，迪思怡桥联手打造一站式财经公共关系；际恒公共关系顾问机构举办了总结暨表彰大会。2004年，本土公共关系公司忙于各种公共关系宣传和对外扩张当中。同年4月，嘉利公关推出中国第一套海外版权公共关系系列丛书，得到业界人士的广泛赞誉。另外，灵智精实两高层加盟了PFT集团任职广告公司；蓝色光标新春年会暨10周年庆典在京举行；迪思传播集团举办成立10周年华诞嘉典；帕格索斯开展员工职业素质培训计划；道利公共关系启动了“中国企业公共关系咨询计划”，时代龙音《SGS认证标志使用指引》设计完稿；宏盟收购印度Goto customer公司多数股份。

（二）进入21世纪以来，本土其他中小型公司在夹缝中生存

2003年初，中国国际公共关系协会发布了行业调查报告，根据对北京、上海、广州三地市场的抽样统计进行估测，整个行业年营业总额达25亿元，总计1 000家公司，其中40%的营业额来自2%的国际公司和本土TOP10，剩余98%的公司大多为生存而烦恼。

对于大多数本土公共关系公司来说，它们往往是两三个人凭借关系拉来一两个客户，自起炉灶做起来的小公司，普遍赚了一笔钱就销声匿迹，或是做了几年之后没有发生任何可喜的变化在苟延残喘，成为为生存而奋斗的小作坊。

总体而言，本土公共关系公司专业程度在逐步提高，它们的服务对象既有外国客户，又有本土客户，大多局限在外国客户。客户对象的前三位为：IT、一般消费品、医疗保健；90%以上的公司涉及IT客户服务并以其为主要服务领域；主要客户仍以外国客户为主，外国客户继续保持90%以上的比例；但中资IT客户、医保客户、金融客户的服务需求开始增加；计算机软硬件、通信产品、网站成为IT客户的三大服务领域，网站类市场宣传服务是2000年度的一个亮点；服务形式中排前三位的是：整合营销传播、一般媒体宣传、大型活动管理；国际公共关系公司仍以品牌管理见长，而本地公司更推崇整合营销传播，为客户提供包括广告、会议、培训、宣传品制作等在内的综合服务；很多公共关系公司通过几年的发展，服务开始系统化、立体化，往往代理客户进行整体形象的定位、策划、传播实施，在公共关系、广告、CI、营销等领域全面开花。由于许多本土公共关系公司规模小，机制相对灵活，经营成本也低。同时凭借优于外资公司的熟悉国情和市场的特点，因而在市场上获得自己的优势，在服务质量、服务技术、整体素质以及服务收费等方面缩小了与国际公共关系公司的差距，并以执行力量、服务质量和创新能力作为竞争武器。

第六节　中国品牌万里行：公关与品牌的融合

一、中国品牌万里行

2006年6月11日，北京中华世纪坛展示了中石化、海尔、红旗、东风、奇瑞等数十个金光闪闪的中国著名品牌的大型商标模型，其中以长城为主题背景的鲜红的“品牌万里行”活动标识格外显眼。由商务部组织倡导的“商务新长征品牌万里行”活动在这里举行了庄严的启动仪式。中宣部、发改委、科技部、公安部、国资委、工商总局、质检总局、国家知识产权局、国务院新闻办等部门和北京市人民政府的领导同志、地方商务主管部门负责同志、部分中央和地方自主知名品牌企业负责人以及社会各界人士共3 000多人出席了启动仪式。

“品牌万里行”活动是商务部响应党中央、国务院号召，落实创新型国家战略、加快我国自主品牌建设的新举措。此次活动分为东部开放品牌行、中部崛起品牌行、西部开发品牌行、东北振兴品牌行和中国品牌海外行五条线路。前四为“国内行”，以各地重大商务活动、知名自主品牌为宣传重点，组织“品牌中国行推广活动志愿者先锋团”车队，深入企业、市场和社区，全程途经51个城市，历时129天，行程14 290公里；“海外行”主要以世界知名展会为依托，宣传中国自主品牌开拓国际市场所做的努力和取得的成效。

开展“品牌万里行”活动的工作目标是，采用培育、扶持、保护和激励等手段，重振一批历史悠久的老字号品牌，发展一批有广泛影响力的国内知名品牌，培育一批具有较强国际竞争力的世界级品牌。到2010年，自主知名品牌的国内市场份额显著提高，自主品牌出口占全国出口总额的比重超过20%；形成10个以上进入世界品牌500强的自主品牌；社会各界自主品牌意识明显增强，每个地区、每个行业都有能够发挥龙头带动作用的自主知名品牌；市场秩序基本规范，有利于自主品牌发展的市场和社会环境基本形成，自主品牌发展状况与经济社会发展水平和城乡居民消费需求相适应。

品牌的提升需要有诸多的手段，其中公共关系便是重要的手段之一，品牌是一种无形资产，是企业和社会组织的软实力，其形成、传播、升级过程中有巨大的公共关系运作的需求，中国品牌万里行为中国的公共关系的发展提供了重要的舞台，客观上推动了公共关系与品牌及企业发展的深度联合。

二、商务部品牌万里行的深层逻辑

（一）指导思想和工作原则

商务部以中共十六届五中全会关于加强自主品牌建设的精神为指导，充分调动社会各方面的积极性，集中开展形式多样、内容丰富、百姓欢迎的宣传推广活动。活动以“在路上”为主题，以“商务新长征品牌万里行”为口号，由媒体、品牌专家、企业、经济学者、社会志愿者等组成“行万里”车队，以“商业长征”的形式调动起全社会对品牌发展的关注，达到在全社会范围内宣传普及品牌知识，增强民族品牌信心，促进自主品牌发展，展示自主品牌形象，倡导品牌消费平台的目的，努力形成全社会“做品牌、推品牌、用品牌、爱品牌”的良好氛围。各地在开展品牌万里行宣传推广活动时，坚持以正面宣传报道为主，同时兼顾做好侵权受理、举报和打击假冒伪劣产品工作。

（二）宣传推广活动的主要内容

1.“行万里”活动

其中，国内行时间为2006年6月至12月，相继走访北京、上海、长沙、西安和长春等城市，开展设立自主品牌城市地标、品牌城市广场宣传日活动，组织“品牌万里行”车队城市巡游，举办“品牌对话”小型论坛和组织寻访中华老字号五个部分的活动；海外行以中国香港地区及英国、美国、德国相关国家主要城市为站点，通过举办经验交流研讨会、参加或举办专业展览、展示等活动，重点宣传自主品牌进军国际市场，特别是终端市场的成功案例。

2. 品牌中国盛典

当年12月初在北京举办品牌中国盛典是对中国自主品牌的大检阅，是对品牌万里行活动成果的集中展示。内容包括：回顾品牌万里行故事，公布“中国畅销品牌”名单，向获得“中国品牌金（银）奖”的企业颁奖，评选产生中国自主品牌年度杰出人物等。盛典期间，配合举办中国品牌国际发展论坛“中国品牌盛典”。

（三）各地区负责落实的主要事项

1. 地方活动是重要的主体

商务部的品牌万里行活动为地方开展品牌万里行活动划定了统一的风格。“品牌中国行”总体策划四个主要参考项目：

首先，开展品牌城市广场自主品牌宣传日活动。在车队抵达期间，结合当地的重要经贸活动，组织融品牌知识、品牌文化、品牌游戏等内容为一体的大型互动性活动。其次，组织品牌万里行车队城市巡游。将商务部近年评出的出口品牌、畅销品牌及各地重点扶持的自主品牌，以展示车、标牌等形式，进行巡游宣传。再次，举办“品牌对话”小型论坛。组织专家、学者，会同政府管理部门，以产业经济、地方经济为背景，举行品牌论坛、讲堂、咨询等活动，并畅谈培育和发展自主知名品牌的思路和措施。最后，组织寻访中华老字号。组织采访团与当地媒体了解当地老字号的来历、现状和发展前景，举办中华老字号专题讨论会。

商务部品牌万里行活动领导小组办公室协同中央电视台与地方电视台，共同举办互动性节目。组织摄制了大型电视系列专题片《品牌中国之路》，全程拍摄、传播各地“万里行”活动实况。

2. 各地区负责落实的主要事项

各地可根据实际情况组织、策划、开展自主品牌展览和展示等其他推介活动，并做好以下工作：

一是上报2006年品牌万里行活动重点宣传的品牌名单。范围为：商务部重点培育和支持的出口品牌、“三绿工程”畅销品牌、中华老字号品牌以及各地政府扶持的重点品牌。二是配合做好“中国畅销品牌”和“中国品牌金（银）奖”及年度人物评价认定工作。配合做好品牌扶持政策、品牌保护政策，制定相关工作计划。

此次活动充分调动了社会各界对品牌的关注，从而有利于形成、发展自主品牌的良性环境，对于推动国内企业自主品牌的发展，增强社会整体的品牌意识具有重要的现实意义。

三、“中国品牌万里行”与公共关系

可以说，包括宣传推广体系、评价体系、促进体系和保护体系在内的“万里行”，几乎涉及了国家品牌战略的各个方面，即使同日本最完善的品牌战略体系相比较，也是比较系统和全面的。“品牌万里行”在世界与全国各地的逐步升温，转变了消费者的民族品牌观念，增强了企业自主品牌意识，规范和引导了社会中介参与品牌建设。这不仅有利于“中国品牌”的发展，同时也关乎中国经济整体竞争力的提升，以及在国际市场能否变被动为主动的战略层面。

“中国品牌万里行”本身就是一次成功的公共关系实际操作，中国品牌的促进与发展在这次公共关系活动中得到了很好的发挥。从东到西，从南到北，品牌成为炙手可热的话题。从国内到国外，一方面宣传了中国品牌的发展，另一方面也能够与国外企业建立友好的合作，为中国品牌的跨地域发展打造优秀的平台。而这些的实现都离不开公共关系的沟通与协调，可以说人与人、人与组织，以及组织与组织之间都无法独立于公共关系而生存。“中国品牌万里行”是一个非常成功的公共关系案例。

第七节　中国公关行业走向规范化

一、行业组织规范化

20 世纪末 21 世纪初，公共关系组织已在中国全面建立起来，其职能也日益完善。

（一）完整的会员服务

在会员服务方面，公共关系行业组织发挥了其自身的号召力，提供了完整的会员服务。以中国公共关系协会和中国国际公共关系协会为例，中国公共关系协会是国家民政部批准的致力于国内外公共关系事业发展的全国性、学术性、专业性、非营利性组织。中国公共关系协会规定的章程第

二章第一条为：联络全国各地区、各企事业的公共关系组织和工作者，组织学术和经验交流，研究社会主义公共关系的理论和实践，推动社会主义公共关系事业健康深入发展。进入21世纪以来，中国公共关系协会充分发挥了其“组织学术和经验交流，研究社会主义公共关系的理论和实践，推动社会主义公共关系事业健康深入发展”的作用。

1. 研究社会主义公共政策和实践

中国各公共关系组织没有忘记其“努力为政府服务”的使命。进入21世纪以来，中国公共关系协会、中国国际公共关系协会和地方公共关系协会一如既往地履行其服务政府的职责。

自中国2001年加入WTO以后，我国政府将焦点转移到如何应对全球化的挑战上，在此前提下，中国各公共关系协会也把其焦点转移到应对全球化的挑战上。为此，2003年2月22日至2月27日，中国国际公共关系协会主办了“2003经济全球化下的企业危机管理国际论坛”，实际上是对中国加入WTO、中国企业“走出去”战略实施的公共政策研究。2003年8月10日，在长春市会展中心酒店举行的“中国首届传媒沟通与危机公关研讨会”，把关注点放在危机公关上，特邀了著名公共关系专家余明阳博士、李兴国教授、乔宪金教授到会演讲。2004年9月，中共十六届四中全会决定“完善新闻发布制度和重大突发事件新闻报道快速反应机制”，这个决定的颁布，引发了公共关系协会对危机公关的新一轮研究。

2006年8月下旬，由中国公共关系协会学术委员会、《公关世界》杂志社联合主办，由辽宁省公共关系协会承办的“公共关系与社会主义荣辱观”理论研讨会，在辽宁省沈阳市举行。在这次研讨会上，深入探讨了社会主义荣辱观的基本概念和内涵、社会主义荣辱观与中华民族的传统美德、社会主义荣辱观与“三个代表”思想、社会主义荣辱观与全面建设小康社会。2007年，围绕“构建和谐社会、促进经济发展”的主题，中国公共关系协会有计划、有针对性地组织学习、宣传贯彻十六大精神的专题调研和高峰论坛，运用公共关系理论，促使其转化为生产力，为社会发展、市场发展和经济建设服务。

从2001年开始中国各公共关系协会对“危机公关”的研究，到2002年开始对“电子商务”的探讨，到2004年开始对“和谐社会”的思考，再到2007年开始对“新农村建设”“和谐社会”的关注，无不体现了中国各公共关系协会对社会主义公共政策和实践的关注，无不体现了各公共关系协会“服务政府”的理念。

2. 组织国内外学术成果和经验、信息交流

中国公共关系行业组织进行学术成果和经验、信息交流的平台主要是研讨会，中国国家级公共关系组织、地方级公共关系组织组织了大量的各种形式的研讨会。

根据之前对公共关系研讨会所做的整理，中国公共关系研讨会的主办者主要包括国家级公共关系协会、地方公共关系协会、院校和公共关系学术机构。就国家和地方公共关系协会举办的研讨会而言，中国国家和地方公共关系协会组织的各种研讨会主题变化与时俱进，随着时代的发展和时势的变迁，发生相应的变化。

21 世纪以来，以中国国际公共关系协会举办的中国国际公共关系大会为例，其主题从 2000 年的“中国公共关系业：新世纪的机遇与挑战”、2002 年的“中国公共关系业走近 WTO”、2004 年的“融合与发展”到 2006 年的“突破与创新”，无不表现出我国公共关系业希望迎接新世纪的挑战，把握新时期的机遇，渴望突破、创新、融合、发展的愿望，这也是我国公共关系行业协会组织学术成果与经验、信息交流的最终目的。

国家级公共关系协会如此，地方公共关系协会也把握住了时代的变化趋势。1992 年以来，浙江省公共关系协会先后举办了“市场经济与公共关系研讨会”“公共关系组织与公共关系市场研讨会”“全省企业名牌战略研讨会”“全国沿海省市大中型企业公共关系研讨会”“中国国际公共关系研讨会”和“成功者论坛暨浙江之路研讨会”等，每次研讨会都扣住一个主题，抓住一个热点，探讨一些问题。

中国各公共关系协会通过学术研讨会的召开，为我国各公共关系协会会员提供了服务以及信息交流的平台，达到了经验学习和总结，提升自身公共关系水平的目的。

3. 设立国内外分支与实体机构，加强组织建设

进入 21 世纪以来，我国公共关系协会更加关注自身的机构建设。为了适应新时期公共关系事业发展的需要，中国公共关系协会和中国国际公共关系协会做出了很大努力，取得了一些进展。

2003 年 5 月，经国家民政部批准，中国国际公共关系协会成立了学术

工作委员会、公共关系公司工作委员会和组织工作委员会等三个委员会，分别承担理论研究、行业发展和地方建设三个方面的工作，有助于推动全国公共关系事业的发展。

2005 年 3 月，中国公共关系协会正式办理变更法人和办公地址，成立了中国公共关系协会“会员俱乐部”，这是为会员提供服务的专门机构，包括咨询服务、代订票务迎送服务、商务考察服务、互联网服务、交通行程服务、会议服务、协调服务、客户服务等多项服务，服务形式多样，服务内容新颖。这是中国公共关系协会组织建设迈出的创新性的一步。2006 年 6 月 25 日，经中国侨联领导批准，在人民大会堂召开了中国公共关系协会第四届全国会员代表大会，协会根据章程规定的工作内容，设立了 12 个直属职能部门和 7 个分支委员会，12 个职能部门分别是：办公室、人事部、财务部、会员部、培训部、国际部、宣传部、电子商务部、信息部、咨询部、策划部、联络部。2006 年 7 月，经报侨联批准，民政部审核批准，协会成立了专家委员会、学术委员会、培训工作委员会、行业标准委员会、国际合作交流委员会、经济科技咨询委员会、文化艺术委员会七个专业委员会，并领取了《社团分支机构登记证》。中国公共关系协会对各职能单位的职责范围做了明确的规定，并落实到具体责任人。

4. 联系促进、指导各地公共关系组织的建立和发展

从 1997 年开始，中国国际公共关系协会每年展开的“中国公共关系行业调查”，是目前最客观、科学的行业调查活动之一。调查在每年年初进行，目前已经发布了多份行业调查报告。这些行业发展基本数据对指导行业健康发展发挥了非常积极的作用。中国公共关系协会的这一举措不仅是对各地公共关系协会的指导，也为各地的政府、企业、非营利组织、公共关系公司提供了完整的行业数据。1998 年 12 月，中国公共关系业工作会议首次在北京召开，该会议由各公共关系公司主要负责人参加，会议内容主要为发布上一年度行业调查报告，分析当前市场状况，预测未来的行业发展。

跨入新千年，中国国际公共关系协会继续举办其每年的例行活动。与此同时，进入 21 世纪以来，我国继续召开从 1988 年开始举办的联系全国各地公共关系协会的纽带式的会议——全国公共关系组织联席会议。会议的举办在加强各公共关系组织间联系的同时，顺应时势对当时的重要话题

展开讨论。

2000年8月，第十三届全国公共关系组织联席会就公共关系界如何运用“三个代表”的思想武装自己，如何在西部大开发战略中发挥作用等重大问题进行了探讨；2001年6月25日至6月29日，第十四届全国公共关系组织联席会在乌鲁木齐市召开，该会议探讨了公共关系工作如何在西部开发中发挥重要作用等议题；2005年10月下旬，第十五届全国公共关系组织联席会议在湖南长沙隆重举行，与会代表围绕新形势下公共关系组织的建设与发展这一主题，就新时期的公共关系组织建设、公共关系行业定位、公共关系活动开展、未来发展趋势等议题进行了热烈的交流和探讨。[①] 2006年10月，第十六届全国公共关系组织联席会则提出“坚持科学发展观，构建和谐社会，建立良好的社会形象，已成为政府机构公信力和企业竞争的核心问题”。

为了对中央战略部署进行更有效的探索和努力，促进国家与地方公共关系协会的联系，2001年，中国国际公共关系协会与上海市公共关系协会牵头主办了经济全球化时代的公共关系论坛，与贵州省公共关系协会共同牵头主办了关注西部经济发展经验工作交流会，与成都国际公共关系协会共同牵头主办了西部开发经济技术合作交流会。这些论坛或交流会的召开，促进了地方的深化改革和经济发展。

从2007年开始，中国公共关系协会主办的“中国公共关系组织联席会”改为“中国公共关系大会”，该会议是公共关系行业组织的联合会议，也是大家探讨公共关系事业发展、交流工作经验、互相学习的盛会。

（二）专业的培训体系

公共关系协会的对外服务项目包括对外的专业培训和资格认证，公共关系理论和实务知识、技巧的普及宣传，以及对积极健康的公共关系意识和公共关系观念的宣传推广。在对外服务方面，各公共关系协会可谓不遗余力，进行了对外的专业培训和资格认证，同时展开了公共关系意识和公共关系观念的宣传推广。

---

① 齐海潮，周唤民，谢东. 第15届全国公共关系组织联席会议在长沙隆重举行 [J]. 公关世界，2005 (12).

1. 专业培训和资格认证

21世纪以来，公共关系协会进行的专业培训数不胜数。仅以2006年为例，中国国际公共关系协会与人事部联合推出了“政府公共关系培训”课程；中国公共关系协会与中国人民大学联合推出了“中国公共关系经理工商管理（MBA）高级研修班”课程；2006年11月17日至11月21日，中国公共关系协会与中经创新文化有限公司联合举办“2006年全国医药保健行业媒体关系与危机公关高级研修班”。由中国公共关系协会学术委员会主办、《公关世界》杂志社组织实施，举办了针对公共关系公司（公共关系部）经理的职业资格认证培训。

国家级的公共关系专业培训尚且不论，地方公共关系协会也不失时机地进行了各种各样的专业培训。湖北省公共关系协会成立了公共关系教育基地——湖北省公共关系职业培训学院，重点发展公共关系、秘书、营销三个专业，每年毕业并经省劳动与社会保障厅批准发予资格证的学员约200人。随着市场经济的需要，经省劳动与社会保障厅批准，学院对其专业进行了调整，增设了物流、经理人、装饰设计师等专业。为进一步完善教学工作，还增聘了华中农业大学、中国地质大学的公共关系学教授以及研究儒学的知名学者为兼职教授。教学采取专业培训和专题讲座相结合的方式开展，专业培训按计划进行。

天津市公共关系协会下属也有一所公共关系职业技能培训学校，已取得劳动和社会保障局职业技能培训资质证书。该校有一个由各大院校资深公共关系专业学者组成的讲师团。自建校以来，已培训各类公共关系人员近万名，颁发认证各级专业证书3 000余件。市公共关系协会遂与天津华夏未来少儿艺术培训中心联手，借助社会力量，将公共关系职业技能培训学校升格为天津市公共关系职业培训学院。

21世纪以来，由于公共关系越来越受到政府、企业和非营利组织的重视，对公共关系的培训也越来越多，各公共关系协会在提供会员服务的同时，更是逐步展开各种各样的培训项目，在为自己提供经费来源的同时，满足了市场对公共关系培训的需求。

2. 公共关系意识和公共关系观念的宣传推广

为了对公共关系意识和公共关系观念进行宣传推广，各公共关系协会和行业组织通过举办了各种大型活动来进行全民的公共关系教育，对公共关系业的发展产生了积极的影响。

21世纪以来，除了继续进行从1993年起就开始举办的“最佳公共关系案例大赛”、从1996年开始举办的“中国国际公共关系大会”、从1997年开始进行的“中国公共关系行业调查”、从1998年开始举行的“行业工作会议”、从1999年开始举办的每年10次的专题讲座外，从2003年12月开始，经中国国际公共关系协会公司委员会提议，中国国际公共关系协会正式确认12月20日为中国公共关系从业人员的节日，并举办相应的纪念庆祝活动。活动涉及公共关系知识传播、年度十大公共关系事件评选和庆祝晚会，极大地向社会传播了公共关系的职业价值，产生了良好的社会影响并增强了行业凝聚力。

另外，各级公共关系协会通过举行庆典的方式来推广公共关系意识和公共关系理念，树立公共关系从业人员的自信心，增强凝聚力。2001年12月，中国国际公共关系协会首开先河，在北京人民大会堂举行了10周年庆典活动，会议指出，随着中国加入WTO，公共关系在帮助中外企业进行沟通，促进中国企业与国际接轨，以及推动社会进步方面将发挥越来越重大的作用，中国公共关系咨询业将迎来蓬勃发展的最好时机。[①] 2004年12月18日，广东省公共关系协会成立15周年庆祝大会在广州隆重举行，在庆祝大会上，广东省政协原副主席、市委统战部原部长郑群为肖耀堂会长颁发了牌证，肖耀堂会长为副会长们颁发了牌证，同时委托工作人员向常务理事、理事单位颁发了牌证，这是广东省公共关系协会成立15年来首次如此隆重地颁发精美大型牌证。继2004年12月8日，上海成功举办首届公共关系新星大赛后，2006年4月21日，上海市公共关系协会与上海市学生联合会联合举办了“青春世博”上海市第二届公共关系新星大赛。

除了通过举办庆典的方式推广公共关系理念和公共关系意识外，我国各公共关系协会还通过举办免费报告会、开展咨询活动、分发教学材料等方式对人们进行公共关系的推广。2001年以来，在浙江省社会科学界联合会的领导下，浙江省公共关系协会以面向社会为主，先后举办过“现代企业制度离我们有多远”“时代变革与公共关系”和“注意力经济对社会发展的影响和作用”等主题报告会，邀请著名企业家与学者做主题报告。受

---

① 中国国际公共关系协会10周年庆典 [J]. 公关世界，2002 (2)：6.

教育者1 000多人，并在杭州武林广场连续三年分别以“沟通协调”“社交形象、塑造自我”和“公共关系职业资格认证咨询”为主题，设立摊位为公众开展咨询活动，分发了2 000多份资料，受教育者达2 000多人次，受到了社会的广泛好评，并先后组织了协会专家团成员深入中义集团、盾安集团，为企业的创新发展传播知识，释疑解惑，深受企业的欢迎。协会先后获得了省委宣传部和省社联授予的科普咨询先进单位和优秀组织奖。

毫无疑问，2007年是中国公共关系意识的一个“推广年”，有助于中国的公共关系事业再上一个新台阶。2007年中，“中国公共关系大会”（前中国公共关系组织联席会）在北京召开，该会探讨了如何规范管理本行业、加强行业协会之间的团结、协作，如何利用奥运、世博会的契机，提升行业协会在社会中的地位等。2007年6月15日至6月18日，中国公共关系协会利用成立20周年这一契机，联动全国各地方协会、相关组织和机构，举办了一系列庆祝、公共关系策划、理论研讨等活动，使协会自身的活动与社会相结合，进一步树立了协会品牌，提升了公共关系在社会的影响力。在树立中国公共关系协会这一协会品牌的同时，无疑也对公共关系意识和公共关系观念做了进一步的宣传和推广。

（三）编辑、出版公共关系出版物

首先，两大国家级公共关系协会创办了公开发行的两大刊物《公关世界》和《国际公关》；其次，各地方公共关系协会基本上都拥有自己的内部刊物，如济宁市国际国内公共关系协会的《传媒公共关系》等；最后，各公共关系协会出版了各种课题研究报告、系列会议论文集。

1. 公共关系组织公开发行刊物

除了两大国家级刊物《公关世界》和《国际公关》外，我国各公共关系行业组织也编辑出版了诸多公开发行的刊物。为弘扬创新精神，打造创新浙商品牌，展现创新浙商风采，揭示浙商艰辛的创业历程，塑造创新浙商良好的社会形象，2006年12月，浙江省公共关系协会与中国经营管理网联合编著出版了《创新浙商》。

2. 公共关系组织对内发行刊物

在内部刊物方面，中国国际公共关系协会已经出版了多年的协会内部的《通讯》季刊；协会还从1999年开始发行协会《会员名录》，该名录每年发行一册，是中国国际公共关系协会会员联系的“通讯录”。

2006年6月25日，中国公共关系协会第四届全员代表大会在北京人民大会堂举行，产生了以苏秋成为会长的新一届中国公共关系协会领导班子。在换届会议后，中国公共关系协会创办《中国公共关系协会简报》，简报每月一期，每期以邮递的方式寄给理事和各地方协会，同时在协会网站上刊登，会员及行业人员可以通过登录协会网站进行阅读。简报内容涉及工作交流、经验介绍、政策咨询、信息公告、公共关系论坛等方面内容。2006年12月30日，中国公共关系协会发出了编辑出版《回顾与展望：中国公共关系协会成立20周年纪念文集》征文活动的通知，同时发出了关于编辑出版《中国公共关系二十年》纪念画册的通知。

为了加强会员之间的交流，提高会员素质，宣传服务，湖北省公共关系协会创办了《信誉湖北》内刊，主题是以湖北信誉建设为宗旨，以重构诚信为己任，为发展湖北经济服务；另外，广东省公共关系协会编辑出版了《广东省公共关系协会会刊》《庆祝10周年专刊》和《广东公共关系集锦》等。

3. 公共关系组织的课题研究报告

2002年10月起，中国国际公共关系协会学术工作委员会就中国首批公共关系学术研究课题的确立和发布，按学术价值、属重大理论问题和实践中亟待解决的问题且具备前瞻性等原则，采用专业调查方法——“德尔菲法”，历时数月，在10多位委员中进行了四轮调查。经反复征询、归纳、修改，汇总，在20多个课题的排名中，“突发事件处理与政府危机公关”和“企业风险防范与危机公关”最终以同样的得分并列首位。入选此次前十大公共关系学术研究课题的还有：“公共关系价值评估手段及其应用”“国际公共关系前沿课题的追踪与梳理”“公共关系教育的架构和内容体系”“中国政府形象建设和对外传播策略”“2008年北京奥运会的公共关系机遇”“专业公共关系实务操作工具开发”“公共关系与营销、品牌管理”。这是首批中国公共关系学术研究课题，于2003年11月28日，中国国际公共关系协会学术工作委员会在四川成都召开的2003年度学术工作扩大会上被宣告成立。调研定期发布学术研究课题，可指导、推动学科研究，促进学术与实践相结合，并将科研成果转化为生产力，最终使行业朝着高层次、专业化的方向发展。

总结21世纪以来中国公共关系行业组织——公共关系协会在会员服务、对外服务等方面的各项举措：从行业机构来看，重整旗鼓以后的中国公共关系协会和稳定发展的中国国际公共关系协会两大全国性组织的运行都已经逐步步入规范化轨道。从20世纪末开始，中国举办了多次评优活动，这些评优活动不仅表明了公共关系的实践的繁荣，而且总结了公共关系实践的成功经验，也有效地促进了公共关系从业人员不断提高项目策划和实际操作水平。这对于推动中国公共关系事业的职业化、规范化的健康发展，促进中国公共关系与国际公共关系的交流，促进中国公共关系早日纳入国际的轨道都有深远的意义。

21世纪以来，中国组织了多次公共关系庆典，这些庆典的召开和奖项的颁发，不仅对于提高公共关系从业人员的凝聚力有重大意义，而且有助于公共关系理念的进一步推广。这是公共关系组织除了开办公共关系研讨会外最佳的公共关系推广模式。

二、从业行为规范化

（一）《中国国际公共关系协会会员行为准则》的实施

在市场经济活动中，党和国家对行业协会等中介社团组织越来越重视，党的十六届四中全会中胡锦涛明确提出要“发挥社团、行业组织和社会中介组织提供服务、反映诉求、规范行业行为的作用”。温家宝也在十六届五中全会的报告中指出：“要进一步转变政府职能，继续推进政企分开，坚决把政府不该管的事交给企业、中介组织和市场。”党和国家很重视行业协会的发展，发展行业协会在社会发展、经济建设中的作用，支持和要求政府进一步转变职能，把一些适宜行业协会的职能委托给行业协会。对行业协会的地位、作用，现在已十分明确，并逐步成为社会的共识。

各种组织都开始日益注重形象，作为专门树立和维护形象的专业公司，更应该以良好的形象出现在世人面前。这就需要制定出公共关系专业组织的成员需要共同遵守的职业道德标准和行为准则。既然已经受到了国家的重视，行业协会就要发挥其在规范行业市场方面的作用。中国各公共关系协会主要是通过制定公共关系规章制度、法规和制定职业道德标准来规范公共关系市场的。

随着公共关系行业的不断壮大，国内外公共关系公司的不断入驻，公共关系从业人员的不断增多，制定公共关系行业行为准则已经刻不容缓。

相对而言，我国公共关系业起步较晚，1989 年才通过了《中国公共关系职业道德准则》，而且，这一准则并没有得到具体实施。2001 年下半年，中国国际公共关系协会起草的《中国国际公共关系协会会员行为准则》，经中国国际公共关系协会理事会审议通过，标志着行业规范化工作得到进一步推进。2002 年 12 月 6 日，中国国际公共关系协会第三次全国代表大会通过《会员行为准则》，并决定于 2003 年 1 月 1 日开始实施，这一准则原则性地规定了公共关系从业人员的行为规范，成为中国首部较为完善并付诸实施的行为准则。①

另外，2004 年 6 月《中国公共关系顾问服务规范》（指导意见）的正式颁布，是对公共关系行为准则的进一步阐释。近年来，越来越多的国内和国外公共关系公司进驻中国，需要专门的行为准则对其进行规范，它的颁布预示着中国的公共关系顾问咨询业有了行业服务标准，对于规范公共关系服务市场和从业人员行为以及促进行业的持续、健康发展具有重大的历史意义。

（二）《公共关系咨询业服务规范》开始起草并实施

一门学科、一个行业、一种职业的真正成熟，其标志并不是从业人员的大量增加，也不是营业额或客户数量的迅速增长，而是该行业职业道德准则的形成。所谓职业道德，是社会对各种不同行业、职业所提出的专门化的道德要求。任何行业、职业只有认真地履行自己的职业道德准则，才会得到社会的认可、理解和支持。

早在 1989 年 2 月中国公共关系协会于西安举办的第二次全国公共关系组织联席会上，就提出了《中国公共关系职业道德准则（草案）》，随后，在 1991 年 5 月 23 日的第四次联席会议上，正式通过了经过反复修订的《中国公共关系职业道德准则》，这称得上是我国公共关系事业走上专业化、职业化道路的良好开端。尽管这一准则较为笼统，缺乏系统性和针对

---

① 陈向阳. 公共关系顾问专业指南［M］. 合肥：安徽人民出版社，2004.

性，并且由于种种原因没有付诸实施，但制定这一文件本身已充分表明了中国公共关系职业在其发展过程中的自律要求。①

1999 年，国家劳动和社会保障部正式认可公共关系这一职业，在公共关系员职业资格标准中对公共关系职业道德规范提出了八条原则性的规定，即奉公守法，遵守公德；敬业爱岗，忠于职守；坚持原则，处事公正；求真务实，高效勤奋；顾全大局，严守机密；维护信誉，诚实有信；服务公众，贡献社会；精研业务，锐意创新。2004 年 3 月 5 日，在京通过国家级专家评审的新版《公关员国家职业标准》中，仍然沿用了这一职业道德守则。可见，这一职业道德守则已经受到各方公共关系人士的认可。

另外，根据中国公共关系咨询业市场发展的需要，中国国际公共关系协会于 2003 年 3 月正式开始《公共关系咨询业服务规范》的起草工作，并于 2003 年 11 月 6 日的中国国际公共关系协会公共关系公司工作委员会 2003 年度第四次工作会议正式审议通过了《公共关系咨询业服务规范》（指导意见），并于 2004 年中国国际公共关系大会期间正式对外发表，2004 年 7 月 1 日开始正式生效。在《公共关系咨询业服务规范》的第七章"公共关系专业人员的职业道德"第 51 条指出，公共关系顾问应该严格遵守职业准则，养成良好的职业操守，特别要注意 10 项从业原则，即服务意识、教育引导、公正公开、诚实信誉、专业独立、保守秘密、竞争意识、利益冲突（即个人利益服从客户利益，客户利益服从公众利益）、社会效益和行业繁荣。

（三）《公关员国家职业标准》与公共关系职业步入正轨

公关员职业资格认证是为了推进中国公共关系业的职业化、专业化和规范化的发展，提高从业人员的地位而设立的。公共关系员职业资格认证是劳动就业制度的一项重要内容，也是一项特殊形式的国家考试制度。它是指按照国家制定的职业技能标准或任职资格条件，通过政府认定的考核鉴定机构，对劳动者的技能水平或职业资格进行客观公正、科学规范的评价和鉴定，对合格者授予相应的国家职业资格证书。

2004 年 3 月 5 日，在北京通过国家级专家评审的新版《公关员国家职

① 陈向阳. 公共关系顾问专业指南 [M]. 合肥：安徽人民出版社，2004.

业标准》，对“公共关系员”的职业概况、基本要求和工作要求进行了具体阐述，把“公共关系员”定义为“从事组织机构信息传播、关系协调与形象管理事务的调研、策划、实施和评估以及咨询服务的从业人员”，公共关系员职业等级分为三级，分别为初级（国家职业资格五级）、中级（国家职业资格四级）、高级（国家职业资格三级）。

在国家公共关系职业资格认证逐渐开展的同时，也存在一些潜在的危机。公共关系员国家职业资格自统一鉴定以来，存在着鉴定人员人数逐年减少的现象，其主要原因是公共关系员教学内容体系已不能适应公共关系业多层次人才的需要。为此，从2003年起，郑砚农和郭惠民汇聚公共关系界专家，在原有公共关系员三级标准基础上，开始启动《公共关系师（国家二级）》和《高级公共关系师（国家一级）》国家职业标准的制定工作。2004年10月8日，新版《公共关系员国家职业标准》正式发布，在原有公共关系员（初、中、高）三级标准的基础上，又增设了两级，即“公共关系师”“高级公共关系师”两个等级。这是对中国公共关系职业资格鉴定的进一步界定，使我国公共关系员的水平进一步提高。

在公共关系员职业确认的基础上，为了规范中国公共关系职业资格认证，各公共关系协会做出了很大努力。2004年6月，中国国际公共关系协会提出了“公共关系员职业认证培训要求”，该要求对培训期限、培训教师和培训指定教材进行了明确规定。在培训机构方面，也由明确规定了全国公共关系员职业资格培训机构。另外，地方对公共关系职业资格认证也表现出极大的关注。从2003年起，秘书、公共关系员、推销员、企业人力资源管理、物业管理员等国家职业资格全国统一鉴定须加试职业道德内容，占理论成绩的20%。地方也在不断对国家职业资格认证进行完善和改进。

总结21世纪以来中国公共关系管理，即公共关系协会在提供会员服务和对外服务、编辑公共关系出版物、制定公共关系行业准则和职业道德、建立职业资格认证体系方面，国家、地方公共关系协会都为此做了许多工作。通过会员服务，即研究社会主义公共政策和实践、组织国内外学术成果和经验信息交流、加强组织建设、联系促进指导各地公共关系组织的建立和发展方面，各公共关系协会紧贴国际国内时势，研究当下最热门和最亟待解决的问题，通过国内公共关系协会的密切联系和自身组织的建设和机构的不断细化，试图更加深入地研究公共关系，通过公共关系庆典和活动的举办，扩大公共关系的国内和国际影响力。

对外服务，即专业培训和资格认证培训，促使公共关系从业人员的公共关系意识和水平较以往有更大的上升空间。对于公共关系界来说，《公共关系咨询业服务规范》（指导意见）的颁布，是管理细化的一个表现，这一规范主要是针对公共关系咨询市场而制定的职业准则；公共关系员五级标准的划分，是管理进一步分化的表现，通过五级标准的划分，公共关系员的层次和等级得以提高；中国公共关系大会（前全国公共关系组织联席会）和中国国际公共关系大会的召开，更是表明公共关系界的实力正在逐步提高；颁奖典礼的增多、案例大赛评选范围的扩大，都预示着中国公共关系界向着多元化的方向发展。加上各公共关系出版物的出版，更是扩大了我国公共关系业的影响力。

公共关系行业准则和职业道德准则的提出和进一步完善，预示着我国公共关系业将更加规范；公共关系职业资格认证体系的建立，预示着我国公共关系业的知识水平的进一步提升。

在增加交流以促进理论研讨、细化机构以促进深化研究、制定行业标准以促进规范、举办庆典活动以促进推广方面，中国各公共关系行业组织——公共关系协会的力量功不可没。21世纪将是公共关系的世纪，也是公共关系关系协会大施拳脚、大展宏图的一个世纪。

三、科研教育规范化

（一）多数学校开设了公共关系课程

进入21世纪，中国的公共关系学科建设重新复苏，大多学校都开设了公共关系课程，但公共关系学三个部分的发展并不平衡。一般来说，公共关系史的研究比较落后，公共关系理论研究也相对薄弱，特别是核心理论部分还不够完善；公共关系实务方面则比较活跃，政府公共关系、企业公共关系、体育公共关系、医院公共关系、媒体公共关系等方面的著作数量颇丰。

关于公共关系学科建设情况，中国高等教育学会公共关系教育专业委员会曾对全国部分高校公共关系专业的学科建设情况开展了专门调研，调查结果显示，我国目前已经有千余所高校陆续开展了公共关系选修课、必修课或进行公共关系教育培训，一大批高等学校设置了公共关系辅修专业，数十所高校设立了公共关系本科专业或公共关系专业方向，中山大学、中国传媒大学拥有公共关系专业硕士授予权，西南大学还在应用心理学专业点下招收了公共关系与组织文化方向博士研究生。[①]

在公共关系专业学科归属方面，调查显示，在过去的一段时间内，各高校对公共关系的学科归属存在明显差别，人才培养目标和规格也不尽相同。举例而言，中山大学政治与公共事务管理学院下设政治科学系、行政管理学系、社会学与社会工作系、国际关系学系和公共传播学系，其中，在行政管理硕士学位点设立了政府公共关系研究方向，而公共传播系的主干学科就是传播学和公共关系学，其培养目标是培养德、智、体全面发展，掌握现代公共关系专业知识和技能，懂管理、会传播、善策划的公共关系专业人才；湖南师范大学则是在社会学专业中分出公共关系方向；中国计量学院（现中国计量大学）在社会公共事业管理专业内设立公共关系方向；华南热带农业大学（现海南大学）在行政管理专业中设置公共关系方向，它们均是在一级学科下设公共关系专业方向的。西南大学从挂靠自然辩证法专业点招收公共关系辩证法方向硕士研究生，到将方向改为公共关系与组织形象设计，2001 年又将公共关系挂靠在应用心理学专业点下设公共关系与组织文化方向，2004 年又在心理学专业点下招收公共关系与组织文化方向博士研究生。由此可见，在公共关系的学科设置和归属方面，全国高校没有统一的定论，这对学科的发展是不利的。

在高校公共关系课程设置方面，主要包括公共关系实务、公共关系理论、公共关系案例等，也有更多的学校开设了国际公共关系课程。随着中国加入 WTO，对国际事务的了解成为一名公共关系专业学生必备的理论基础，因此，也越来越需要国际公共关系的相关知识。然而，从另一个角度来说，彼时高校的课程设置仍处于初级探索阶段。

从 1987 年开始，国家教委（国家教育部）就已经正式把公共关系列入

---

① 林藩，郑小娟. 新时期公共关系人员素质略论 [J]. 福建农林大学学报（哲学社会科学版），2011，14 (2)：52 - 55.

行政管理、工业经济、企业管理、旅游经济、市场营销、广告学、新闻学等专业的必修课。直到2006年，教育部终于批准设置公共关系为目录外专业（编号：110305W）。至此，公共关系学得以正名，成为教育部正式批准设置的专业，学科属性逐渐清晰。

（二）公共关系专科教育走向系统化、正规化

从1985年9月，深圳大学设立中国内地首家大专层次的公共关系专业开始，中国的高等院校公共关系教育已经走过了二十多个年头。至此，我国各地开始设立专门的公共关系学校培养具有大中专文凭的人才，大中专学历公共关系教育在一些省市的高校，特别是成人自考、夜大、职大等逐步开展起来，并形成了相当规模。大中专层次的公共关系专业教育也逐渐明确了自己在整个公共关系专业人才培养中的定位，并逐渐形成了全日制、业余、在线等多种规范的培养教育模式。

从事专科教育的学校有广东公共关系职业培训中心、长春公共关系学院、山东公共关系系专修学院、西安国际公共关系学院、四川乐山市公共关系学校、淄博公共关系学校、浙江宁波公共关系培训学校、浙江嘉兴市攻关培训中心、哈尔滨学院公共关系学院等上百所院校。哈尔滨学院公共关系学院是由哈尔滨学院与黑龙江公共关系学院共同建立的具有独立法人资格的公有民办二级学院，被列入全国普通高等学校教育与招生名录。

除了专门的公共关系学校外，开展公共关系专科教育的院校数不胜数，几乎每个城市都有从事公共关系专科教育的学校。但是，公共关系一般作为其他专业的主要课程，或者被挂靠在其他专业之上。举例而言，山东现代职业学院招收的公共关系大专生的专业方向就是“文秘与公共关系”；广东省侨港理工学校的市场营销与会计专业要求主修公共关系学。

（三）我国开始进行公共关系研究生教育

实际上，早在1994年，中山大学便开始在行政管理专业硕士点招收公共关系研究方向的研究生。此后，厦门大学、国际关系学院等多所重点高校先后在传播学、国际新闻、国际关系等硕士点正式招收公共关系方向研究生。2003年底，经教育部批准，我国首个公共关系硕士点在复旦大学新闻学院新闻传播学科下建立，并开始培养公共关系方向博士研究生。复旦

大学是国内当时唯一一家没有申请公共关系专业本科，直接开办公共关系硕士点的高校。复旦大学拥有一级学科自审权，这也就使其在学科设置上比其他院校拥有更大的自由。

2004 年，中国传媒大学、中山大学均设立了公共关系学硕士点。中国传媒大学的公共关系硕士点设在广告学院，有公共关系理论、公共关系实务、危机管理和新闻发言人四个方向；中山大学的公共关系学硕士点设在政治与公共事务管理学院公共传播学系，以政府公共关系、工商企业公共关系和国际公共关系为主要发展方向；中国人民大学也开始招收公共关系与传播学专业在职研究生；厦门大学则是在传播学专业硕士点从三个研究方向进行招生：传播学、广告学、公共关系学。随后，上海外国语大学、上海交通大学也开始招收、培养公共关系方向的博士生。

这些公共关系硕士点的建立及公共关系方向博士研究生的培养，标志着中国内地高层次公共关系教育进入了一个新的发展阶段。随着公共关系学科的确立，高端人才的培养将更加精细化，力求培养出公共关系人才中的精英。

（四）公关研究的提升与创新

随着中国公关的教育层次的提升，一大批公关方向的硕士生和博士生开始出现，公关的研究成果也逐步走向系统化、专业化。无论是中英文的专业公共关系期刊，还是在传播学、管理学的综合学术期刊上，均出现了中国学者的高层次、高被引公共关系论文。这些论文以国际通用的研究方法为基础，以中国的现实公关问题为抓手，提出了既符合国际学术范式，又针对中国现实需要的学术见解。中国正成为全球公共关系研究中的重要力量。

第八节　城市品牌建设与公共关系

一、城市形象传播

这一时期的中国已经进入了快速城市化的阶段，利用举办重大国际活动契机，完善城市的基础设施建设，营造人文环境可以进一步强化城市定位，再辅以系统地开展城市公关，更能促进城市内涵的提升和城市形象的传播。

2010年11月12日至11月27日，第16届亚洲运动会在中国广州举行，并在亚运会后举办第10届亚洲残疾人运动会。广州成为第一个同城举行亚运会和亚残运会的城市，也是继北京之后第二个取得亚运会主办权的中国城市。亚运会作为亚洲规格最高、规模最大、影响力仅次于奥运会的综合性体育文化盛会，无疑聚焦了亚洲乃至全世界的目光。对于广州市政府来说，这无疑是一次难得的城市形象推广的好机会，牢牢把握住这次机会，做好城市公关便能实现广州市国际地位和品牌形象的重大飞跃。

在政府行动方面，广州市为迎接亚运会，两年间增开四条新地铁线路并延长了原线路，部分线路比原规划提前两年建设，使广州机场、三大火车客运站和主要的长途汽车客运站在亚运会召开前都实现与地铁有效接驳，还通过广佛线建设开通国内首条地级以上城际地铁；广州白云机场也在2008年起扩建，在2010年一季度投入运行，航线数量和航空港的旅客吞吐量大幅增加；广州还特别加强对现有道路的维修，拓宽和新修了部分道路，解决了部分市内交通的“瓶颈”问题。并且在亚运会召开前连续多年对珠江水道进行治理，举办了多次的游珠江活动；后期进一步投入巨资对城内河涌进行治理，把原本封闭的水质恶劣的东濠涌、荔湾涌等水道变成开放美丽的休闲景观。

在公关活动方面，广州亚运会主办方开展了“亚洲之路”的大型城市形象公关活动，向世界传播岭南开放、兼容、务实、创新的文化精神，并得到了广州市政府的大力支持和积极配合。通过重走海、陆两条丝绸之路，走访亚洲45个国家和地区。“海路”始于科威特，沿海岸线造访西亚、南亚、东南亚以及东亚各国；“陆路”始于广州，经蒙古、中亚五国到达中东，计划在广州亚运会倒计时一周年的时候实现“环抱亚洲”的壮举。除在路上播放广州亚运宣传片之外，还会有专人在停驻的港口扮演广州亚运会的吉祥物“阿祥”“阿和”“阿如”“阿意”和“乐羊羊”，吸引当地居民前来围观并派发宣传册。一系列的活动体现了祖国的强盛，让远在海外的华人也感到自豪。①

① 刘晓玲. 广州亚运会的城市营销 [J]. 国际公关，2009（3）：40-41.

在媒介推广方面，除了通过互联网普及亚运知识，增强亚运会的趣味性，提高人们对亚运的关注度外，在线下城市的宣传上更注重公益性。公益广告的作用具体体现在：跨越国家民族界限的人类文明的交融性；对承办地区社会物质文明、精神文明的促进性；对受此事件感染的人民产生的教育性。广州在亚运会召开前对公共场所商业广告过滥的清理和对关于亚运和建设文明广州的公益广告的大量投放，提升了城市的品位，室外公益广告深入每一街道社区，也大量经过纸质、电子、交通等载体渗透于全时空，使文明宣传形成空前的广度。在这场盛会中，志愿者也是推广城市品牌形象最好的媒介，6 万名赛会志愿者和 50 多万名城市志愿者以及大批社会志愿者参与到亚运会的服务工作中来，极大地提升了现代城市人的文明形象，塑造了赖以传承的城市文明和文化。在广州亚运会活动中，有大量的专业公关公司和公关学者参与其中，余明阳教授等大批公关学者被聘请为广州亚运会的活动顾问。①

2011 年的世界大学生运动会为深圳对外传播城市形象创造了极其珍贵的契机和平台。数以万计的运动员、工作人员和记者们齐聚深圳，对这座城市既是一次全面的检测和考验，也是一场国际化的对话和洗礼。不仅兑现了申办时的庄严承诺，也让世界看到了一个文明、开放、负责任的深圳。自从 2007 年深圳拿到大运会主办权以来的第一次大型活动就是“北京奥运文化广场·深圳月”。在一个月的活动中，设置了《北京奥运中的深圳元素》新闻专题；邀请著名的深圳籍奥运健儿与活动现场的观众互动联谊；邀请拥有全国 100 多家重点高校为会员单位的“中国高校传媒联盟”担当大运会志愿宣传推广单位等，共计 3 次集体采访、3 次城市论坛、3 次新闻主题日、3 次重点公关宣传活动、2 场市场推介会、60 余场现场观众互动活动，成了北京奥运会期间深圳城市形象品牌的一次集中展现。而在网络公关方面，三场以“青春城市，创业热土”“先锋城市，继续领跑”和“移民城市，文化激荡”为主题的论坛通过互联网吸引了百位“重量级”专家、学者京深两地在线讨论，并与全球网友即时互动交流，广纳百家良言，为推动深圳的发展出谋划策。在为期一个月的活动期间，有近百

① 董小麟，陆融．上海世博会与广州亚运会对城市营销管理的启示［J］．岭南学刊，2011（4）：93－97．

万观众亲临现场、数十万网友在网上领略了深圳风采，感受到了深圳的魅力，使得深圳城市品牌形象深入人心，让世界了解了中国最早的经济特区深圳的奇迹，向全球传播了年轻鹏城的青春气息。

在2009年2月的世界大学生冬季奥运会期间，在哈尔滨举行了“深圳之夜——相聚冰城、相约鹏城联谊会”的活动，并发布了《金融危机不影响深圳办“最成功大运”》与《深圳大运会在大冬会向世界发出邀请》两篇新闻稿，表现出深圳市的信心和决心，新闻稿被媒体广泛采用，央视五套还为此做了长达5分钟的专题报道，产生了巨大的传播效应，赢得了世界的肯定和赞赏，并进一步提升了深圳的国际知名度。[①]

2010年上海世博会的“深圳日”是城市形象“借世博之船，出世界之海”的又一次良机。以“大运走进世博，深圳邀请世界”，既充分体现了深圳举办世界大学生运动会这一大型国际体育赛事全球视野的高度，也更加凸显了“办赛事”与“办城市”相辅相成的丰富内涵。其间，以“百名校媒记者推广大运”的活动作为主打，在向海内外的游客发放一万张“2011，深圳邀请你”的明信片的同时，特别邀请正在活动现场的原深圳市委副书记、市长许勤亲笔签名，并亲手向美国麻省理工大学校长、北京大学校长、北京一户普通市民家庭寄出邀请明信片。众多媒体对此极富创意的新颖之举极为关注，纷纷以“深圳向世界发函”“深圳市长寄明信片邀请世界”等为题进行了报道。在整合媒体资源方面，请世博官网提前挂出采访邀请，并对重要媒体逐家邀请，活动之后，在百度输入“大运走进世博，深圳邀请世界”，会出现8万多篇相关报道。这些宣传活动有效地提升了深圳大运会的知名度和深圳城市形象的美誉度。

在大运会举办期间，富有鲜明特色的新闻发布会成了深圳城市品牌公关活动的最大亮点，以“不一样的发布”为主题呈现大运会“不一样的精彩”，共举办活动350场。“印象深圳”城市系列新闻发布会围绕深圳的城市特色和亮点进行，“科技之城”“创业之城”“文化之城”和“滨海之城”等主题策划充分考虑了传播规律与记者需求，集中地展示了深圳充满创新活力的城市魅力和开放包容的国际化城市形象。为展现深圳借大运会推动特区一体化的建设成果，策划了“从远郊到主城——新龙岗新大运”专场

① 张荣刚. 深圳借力大运会营销城市（上）[J]. 公关世界，2012（1）：40-43.

新闻发布会，为增强新闻发布的客观性与说服力，专门邀请了龙岗区的土著居民、外来工代表等市民代表走上发布台，以他们的亲身经历和感受来“发布”相关信息，有媒体专门以《大运会请市民做新闻发布》进行了头条报道，获得了良好的传播效果。为增强外宣的客观性，还大胆策划了“外宾评深圳说大运”专场新闻发布会，邀请英国、美国、加拿大、澳大利亚等多国代表团团长、新闻官来介绍他们眼中的深圳大运会。外宣“客体”现身说法，一方面激活了媒体的兴奋点，另一方面，使得发布的内容更容易为受众所接受。①

这一系列的城市公关活动，彰显出深圳的青春、活力、包容和开放，树立了中国改革开放前沿城市开放和谐、公开透明的良好形象，赢得了国际社会的广泛赞誉。深圳与世界不再有距离，深圳与世界共同创造不一样的精彩。

在对外传播城市形象的时候，首先要对内建设、完善好城市的基础设施及社会文化，居民的形象就是城市形象的缩影，要利用好“人”这张名片。在进行品牌公关的时候，需要策划一些使不同定位的媒体感兴趣并积极采访报道的新闻亮点。其次，充分利用报刊、广电、互联网等媒介独特的传播特性，将它们进行互补、结合，突破常规公共关系活动受时间、空间等方面的限制，从而获得最佳的传播效果。

二、城市品牌打造

在当前阶段，商业竞争无处不在，营销传播也不再局限于企业。一个国家或一座城市的发展，其竞争力固然决定于其内在的质量，但也需要对外的传播和对内的沟通，品牌成为城市竞争力和持续发展的一个重要部分。每一个优秀的城市都应该有其清晰的品牌形象，这种品牌形象可以是城市的主打产业，也可以是环境资源，可以是最具盛名的某一项产品，也可以是一种精神。而城市公关就是一个城市与该城市的公民、旅游者、投资者、媒介、国家和政府等对象之间进行双向沟通和传播，同时对组织形象进行有效管理，其根本是促进城市经济社会的发展，目的是创造有效的

① 张荣刚. 深圳借力大运会营销城市（下）[J]. 公关世界，2012（2）：32－35.

舆论环境，塑造城市形象，提升城市的知名度和美誉度，增加城市的无形资产，[1] 在此基础上实现当地旅游、支柱产业和外来投资的繁荣。

在城市品牌定位方面，各级政府已经深刻意识到，确定体现城市恒久魅力的品牌定位是城市公关的一个重要环节。重庆是中国的老工业基地之一，也是近百年来中西部地区最大的工商重镇，大大小小的企业在重庆的发展中起着重要的支柱作用。2008 年 3 月，重庆市原常务副市长黄奇帆在赴北京参加“两会”时，做客新浪网推介“企业重庆”的品牌；云南省会城市昆明也从经济、文化、环境、制度、生活五个方面入手，分别提出了“实力之城”“魅力之城”“生态之城”“活力之城”“宜居之城”的概念，推介方式从具体的城市特色向抽象的城市感悟、城市体验转变，把城市所能带来的精神享受和愉悦作为重点，并围绕这些开展了一系列活动；杭州的城市品牌定位“休闲之都”和“生活品质之城”勾画了旅游资源与生活理念融合的城市神韵；河北省会石家庄以产业进行品牌定位，提出了“中国药都”“绿色产业基地”和“纺织工业基地”的城市定位。而以旅游作为品牌核心的城市，如西藏拉萨等，虽然缺乏城市品牌的整体战略规划，但是却通过对旅游品牌的培育促进城市品牌的形成。在这一阶段，中国城市品牌公关国际化的趋势愈发明显，其中“东北亚重要的国际城市”大连、“富有湖湘文化特色的国际化城市”长沙、“具有高原和民族特色的国际旅游城市”拉萨、“现代化国际商贸中心和中国清真美食之都”乌鲁木齐等城市，都在国际化城市公关上走得更远。[2]

在城市形象推广方面，主要依靠资源合作、大型活动、媒体联动等方式进行城市公关。青岛充分利用奥运资源，在依托城市特色和产品优势，以及与国际城市展开合作的基础上，紧扣城市品牌定位“帆船之都”，与法国南特市、俄罗斯圣彼得堡市、德国曼海姆市、挪威奥斯陆等友好城市共同组织举办了“相约奥运、扬帆青岛”的城市品牌巡回推介活动。“激情扬帆、心醉青岛”是青岛的全新城市形象，突出了青岛帆、海、人、城的优美与和谐，展示了青岛发展为现代化国际城市的崭新形象。在 2009 年 6 月 26 日上海举行的首届“中国最具软实力城市”颁奖典礼上，青岛凭

---

① 戚建国，张艳玲．公共关系提升城市形象［J］．国际公关，2008（3）：78－79.

② 中国城市品牌建设现状［EB/OL］．20080801/20190109．https：//www．docin．com/p-483631284．html.

借出色的城市品牌公关从50个候选城市中脱颖而出，获得“中国最具软实力城市”称号；[①] 郑州充分利用澳大利亚“中原文化澳洲行”所搭建的新年庆祝活动平台，开展经贸洽谈和旅游促销活动，上演了一场别开生面的海外城市品牌推介秀；贵阳则以“避暑节”作为其城市品牌推广的切入点，已打造的“避暑经济论坛”“避暑之都歌曲”“避暑之都生活地图”“避暑之都卡通形象”和“避暑之都生活纪录片”等使得贵阳“中国避暑之都”的品牌定位得以一步确立；杭州的西湖博览会在2008年更名为“西湖国际博览会”，增加了很多例如“2008西湖国际音乐节”“2008西湖国际睡眠论坛”“2008西博会国际旅游节”和“2008年杭州国际友城‘城市与旅游’市长峰会”等国际性的活动。与之类似的还有大连国际服装节、哈尔滨冰雕冰灯艺术节、潍坊国际风筝节、惠州国际数码节等大型活动，都是举办城市鲜明特色和长久魅力的集中体现。在与媒体联动方面，近年来央视的城市旅游广告上出现了更多城市的身影，包括无锡、宁波、抚顺、信阳等城市，而“好客山东”“国际旅游岛”和“七彩云南，彩云之南”等形象生动、简明通俗的宣传语更是让人心生向往。[②]

城市品牌公关“遍地开花”。一些先前基础薄弱的城市纷纷想在这场激烈的城市公关角逐中寻找突破口，而那些已经有一定地位和口碑的城市则继续善用城市公关巩固自己的城市品牌。

2009年4月，在烟台市委宣传部的领导下，市政府新闻办公室联合烟台日报传媒集团共同组织发起了一场烟台市城市形象标志和宣传广告语征集活动，面向海内外公开征集城市形象标志设计和城市形象宣传广告语，引发了全民“读城”的盛宴。为了让海内外更多的民众关注并参与此次活动，使它同时具有宣传推广的公关效果，主办方协调联络了海内外各知名媒体机构，如《人民日报》《中国日报》、香港《文汇报》、美国《侨报》和韩国《中央日报》等，陆续刊登了《烟台城市形象标志和宣传广告语征集启事》；水母网则在首页醒目位置添加活动首页链接，并登载介绍烟台历史文化、社会发展情况的文章，以及展现烟台秀美景色的多种视频，方便参与者更好地了解烟台；此外，新华网、新浪网、搜狐网、文化传播

---

① 于风亮. 青岛荣膺中国最具软实力城市 [J]. 青岛画报，2009 (7)：15.

② 孔琳，蔡文杰. 中国城市品牌建设现状 [J]. 国际公关，2009 (5)：39－41.

网、创意在线网、征集网等大型综合和专业网站大量转载启事内容和活动链接网页。在活动进行过程中，还不定期地在报纸和网络上刊登征集情况介绍，与读者互动，解答参与者的疑问。在短短两个月的时间内，主办方一共累计收到了来自海内外的应征广告语近 30 000 件，标志设计 2 000 余件，平均每天有 500 多件的作品应征，仅活动官网的展示页面就达到近 3 000 页。借此次活动造势，有效地提高了烟台的知名度，让更多的人关注了烟台。[①]

2011 年 4 月，由东莞市委宣传部、市政府新闻办与清华大学新闻与传播学院、清华大学城市品牌研究室共同举办的“中国城市形象论坛暨东莞城市形象专题研讨会”在清华大学的紫光国际交流中心举行。在此次研讨会上，东莞市委宣传部与清华大学城市品牌研究室共同发布了东莞城市形象标识——“活力绽放的莞香花”和东莞城市形象宣传口号——“每天绽放新精彩”。在研讨会结束后，还在上海、广州、深圳等国内重点城市宣传推广东莞城市形象，并在东莞全市范围内推广使用城市标识和宣传口号。

扬州著名的“烟花三月”国际经贸旅游节通过利用扬州现有的旅游资源进行策划提升，成为了扬州城市品牌。为充分展现扬州这座城市的魅力，扬州市相关机构先后到北京、上海、南京和日本进行专门的旅游推介。与其他城市的旅游推介会注重推介景点不同，扬州在这一阶段是将整个城市作为一个旅游载体整体推出。在推介会展厅，两侧极富园林气息、动静结合的展示区吸引了人们的眼球。在电视里不断展播的，除扬州的著名景点，如诗如画瘦西湖，还有千年古刹大明寺、全国四大名园之一的个园、“晚清第一名园”何园等，还有“城在林中、居在园中、路在绿中、人在景中”的城区秀美景色。在这一阶段，扬州城市公关的重点在于积极推进旅游产品从单一的观光型向观光与休闲度假并重转变，从传统的旅游城市向现代城市旅游转变。“诗画瘦西湖，人文古扬州；给你宁静，还你活力”的城市旅游形象口号留给公众的印象就是“古代文明与现代文明交相辉映的名城”，这是一次极富感染力的城市公关。

2008 年汶川大地震后，成都市政府动员各方资源，迅速行动，开展了

① 何蓓. 烟台：一场全民读城的盛宴 [J]. 国际公关，2009 (5)：51-52.

种种城市公关活动来维护城市形象。就在地震发生后的第二天，成都市政府便启动了“城市危机公关和城市营销”应急方案，随后成立了“成都城市形象提升协调小组”，下设综合组、城市组、旅游组、投资组、都江堰组、国际民间组织联络组、本地宣传组七个工作部门。首先，启动了“全球快速民意调查”，对全球共计 2 000 多名意见领袖进行了调查，得出结论：大部分受访者认为地震对成都造成的破坏程度严重。其次，根据调研结果，很快制定了成都的城市品牌重塑战略，从 2008 年 6 月起，用一到两年的时间分三个阶段执行。第一阶段，宣传的主题是“安全的成都”，目标是消除公众疑虑，让成都市民恢复到安居乐业的正常状态，使外界形成一个成都安全的清晰定位和认知印象，邀请地质专家召开研讨会，讲述成都的地理位置和地质构造，告诉人们成都为何没有受到损害。同时还开展了“体验成都，感恩之旅”活动、《赤壁》首映晚会、邀请各国驻华文化参赞体验成都生活等一系列活动。并主导发起“正常生活运动”，号召人们按部就班地生活、工作，就是对灾区最大的支持。第二阶段，宣传的主题是“机遇的成都”，目标是激发公众对成都的热爱，坚定到成都来旅游、投资、置业的信心。北京奥运会火炬于 2008 年 8 月 5 日在成都传递，160 余名国内外记者来到成都，成都市便借此机会向记者们介绍了成都企业迅速恢复生产的情况。媒体对成都火炬传递的报道在两天内达到 1 300 余篇，这些报道有利于增强投资者对成都的信心。并且，在市中心的主干道、公交车以及成都的平面媒体、网络媒体上从 2008 年 9 月起都可以看见英特尔、万邦以及神户董事长代言成都投资环境的巨幅广告。第三阶段，宣传的主题是“创造奇迹的成都”，目标是确立“创造奇迹”的城市形象，全面提升成都的美誉度和影响力。由成都知名歌手张靓颖演唱的《I Love This City》成为国内第一支城市宣传 MV。与此同时，成都制作了歌手张靓颖、作家洁尘、电台主持人孙静和交警谭乔四位成都名人参与拍摄的系列公益广告，来进行“因为有你，成都更美好”的系列形象宣传，并且在北京、上海、杭州等各大城市的地铁站、公交车站推广，使成都感恩、坚韧的形象得到人们的广泛认同。而在进行全球推广时则把成都定位为“西部门户，熊猫故乡”。随后，与腾讯·大成网合作，建立了震后成都信息发布的“官方”网站——“我的成都”，通过发布成都城市经济发展趋势、城市安全、投资安全等方面的评估信息，刊登对住在成都的外籍人士的专访等报道，同时向公众开通地震常识、房屋安全排查咨询热线和留言平台，使之成为外界了解震后成都信息的窗口。之后又通过建立“创享之都”网站，让网民参与网络游戏，为成都的建设添砖加瓦，共同创建成都，共同分享这座城市的奇迹。[①] 在2008年新浪网络盛典城市类评选中，成都被评为了“年度品牌城市”。在外地人眼中，今天的成都依然是那个“来了就不想离开的城市”。

虽然如今中国城市普遍意识到了品牌塑造和公共关系对于城市运营的重要性，但大多数政府的宣传官员和城市形象负责部门，对公共关系的内涵理解不深刻，意识不强，方法不高明；且对城市品牌的定位不清晰，信息不准确，沟通不到位，传播不专业。[②] 这一点尤其体现在城市公关的危机管理和舆论检测方面。

危机管理是城市公关体系的重要内容，舆论监测和声誉管理，同样也是政府需要重点建设的内容。目前已经有不少城市建立了一整套完备的舆情监测体系，包括专门设立了舆情监测处室，负责舆情的收集和处理工作。在舆情监测的渠道和方式手段上，通常采用专业的监控软件进行自动监测，或是借助各种搜索引擎进行人工监测，且与公安、信访部门进行联动监测，与网络相关版主等意见领袖进行热点互动等。舆情监测范围覆盖政治、经济、社会等方面，包括城市领导和相关部门的热点问题、敏感事件等。虽然很多城市，特别是比较发达的城市，对一些重大突发事件基本实现了连续性、动态性的舆情监测，但就目前而言，多数城市的舆论监测仍处于初级的阶段，仅实现了基本信息的收集，在舆论分析、回应和引导上还很不足，这对于城市品牌建设极为不利。

三、城市品牌与公共关系

各地政府往往通过举办活动、会展等方式来进行城市形象塑造，近年来更是十分热衷于通过打造城市名片、媒体塑造的方式等手段来进行城市形象塑造。

---

① 刘晓玲. 震后成都的城市营销 [J]. 国际公关，2009（5）：49-50.
② 国际公关编辑部. 公关铸造城市品牌 [J]. 国际公关，2009（5）：38.

首先，各级政府通过宏观指导来塑造城市形象。举例而言，海南省政府在全省人民的配合下，通过系统打造“健康岛”品牌，在更高层次上开发和利用无形资源，目的就是要树立一个全新的海南形象；福建通过环境形象塑造来树立城市形象；天津经济技术开发区通过招商引资和举办会展来塑造城市形象；成都通过旅游公共关系来塑造“东方伊甸园”的城市形象；安徽通过建设“社会信用体系”来打造“信用安徽”的城市形象；上海通过上海形象代言人姚明来塑造城市形象。2004 年 10 月 13 日，由上海城市形象代言人姚明担任主角、公益出演的上海城市形象片“无数个姚明，好一个上海”，在海内外的近 200 家新闻媒体上首映。记录这一城市形象片诞生全过程的纪录片也同时推出；武汉通过城市形象宣传片《武汉水云间》塑造城市形象。2004 年国庆期间，由武汉市广播电视局摄制的城市形象宣传片《武汉水云间》作为开篇之作亮相于中央电视台第 4 套的新办栏目《华夏掠影——城市形象》；佛山通过深挖旅游资源，并由政府牵头，塑造佛山“国际知名旅游城市”的形象；北京市旅游局借奥运会的东风，在伦敦举办大型说明会，塑造北京城市形象。从 2004 年开始，全国掀起了一股塑造城市形象的热潮。

其次，各大城市十分热衷于通过举办活动的方式来进行城市形象塑造。为了塑造城市形象，一些城市结合当地文化特色，创造性地开展了以经济和文化交流为目的、形式多样的政府公共关系活动。例如，大连市政府连续举办了“大连国际服装节”“中赏槐会”“大连市马拉松比赛”和“大连东北三省暨商品交易会”等大型活动；张家港市政府也策划并开展了一系列公共关系活动，如“秋季商品交易会”“出口商品和投资洽谈会”和“名牌战略研讨会”；深圳市政府举办了“文博会”和“高新技术成果交易会”等大型会展，为了实施“文化立市”的战略，深圳市文化局开展了“读书月”“创意 12 月”“市民文化大讲堂”“中外文艺精品演出季”“大剧院艺术节”“深圳平面设计展”“深圳国际水墨画双年展”等公共关系活动，还在深圳机场摆放了专门的宣传彩页，其中包括介绍各种活动的《深圳文化地图》。

许多中心城市和省会城市纷纷兴建现代化的大型展馆，着力培育“会展经济”。如由中德合资建设的室内展览面积达 20 万平方米的上海国际博览中心，南京、厦门、成都也相继建成了大型的现代化展馆，以北京、上海、广州、武汉、深圳、大连、沈阳等城市为中心的全国性展览网络逐渐形成。

第九节　科技、互联网助推产业升级

一、基于社交网络的病毒传播

这一时期随着以人人网和开心网为代表的社交网站异军突起，因为其全面的人际关系设计架构、利于口碑传播的组件、庞大的活跃用户、真实有效的话题、主动参与的行为习惯和有效的跟踪手段等有利条件，众多企业开始纷纷利用社交网络的病毒传播方式来营造口碑，进行网络公关。[①]

企业网络公关在进行社交网络上的病毒传播时，一般有以下五个步骤：选择环境、制造“病毒”、选择形式、选择对象和维持活力。

首先，在选择环境上，需要先深入了解该社交网站的用户成分、心理特征和行为特征等，根据产品定位选择一个与之相匹配的社交网站，通过整理、筛选一些权威调查机构和研究平台的数据，先有一个大致的认识，然后亲自注册账号体验，印证数据的可参考程度。还可以在抽样调查的时候设置一些筛选条件，估算出每个年龄的占比情况，最终获得此社交网站的各年龄分布情况。如果想了解用户的心理特征和行为特征则可通过观察该用户及其好友使用的组件的频繁程度。之后还可以通过与社交网络资深用户的访谈获得一手信息，并与之前收集到的权威数据进行比对整合，得出更为真实的社交网络用户的现状特点，进而为企业网络公关选择一个最佳的社交网络平台。[②]

其次，在制造“病毒”上，需要充分结合社交网络用户特性，例如基于娱乐需求的用户更加关注图片、视频、游戏、活动等信息，基于情感诉求的用户则更加关注同学、好友的实时动态消息等。此外，社交网络的公关是基于熟人群体间的口碑传播，企业在这时会考虑到传者和受者（受者也会是下一轮的传者）这两种角色的心理特征和行为偏好，并且使这个

---

① 张利，王欢. 我国移动社交网络服务的发展现状与方向研究：以人人网为例 [J]. 现代情报，2012，32（11）：68－72.

② 赵冰. SNS病毒传播操作法 [J]. 国际公关，2010（05）：74－75.

“病毒”更加浅显易懂的、有价值的、能够获得情感共鸣的，是好友常关注的并且是很容易做得到的，才能够顺利地传播开来。

再次，在选择形式上，企业网络公关会考虑这个“病毒”应以一个什么样的身份传播出去。根据社交用户群体的心理特征和行为偏好，可以选择以下的传播形式进行包装：免费服务、美好祝福、有趣测试、实用资料、争议讨论、在线邀请、有趣内容等。需要根据具体的情境分析用户的需求、偏好等，增强互动性，以高质量内容增强用户黏性。

然后，在选择对象上，企业网络公关在进行社交网络的病毒营销时，其传播对象会选择有影响力的或易于传播的对象，如公共主页的明星、网红，他们都拥有众多粉丝时刻关注着其动态，并渴望通过这种方式与明星、网红进行交流，同时，他们一般也都是分享达人，可以根据其平时主要分享的方向与企业网络公关的需求进行匹配，借助他们的力量就可以让“病毒”不断扩散，形成从强到弱的传播效果。

最后，在维持活力方面，先要设计有效的升级策略。任何一种病毒都有它自己的生命周期。一种新“病毒”的产生，刚开始会因为其优秀的创意而广受欢迎和追逐，但很快用户就会感到厌倦。如果不在用户厌倦前进行及时的升级和更新，这些受“病毒”感染的用户就会慢慢流失。因此，可以用连载等形式来持续地吸引用户的注意。再就是要利用大众媒体造势。“病毒”的传播虽然是通过社交网络里的人际渠道，但“病毒”影响力和辐射范围的扩散还是在大众媒体中更加高效。无论再好的病毒传播策划也仅是策划，也很难设置有效的竞争壁垒，适时地借助大众媒体的力量，让“病毒”走出社交网络平台，才能达到扩大并延续“病毒”的影响力的目的。①

三星摩天手机在选择社交网络作为口碑传播途径之前，对几个社交网站进行了深入了解和数据对比。首先，摩天手机社交功能凸显，内置最流行的人人网、开心网等社交网络应用，并支持多程序运行，可以边聊 QQ 边做其他事情；其次，320 万像素的拍摄功能可以使用户随时拍照上传，这种时尚互动的产品优势与人人网目标群体热爱互联网、拥有自己的“圈子”、进行实时沟通的生活方式相契合并达到了高度统一。在开始设计病毒传播体时，三星摩天充分考虑到并利用了“主我”与“客我”之间的差

---

① 赵冰. SNS病毒传播操作法 [J]. 国际公关，2010 (05)：74-75.

异，即网友关心自我评价和对方评价的差异，以及关心客观的评价结果的好奇心理，设计了轻松、简单的活动页面，用奖品鼓励好友间的邀请，开展了真我学堂体验活动。三星摩天的这次“真我”传播主题与人人网的“真实”的社交网络定位相吻合，获得了大量用户的参与。最关键的是该产品的价格定位也充分考虑到人人网的主要用户为学生这一点，因此，企业网络公关的病毒式传播一触即发，口碑爆棚。①

二、微博与企业网络舆情公关

2011 年 4 月 6 日，新浪微博正式启用独立域名 weibo. com，与此同时，以“微”为主题的各种新概念喷薄而出，如微电影、微访谈、微营销、微情书等。在新浪微博的影响下，其他媒体、企业纷纷涉足微博业务。而一些比较大的社会事件，如“温州动车事件”“郭美美事件”等，都在第一时间通过微博获得了大面积的快速传播。② 部分对市场较为敏感的企业，率先启动了官方微博，通过这一全新的平台发布企业和产品信息，进行企业网络公关。

在高速发展的今天，人们的时间被碎片化了，人们能够随时随地获取信息并发表看法；在转型期的社会，突发事件的增多又使得微博成为突发事件曝光台和信息源。所以，微博热是当今中国社会发展和技术发展的必然结果。企业只有优先占据了这个“兵家必争之地”，才能更好地抢得网络公关的先机，从而获得物质上的盈利和形象上的建构。

在微博兴起前，企业网站、门户网站、论坛、博客等是企业网络公关的主要渠道。随着微博的流行，企业可以更直接、更迅速地与公众沟通，更充分地与受众进行互动。

微博助力企业的网络公关的作用有以下五种：

首先，是定期宣传。微博作为企业信息发布的媒介，可以宣传企业的产品形象和组织形象。发布的信息主要为产品信息、专业信息和组织信息。但并非所有的信息在微博领域都能获得关注，因此要塑造良好的企业

---

① 赵冰. SNS 病毒传播操作法 [J]. 国际公关，2010 (5)：74 - 75.

② 刘泳华.2011 年中国十大品牌营销事件点评 [J]. 公关世界，2012 (1)：72 - 74.

形象，需要巧妙地筛选与发布信息。以厦门航空为例，厦门航空在微博上以提供航空信息为主，发布出行航班信息、购票信息、打折信息、相关航空资讯和特殊天气情况下航班状况等。由于更新及时，信息丰富，内容亲民，截至 2010 年 12 月 31 日，厦门航空微博数量虽然只有 800 多条，但粉丝超过 36 万人，远超过其他航空公司，排名第一。而如果只是简单地围绕企业自身，发布新闻简报，则难以吸引公众的注意。如当时三星电子的微博公关仍然采取传统的信息单向发布方式，微博内容单一，与受众缺少贴近性，例如“三星精品翻盖手机 S6888 上市”“三星与美国运营商联合推出 Galaxy Tab”和“中国三星总裁为男子田径比赛颁奖”等，采用传统新闻式的标题，让人感觉只是单纯地将同一信息机械地发布于不同媒介，这种生硬的信息传递方式使得三星的粉丝还不到 1 300 人，远低于同期超过有着六万粉丝的诺基亚官博和有着两万粉丝的 LG 官博。

其次，是互动交际。微博作为企业与受众交际的渠道，可以便捷地与受众进行交流，拉近双方的情感距离，建立良好关系。其特点是沟通直接，形式灵活、信息反馈快、富有人情味，在加强感情联络方面效果突出。[①] 美宝莲始终将微博作为与客户交流的重要渠道，它以友好的态度与消费者进行交流，对于消费者的问题基本上有问必答。其交流范围涉及美妆护肤，以及美宝莲自身产品性能以及价格等。美宝莲还在微博中积极寻找产品使用者发布的相关内容，主动转发并表示感谢，注重与消费者互动，使受众具有参与感和被重视感。在微博这个将信息加以放大的空间里，更多的受众参与其中，提升了美宝莲的关注度，提高了受众对该品牌的美誉度，更塑造了良好的企业形象。

再次，是提供服务。企业通过微博以实际的服务吸引公众，使组织与公众之间的关系更加融洽和谐，为组织提高社会信誉。相宜本草的微博内容多数围绕女性消费群体而展开，提供了大量有关女性保养护肤的常识，比如冬季补水的小贴士、睡眠面膜小知识、熬夜皮肤保健等女性关注的信息，这些专业的护肤信息吸引了众多受众的注意。根据自身企业产品定位，发布相关领域的专业信息，可以使一个品牌或者企业在专业信息发布方面拥有话语权，从而获得受众的青睐，吸引受众的关注。戴尔官方微博的重要功能之

---

① 谢婧. 论微博在企业网络公关中的应用 [J]. 新闻世界，2011 (4)：79 - 80.

一就是为客户提供线上咨询以及售后服务。在重要位置提供了戴尔维修点的查询网址链接，同时提醒用户对购买、报修戴尔电脑有任何疑问或建议皆可以用微博与戴尔中国进行联系，或者发私信给戴尔中国进行交流。服务式的企业网络公关容易被公众所接受，非常利于提高组织的美誉度。

然后，是策划活动。微博平台设计了一些程序帮助企业在线上进行公关活动。中粮集团于2010年7月19日在微博平台开通“中粮美好”生活页面，并随之展开“美好生活@中粮”的微博活动，点击进入活动页即可直接参与活动的各个版块——“发现美好”通过设置过去、现在、未来等主题，受众可以通过文字或图片展示童年记忆等美好的生活记忆；“相约世博”使用户能够点对点选择与自己同一天去世博的伙伴；“世博闪拍”则为世博园的参观者提供了美好图片的分享平台，而在世博园外的用户，则可以在“粮呈美景”中，将世博图片转发至个人微博。中粮集团将“美好生活”这个理念融入一系列的公关活动之中，让受众在信息的发布与接收过程中能够深入体会到这一理念。活动期间大量粉丝积极参与活动，极大程度地提高了品牌的关注度和认知度。艺龙旅行网的转发微博赠送奖品活动十分频繁，而且奖品多以知名产品为主：Zippo 打火机、爱国者 MP3、免费往返机票加四晚星级酒店、iPad 平板电脑等。活动过程中艺龙旅行网只要求转发微博内容并成为艺龙旅行网的粉丝，同时抽奖过程由北京东方公证处进行公证，增强可信度，这一活动使得艺龙旅行网的粉丝数量节节攀升，为艺龙旅行网的企业形象塑造提供了巨大的机会和空间。企业官方微博还可以与明星联动进行宣传，2010年的南非世界杯期间，联想联合著名足球解说员黄健翔开展了有奖竞猜的活动。黄健翔的微博除了发布世界杯资讯和评球的信息之外，还随机抽取猜中比赛结果的微博用户赠送礼品联想乐 Phone 手机。这些竞猜引来无数微博用户的关注和参与，联想乐 Phone 收到显著的宣传效果。2011年3月，香奈儿邀请微博大V姚晨参加巴黎时装周，于是姚晨的微博上连续几日都是与香奈儿有关的信息，使其品牌获得了极高的关注度与美誉度。①

最后，是危机公关。微博能给企业提供第一时间与公众进行有效沟通的危机公关平台。与传统媒体不同，微博具有裂变式、爆炸式的传播效

① 谢婧，苏畅．微博助力企业网络公关 [J]．公关世界，2011（4）：48-49．

果，其辐射力是以“秒”为单位的传播速度所产生的，一旦企业有负面信息出现，即使在源头能删除，其影响也早就扩散得很远，并成为“既定事实”了。当企业出现危机事件时，微博是企业进行危机公关、表明企业态度和立场的一个及时的重要沟通平台，而CEO微博在此时通常能发挥巨大的作用。如在2010年引起普遍关注的京东艳照门事件中，就成功地通过微博进行了一次危机公关。（一顾客在京东网上商城购买了一台宏碁笔记本电脑，收件当日发现可能是台“翻新机”，用相关软件检测发现硬盘恢复的数据中涉及大量色情暴力内容”），这件事情发生后，京东及时通过微博发出回应：“京东的进货渠道可以确保产品不会有任何问题。只要该笔记本艳照确在产品售出之前存在，当即赔偿他10万元现金！同时给所有看到本微博的网友赠送一把剃须刀。”随后，京东CEO通过新浪微博开展微访谈，有效地化解了这场舆论危机。而在当当网在美上市出现问题时，时任当当网联合总裁李国庆也是通过其官方微博进行紧急公关，并做了深刻的分析解答公众的疑虑，他认为：“一是两家公司因假账被停牌；二是互联网泡沫；三是上市前吹牛皮，上市后业绩没达成；四是马云对支付宝变股‘土改’，这四大原因导致”，之后才得以稳定各投资人和股民们的情绪。[①] 2010年7月，香港媒体一篇报道称霸王旗下洗发水产品含有被美国列为致癌物质的二恶烷。消息一出，各大媒体纷纷报道，一度让霸王身陷品牌危机。霸王集团于当天中午第一时间在官方网站上予以回应，称其产品是安全的，并称报道失实。并且在官网回应后，霸王集团立即开通官方微博，当天从13时33分到17时25分的近4个小时内，霸王连续发布了17条微博，努力向消费者传达“霸王产品是安全的”，之后针对每一个新出现的质疑，霸王都第一时间在官方微博中予以回应；霸王充分利用官方微博发布预告，包括样品送检结果公布时间和行业协会的新闻说明会举办时间；就在危机爆发的第二天，霸王集团在其官网发布了《致消费者的一封信》，同时在官方微博上也贴出了该信的链接地址。通过微博，霸王得以及时地发出事实澄清，并看到消费者的第一反应，挽回品牌形象，拯救危机。[②]

---

① 吴文治. 当当网破发，李国庆紧急微博公关［N］. 北京商报，2011，69.

② 符翩翩. 霸王洗发水的“微博公关”——基于公众流行心理定势的视角［J］. 新闻世界，2011（5）：89-90.

综上所述，微博助力企业的网络公关具有以下十个特征：一是企业和CEO个人都要开通其官方微博；二是可以为某项公关活动设立专门的官方活动微博；三是推广的产品或企业形象应该尽可能接近网友偏好；四是需要充分挖掘品牌故事并制造容易引起关注的话题才能在微博上引发共鸣；五是设计的公关活动互动性要强，并将线上线下相结合；六是公关活动的周期要短；七是在公关活动的不同阶段如果有奖品能更好地刺激网友不断参与；八是有网络意见领袖参与则公关效果更佳；九是需要整合热门的营销手段，如秒杀、团购等；十是必须安排专人运营官方微博，这样才能在第一时间解答网友的疑问或者发现舆情的动向。[①]

① 杨为民. 微博公关成为必争之地［J］. 国际公关，2011（2）：11.

第四章
中国公共关系的发展（2012—2022）

本章关键词： 中国梦、人类命运共同体、五大发展理念、新媒体、讲好中国故事、一带一路、碳中和

第一节 新时代、新理念与新发展

一、“中国梦”：从站起来、富起来到强起来

中国梦，是中国共产党第十八次全国代表大会召开以来，习近平总书记所提出的重要指导思想和重要执政理念，正式提出于 2012 年 11 月 29 日。习近平总书记把“中国梦”定义为“实现中华民族伟大复兴，就是中华民族近代以来最伟大的梦想”，并且表示这个梦“一定能实现”。“中国梦”的核心目标也可以概括为“两个一百年”的目标，也就是：到 2021 年中国共产党成立 100 周年和 2049 年中华人民共和国成立 100 周年时，逐步并最终顺利实现中华民族的伟大复兴，具体表现是国家富强、民族振兴、人民幸福，实现途径是走中国特色的社会主义道路、坚持中国特色社会主义理论体系、弘扬民族精神、凝聚中国力量，实施手段是政治、经济、文化、社会、生态文明五位一体建设。

从对外传播的效果来看，“中国梦”充分体现出中国对于自身发展和国际形势的清晰判断，深刻认识到中国形象重建的现实意义和紧迫性。在

人类悠久的发展历史中，每个民族和国家都形成了自己的政治制度、经济模式和文化特色，每个民族和国家都有自己的梦想，这也构成了人类发展的多元图景。但是，在日益激烈的国际竞争中，并不是每一个民族和国家都能清晰地建构和实现自己的梦想，或者说不能准确、全面和系统地表达自己的梦想。再加上历史和文化的原因，只有少数民族和国家能够表达和输出自己民族和国家的梦想，并将其变成世界向往和普遍通行的价值观和行为准则，无形中变成一种“世界梦想”。因此，“中国梦”的提出是基于中华民族伟大复兴、中国强国富民的战略考量，并且将其放在国家话语和顶层设计的核心进行谋划，具有重要的现实意义和理论价值。①

“中国梦”的提出是一次对外传播的革命，也可以说是国家形象的创新表达。一方面，“中国梦”的提出表明中国对于提高国家话语权和国际地位的渴望，这是大国崛起在文化上的必然要求。近年来，随着经济总量的不断增加和对外交往的日益增多，中国参与世界的深度和广度都在发生深刻变化，现有的对外传播方式和国家形象已经不能适应中国日益增长的文化需求。另一方面，现有国际话语体系是建立在传统的世界政治、经济格局基础上的，世界对于中国的认知与中国对自身的认知之间存在越来越大的差异，原有的国家形象有待提升，中国有权利、有实力参与国际话语体系的建构。在国际舞台上，各国都在对外传播中悄无声息地进行国家形象的宣传和塑造，“中国梦”的提出就是应对严峻的对外传播形势、重建国家形象的重要举措。

二、五大发展理念与人类命运共同体

2015 年 10 月 29 日，习近平总书记在党的十八届五中全会第二次全体会议上的讲话鲜明提出了创新、协调、绿色、开放、共享的发展理念。新发展理念符合我国国情，顺应时代要求，对破解发展难题、增强发展动力、厚植发展优势具有重大指导意义。五大发展理念是对“创新、协调、绿色、开放、共享”价值取向的自觉遵循，向世人呈现出一个创新中国、

① 卢衍鹏. “中国梦”的对外传播与国家形象的重建［J］. 学术论坛，2017，40（01）：150-154+180.

和谐中国、美丽中国、开放中国、幸福中国的国家形象。

中国特色社会主义道路成为中国国家形象的重要表征，而创新、协调、绿色、开放、共享的发展理念，则分别从发展动力、发展路径、发展目的等维度描述了中国特色社会主义道路的特质，从深层次揭示了中国特色社会主义道路的内涵和特色，表明中国特色社会主义道路是崇尚创新、注重协调、倡导绿色、厚植开放、推进共享的发展道路。国际社会从中可以更直接、具体地感知中国国家形象的内涵，感悟中国国家形象的构建。①

新发展理念是彰显中国形象的新元素，为国家形象增添了新内容、注入了新元素。创新发展意味着发展动力的转换，实现从“要素驱动”和“投资驱动”向创新驱动转变，由此展示勇于创新、善于创新、富有智慧、永续发展的国家形象；协调发展注重解决发展不平衡问题，补齐经济社会发展短板，由此展示均衡、和谐和文明的国家形象；绿色发展是生态文明在发展中的体现，践行“绿水青山就是金山银山”，由此展示尊重自然、中国美丽的国家形象；开放发展意味着我国实行互利共赢的开放战略，发展更高层次的开放型经济，积极参与全球经济治理和公共产品供给，构建广泛的利益共同体，展现担当、友善、互利、共赢、和平的国家形象；共享发展在于着力缩小收入差距、城乡差距，使全体人民有更多获得感，由此展示社会公平、共同富裕、人民幸福的国家形象。因此，实践新发展理念能够从不同维度、不同层次展示和提升国家形象，为塑造中国国家形象提供新机遇。

2020年9月23日，国家主席习近平在第七十五届联合国大会一般性辩论上发表重要讲话中，强调建设生态文明和美丽地球的重要性与紧迫性。中国向世界作出承诺“中国二氧化碳排放力争于2030年前达到峰值，努力争取2060年前实现碳中和”。② 这是中国践行创新、协调、绿色、开放、共享的新发展理念的重要表现，向世界传递了负责任的大国形象。

人类只有一个地球，各国共处一个世界。2012年11月党的十八大明

---

① 竟辉. 五大发展理念的“中国形象”[J]. 理论建设，2016（03）：23-27.

② 中国日报网. 习近平在第七十五届联合国大会一般性辩论上的讲话（全文）[EB/OL]. 20200923/20220901. https://baijiahao.baidu.com/s?id=1678597110426202250&wfr=spider&for=pc.

确提出要倡导“人类命运共同体”意识。习近平就任总书记后首次会见外国人士就表示，国际社会日益成为一个你中有我、我中有你的“命运共同体”，面对世界经济的复杂形势和全球性问题，任何国家都不可能独善其身。“命运共同体”是中国政府反复强调的关于人类社会的新理念。2011年《中国的和平发展》白皮书提出，要以“命运共同体”的新视角，寻求人类的共同利益和共同价值的新内涵。

政治上，继续走对话协商道路，追求持久和平。中国对内应不断完善社会主义民主制度，不断提高国民的参政议政能力和政治素养，同时也通过国内政策的制定和实施影响国际政策的制定和实施，为国际社会展示一个国民政治素养较高、政治文化先进的大国形象；经济上，中国对外继续发挥好中国经济在全球经济发展中的火车头作用，始终秉持“合作共赢”的理念，继续推进“一带一路”建设和“亚投行”等合作项目，积极捍卫自由贸易和多边体系。中国对外的开放程度越来越大，同其他国家的合作越来越多，但绝不利用发展经济之便干涉别国经济发展方向、不涉足别国政治领域；文化上，中国对外始终坚持不搞文化霸权，不强行输出本国文化这一理念，摒弃文化有优劣之分的观念，同其他文化积极交流互鉴，以丰富世界文化多样性；生态上，继续坚持绿色发展理念，实现地球清洁美丽。中国对内应继续坚持“绿水青山就是金山银山”的发展理念，坚持保护环境的基本国策，提升国民环保意识，加强污染防治力度，进一步完善创建卫生城市以及社会治理的举措，坚决打赢蓝天保卫战，为国际社会展示一个清洁美丽的中国形象。与此同时中国也要为解决这些问题提供相应的技术和资金支持，配合其他国家共同守护绿色地球，向世界展示一个负责任大国的形象；安全上，继续秉持共商共建共享原则，寻求普遍安全，为国际社会展示大国形象。[①]

人类命运共同体理念是中国提出的关于全球治理的中国方案，无论是其科学内涵还是价值意蕴都在一定程度上符合了全世界人民的期望，中国积极宣传和构建人类命运共同体，为世界发展注入了中国力量，这对中国构建良好的国际形象具有重要意义。

---

① 常荣娟，孙昀昕，常晴．人类命运共同体视域下中国国家形象构建探讨［J］．现代商贸工业，2021，42（21）：106-107.

三、讲好中国故事与大国形象

2021年5月31日，习近平总书记就加强我国国际传播能力建设主持中央政治局第三十次集体学习时指出："要加快构建中国话语和中国叙事体系，用中国理论阐释中国实践，用中国实践升华中国理论，打造融通中外的新概念、新范畴、新表述，更加充分、更加鲜明地展现中国故事及其背后的思想力量和精神力量"。[①]

中国大国形象战略不仅在理论上丰富和发展了马克思主义国家观，为中国特色社会主义大国形象思想谱写了新篇章，而且在实践上开创了我国文明大国形象、东方大国形象、负责任大国形象、社会主义大国形象的新纪元。中国大国形象战略，是以习近平同志为核心的党中央在深入研判世界发展态势、准确把握中国历史文化基因和实践特色的基础上，集中全党和全国人民智慧，不懈进行理论和实践探索的结晶。

讲好中国故事是大国形象传播的新要求。习近平总书记指出："讲中国故事是时代命题，讲好中国故事是时代使命。"这意味着，要把讲好中国故事放到国家形象塑造这一时代战略中去思考、定位和摆布。讲好中国故事，必须有"故事"，要善于从中国道路的开创、中国奇迹的取得中挖掘生动素材；必须"讲"故事，要善于把握国外受众关切，在故事中激发人性的共鸣；必须讲"好"故事，要善于主动出击，"先声夺人"，主动在国际舆论场中阐明我们的观点、表明我们的态度，才能构建好国家形象。

讲故事是舆论传播的通行方法，也是社会沟通的有效办法。今天，中国逐渐走近世界舞台中央，世界需要了解中国；中国被世界理解，需要我们共同讲好中国故事。向世界展现真实、立体、全面的中国形象，就是要主动宣传新时代中国特色社会主义思想，主动讲好中国共产党治国理政的故事、中国人民奋斗圆梦的故事、中国坚持和平发展合作共赢的故事，让世界更好了解中国。从《习近平谈治国理政》全球发行超过百万册，到"一带一路"倡议中精彩纷呈的文化交流活动；从中央媒体开设英文客户

---

① 田鹏颖. 光明日报. 加快构建中国话语和中国叙事体系［EB/OL］. 20210607/20220901. https://epaper.gmw.cn/gmrb/html/2021-06/07/nw.D110000gmrb_20210607_1-02.htm.

端主动发声，到中国主流题材电影打入世界电影市场，曾经我国在国际舆论场中一度处于“失语”状态，但凭借着精心的策划、创新的方式，在着力打造融通中外的新概念、新范畴和新表述方面也下了一番功夫，才获得了今天的成绩，真正实现了把中国故事讲遍世界，把中国声音传遍全球。

“善其谋而后动，成道也”。讲好中国故事是外宣工作的基本方法，也是增强中华文化影响力的基本途径。坚持以我为主、兼收并蓄，不断推进国际传播能力建设，讲好中国故事，向全世界展示强起来的中国形象，让世界看到真实、立体、全面的中国。

党的十八大以来的新政策和新理念为中国公共关系的发展提供了更加广阔的舞台与空间，五大发展理念本身就是公共关系思想的最好体现，而讲好中国故事更需要对公共关系的理论与方法的应用。

第二节　政府公关全面发展

一、政务微博

随着新媒体、新技术的不断发展与综合应用，中国政务微博蓬勃发展，实现了从以信息发布、信息公开为主向深化政民互动、组织舆论引导、提升政务服务为主的方向转变。从 2012 年到 2014 年政务微博普遍兴起，实现大范围应用，其信息内容更加丰富，活跃程度进一步提升，服务水平也有了质的飞跃，《2011 年新浪政务微博报告》显示，截至 2011 年 10 月底，新浪微博认证的政务微博总数突破 6 万。政务微博在短短几年内成为政务部门权威信息发布、政民互动提升、网络舆论引导和公共服务提供的重要阵地，也成为政务部门进行公关活动和形象提升的窗口。

2012 年，新浪平台上的政务微博除继续保持数量持续增长外，在覆盖面、微博质量、应用水平、综合影响力等方面呈现出不断提升的趋势。2012 年，新浪政务微博数净增 41 932 个，增长率达 231%。[①] 更值得一提的是，新浪政务微博的活跃度保持领先。据统计，截至 2012 年 12 月，

① 人民网舆情监测室.2012 年新浪政务微博报告［R］.2012：23.

新浪政务微博发博总数为 31 894 816 条，平均每个政务微博发博数约为 531 条。[①] 国家行政学院发布的《2012 年中国政务微博客评估报告》显示，政务微博从最初的以信息发布为主，逐渐发展成集信息公开、舆论引导、政民互动、为民服务等为一体的新媒体平台，政务微博已进入务实应用发展的新阶段。这一年，基层微博和中央部委微博齐头并进。58 万个覆盖了各地、各部门的基层政府机构和公职人员微博成为政务微博发展的中流砥柱，通过微博服务公众，在关键时刻能够通过微博发出声音，显示出了巨大的影响力。同时，包括外交部、公安部、卫生部、商务部、文化和旅游部等在内的 20 个国家部委及下属部门积极开通微博倾听民意，体现了中央部委对“微博问政”渠道的重视。2012 年 11 月 9 日，@国务院公报微博通过新浪微博认证，意义重大。新浪政务微博成为各地、各部门、各层级政府执政为民、行政亲民的有力渠道，成为我国各地政府部门首选的最具影响力的政务平台。与民互动，为民办事，是政务微博的最终发展方向。2012 年，基于 6 万政务微博的数量，新浪微博平台上的政务微博开始进入务实应用的发展阶段。联合万余公安微博举办“派出所的一天”微博直播活动、携手 13 个省地的政务微博开办微博办事厅设立“民生服务日”、中共十八大期间邀请各省领导发表微博寄语向新浪微博网友表达执政心声、打造“微政道”沙龙带动政务博线下交流运营之道……为助推政务微博应用模式的丰富性和实用性，新浪政务微博在产品服务、联动协作、搭建线下交流平台等方面都做出了积极尝试。[②]

2013 年，政务微博的发展得到进一步重视。据人民网舆情监测室统计，截至 2013 年 10 月底，新浪平台上的政务微博有 100 151 个，其中包括机构微博 66 830 家，公职人员微博 33 321 位。相比前一年同期增长 4 万余个，增长率超过 60%，[③] 保持了较高的发展速度。2013 年 10 月 15 日发布的国务院办公厅《关于进一步加强政府信息公开回应社会关切提升政府公信力的意见》（国办发〔2013〕100 号）要求各地区各部门应积极探索利用政务微博、微信等新媒体。2013 年 10 月 11 日，中央人

---

① 人民网舆情监测室.2012 年新浪政务微博报告［R].2012：23.

② 人民网舆情监测室.2012 年新浪政务微博报告［R].2012：3.

③ 黄膺旭，曾润喜. 官员政务微博传播效果影响因素研究——基于意见领袖的个案分析［J]. 情报杂志，2014，33（09）：135－140.

民政府门户网站官方微博和官方微信上线。中央政府的示范效应和具体的指导意见，为政务微博的发展注入了新动力，对政务微博的进一步发展起到了良好的示范和带动作用。2013年也是我国中央部委微博大发展的一年。据统计，截至2013年12月，共有77家中央部门或其直属机构在新浪开通政务微博。[①] 中国人民银行、国资委、国土资源部、证监会、保监会、中科院等一批“国字头”官方微博陆续开通。12月18日，国务院办公厅政府信息公开办公室在新浪开通了“中国政府网”政务微博，引发舆论关注。上述国家级微博的开通，成为2013年政务新媒体发展的最大亮点。部委微博运营良好能起到政府信息公开的表率作用，为基层政务微博提供经验借鉴，对于推动和引领各垂直领域政府部门政务微博发展有着重要意义。[②]

截至2014年12月31日，新浪微博平台认证的政务微博达到130 103个，较2013年年底增加近3万个。其中党政机构官方微博94 164个，公务人员微博35 939个。2014年之后全国各级政务新媒体活跃度进一步提升，内容更加趋向于多元化，风格更加亲民，互动更加频繁，政务微博已成为各级政府部门发布权威信息、加强政民互动、引导网络舆论、提供公共服务的重要阵地和信息化建设的重要组成部分。2014年全国政务微博原创率已超过60%，接近三成政务微博账号的原创率达到80%以上，越来越多的政府部门更加重视政务微博的运营质量，有地区特色、体现核心职能的优质账号受到网民热捧。更多的政务微博选择用多媒体信息（图片、视频、音乐、漫画等）的形式来进行内容运营，增强了政务微博的亲民性，也更加符合新媒体传播规律。各级政务机构开始利用微博进行政务公开。“@最高人民法院”利用微博推进司法公开工作，全国四级法院微博开通率达到了90%以上；“@公安部打四黑除四害”成为首个粉丝突破千万的政务微博。基层政务微博成为全国政务微博的发展基石，把许多基层矛盾化解在源头，真正做到了“线上沟通、线上解决”。[③]

---

① 中华人民共和国民政部. 简析政务机构微博的定位［EB/OL］. 20140628/20190106. http://xxzx.mca.gov.cn/article/dzzw/201407/20140700665036.shtml.

② 人民网舆情监测室.2013年新浪政务微博报告［R］.2013：1-2.

③ 人民网舆情监测室.2014年度人民日报政务指数报告［R］.2014：11-45.

政务微博在群众观念、媒体素养、积极心态、时效性、透明度、理性建设、组织保障、制度建设、管理规范、舆情应对、执政能力和危机管理思维等方面更加趋于成熟；在社会管理创新、政府信息公开、网络舆论引导、倾听社情民意、接受网民监督、树立政府形象等方面起到了积极的作用。尤其在此阶段政务微博的自媒体意识显著增强，政务微博逐渐成为应对公共突发事件的“标配”。[①]

根据人民网舆情监测室发布的《2011 年新浪政务微博报告》，政务微博在此阶段经历了六大传播模式的探索，即公安微博多元模式、政务微博发布厅模式、“问政银川”模式、突发舆情应对模式、官员微博带动模式、“微博公文”模式，[②] 从 2012 年起诸多政务微博发布厅上线，进行资源整合，各级职能部门垂直系统微博和区县基层政务微博朝着集群化、融合化的趋势发展，政务微博经历了由功能单一的问政渠道向办公平台拓展。[③]

单从账号数量分析来看，近两年政务微博的数量在不断迅猛增长，逐渐成为政府机构信息公开的“标准配置”。然而，在政务微博数量爆发式增长的过程中，不少地方存在一哄而上的现象，由于管理和维护制度的缺失，“僵尸微博”“作秀微博”等老问题依然比较严重，为数不少的政务微博自其开通之日起，就停留在了只“开”不“发”的状态，不但没有有效利用微博便捷、亲民、高效的特点，反而对政务部门的公众形象带来了不利影响。[④]

在本阶段，学者们认为政务微博在塑造政府形象，发布政务信息，解决线下问题，畅通民意、网络问政、舆论监督、舆情引导、应急救援、宣传推广等方面取得了相当大的成绩。与此同时，政务微博在发展初期仍存在着概念定位模糊、理念落后、制度机制缺乏、工作事务问题众多、人才匮乏、官员微博公私身份矛盾等问题。[⑤] 基于 2012—2014 年十大政务机构微博影响力排行榜（见表 4 - 1），不可忽视的是影响力一直排在前两位的

---

① 人民网舆情监测室.2011 年新浪政务微博报告 [R].2011：85 - 86.

② 人民网舆情监测室.2011 年新浪政务微博报告 [R].2011：70 - 84.

③ 人民网舆情监测室.2012 年新浪政务微博报告 [R].2012：88 - 89.

④ 丁艺，王益民，余坦.2013 年中国政务微博评估报告：发展特点与建议 [J]. 电子政务，2014 (5)：28.

⑤ 李晓娜，陈文权. 我国政务微博发展现状及理论研究综述 [J]. 云南行政学院学报，2014 (4)：89 - 93.

“上海发布”。“上海发布”是上海市政府新闻办公室的官方微博，也是上海地区乃至全国政务微博中最具权威性和影响力的政务微博之一，于2011年11月上线。“上海发布”的微博内容包括发布型、互动型和参与型三类：发布型包括推送新闻和发布服务类信息为主；互动型表现为微博管理人员和粉丝之间进行的互动，主要以回答公众提出的问题和在线征询网民意见为主；参与型微博则体现在信息传播首先是在公众之间，最后辐射到政府，网民的参与直接影响政府的关注并产生最终的政策。[①]

表4-1　2012—2014年十大政务机构微博影响力排行榜

影响力排行	2012年	2013年	2014年
1	上海发布	上海发布	公安部打四黑除四害
2	平安北京	成都发布	上海发布
3	成都发布	中国地震台网速报	平安北京
4	平安中原	外交小灵通	江宁公安在线
5	公安部打四黑除四害	公安部打四黑除四害	中国地震台网速报
6	南京发布	平安北京	广州公安
7	广州公安	北京发布	深圳交警
8	警民直通车——上海	中国旅游	成都发布
9	上海铁警分布	平安中原	南京发布
10	外交小灵通	微博云南	深圳公安

资料来源：整理自人民网舆情监测室：2012、2013、2014年度《人民日报》政务指数报告。http：//yuqing. people. com. cn/GB/392071/392730/index. html.

此外，在2012至2014年发展期间，《2014年度人民日报政务指数报告》将“@江宁公安在线”微博认定为基层政务微博中全国影响力较大的平台，可谓是政务微博发展典范。“@江宁公安在线”是南京市公安局江

① 王思雪，郑磊. 政务微博战略定位评估——以“上海发布”为例［J］. 电子政务，2012（6）：29-37.

宁分局的微博平台，于2011年试运行，并于同年正式上线，旨在应对群众需求，发布治安、交通、协查等公安信息，宣传公共安全知识。“@江宁公安在线”以其贴近网民生活的微博内容和富有亲和力的语言风格著称，在短短一年的时间里，成功从默默无闻的公安分局微博，成为被网友称为“史上最萌警察蜀黍”和“江宁婆婆”，并被媒体评价为“宣传因时制宜”和“内容突显亲和度”的政务微博。

时刻不忘向网友“卖萌”的“@江宁公安在线”微博热门关键词中当然少不了“警察蜀黍”等词汇。作为新浪微博社区委员会专家成员，积极参与辟谣活动的“@江宁公安在线”也时常向网友“科普”关于迷魂喷雾、短信诈骗等谣言的真相。此外，“@江宁公安在线”也注重发布南京本地信息，履行了服务本地网友这一基层政务微博的重要职责。“@江宁公安在线”微博传播特色主要体现在：① 定位精准，主打卖萌；② 结合热点设计微博，扩大传播力度；③ 互动频繁，注重服务；④ 做“三观”端正的政务微博。[①]

2021年，微博发布的《2020微博用户发展报告》显示，政务蓝V账号总数已达14万，政务蓝V粉丝总数超30亿，其中90后与00后粉丝量占比约60%。政务官微数量占比前5分别是：公安（15%）、团委（12%）、外宣（8%）、基层组织（6%）、党委（4%）。[②] 由此可见，政务微博的规模进一步扩大，并在年轻一代中拥有广泛影响。

二、政务微信

微信，作为一种移动式便捷接收、资讯即时抵达、掌上便民服务的新政务媒介，正在日渐影响和改变着我们的生活方式和政民互动的渠道。政务微信，指政府官方部门注册的微信公众账号，各级各类政府部门在微信平台上发布公共政务信息、时政新闻、政策法规等内容，为用户提供公共服务，实现网络社会管理的创新，被称为“指尖上的政民对话”。这一继政务微博之后出现的新兴政务平台，逐渐成为推动社会治理创新的重要力量，[③]

---

① 人民网舆情监测室.2014年度人民日报政务指数报告［R］.2014：58-65.

② 微报告. 微博2020用户发展报告［R］. 20210312/20220901. https：//data. weibo. com/report/reportDetail?id=456.

③ 郭泽德. 政务微信助力社会治理创新——以“上海发布”为例［J］. 电子政务，2014（4）：76-83.

开创了网络问政的新局面。政务微信作为新媒体使用的典范，正逐渐撬动“社会舆论新格局”，这个撬动的“支点”正是基于微信平台的互动性和精准性。[①] 政府部门与网民的互动越来越多地转移到微信平台上来，形成了“微信治理”“微信行政”和“微信问政”的一体化公共服务平台。

在2012年8月微信正式推出公众账号功能后，政务微信公众号随之逐步发展。2013年10月1日，国务院办公厅发布的《关于进一步加强政府信息公开回应社会关切提升政府公信力的意见》提出，“各地区各部门应积极探索利用政务微博、微信等新媒体，及时发布各类权威政务信息”。在政策的推动下，政务微信逐渐成为政府信息公开、舆论引导、服务升级的重要平台。

2012年8月30日，广州市白云区政府应急办首开政务微信之先河，设立了“广州应急—白云”公众号，次日便被用于发布广东河源的地震信息。[②] 2013年3月11日，北京市公安局正式开通官方微信平台“平安北京”，这是首个通过腾讯微信认证的省级公安机关官方微信。北京对政务微信的重视与示范效应，在当时尚对“政务微信”持观望态度的其他省市公安机关指出了肯定和“领跑”的发展方向。以此为标志性时间节点，后续全国公安政务微信进入全面快速发展阶段。

据不完全统计，截至2014年1月1日零时，全国政务微信公众账号总量超过3 611家。除台湾地区外，政务微信全面覆盖中国34个省级行政区，以及香港和澳门特别行政区。同时，随着微信国际化的发展，我国政府驻外机构政务微信公众账号发展到5个，外国驻华机构在微信公众平台上开设的涉外类政治账号为43个。而腾讯的数据显示，在超过5万个经认证的微信公众账号中，政务微信约占6%，与政务微博超16万的总量相比，政务微信方兴未艾。

2014年腾讯研究院联合微信团队发布的《“互联网+”微信政务民生白皮书》显示，2014年政务微信实现了全面发展，全国总量突破4万个。

---

① 庞胡瑞，单学刚．政务系统“微信风”已经蔚然成形［J］．人民论坛，2013（22）：68-69.

② 张军华．新媒体时代下我国政府传播策略研究——以政务微信“广东发布”为例［D］．暨南大学，2015.

截至2014年12月31日，全国政务微信总量达到40 924个，全面覆盖了全国31个省份的党政部门、直属事业单位和社会团体等主体，其中东部地区引领全国发展，广东位居榜首，省市级部门开通的政务微信总量占比84.7%。越来越多的政务微信顺势而生，用微信接收时事资讯、进行生活缴费等已成为人们生活中不可或缺的一部分。

如果说2012年人们对政务微信的认知还停留在信息发布的“第三种途径”，那么2014年之后和未来的政务微信已经成为政府与民生、人与公共服务之间的“连接器”，越来越多有价值的、个性化的服务功能在政务微信平台上“生根开花”，政务微信已然成为政府实施政策、提供公共服务、进行社会管理的新平台。[①] 例如，广东省肇庆市公安局推出的官方微信“平安肇庆”，为用户提供了关于户口、车管所、出入境等信息，让用户足不出户就可以通过微信平台办理各项业务，为民众提供了极大的便利；成都市政府新闻办管理的政务微信平台“微成都”在四川雅安发生地震的19分钟后，发布了一条涉及震级、震源、影响范围等信息的微信消息，13万“微成都”的关注者收到微信消息后，从广场和空地上散去，使成都市恢复了正常秩序；广州公安部门开通的政务微信平台“广州公安”能够为关注了公众账号的市民办理港澳通行证再次签注、身份证办理、交通违章查询、机动车年审预约、实时路况查询等业务，市民还能通过微信公众平台与值班干警在线语音，反映治安问题。[②]

相较于政务微博，政务微信体现出一系列独特之处：微信的指向性和功能性更强，用户更容易在政务微信中找到特定的功能，获得需要的服务；微信公众号所发布的内容不会被大量其他的信息淹没，用户可以方便地随时查看；微信公众号与用户之间的互动更具私密性，不会被其他人看到，有利于受众的隐私保护。[③] 政务微信所具备的传播优势包括精准覆盖、点对点的信息传播提高了信息到达率；对话私密性、隐蔽性强，使用户隐私得到保护；一对一的对话能提供零距离的官民互动渠道，更易建立亲密的沟通关系等。借助微信公众平台，政府部门能够扩大政务服务的受众

---

① 李勇，龚小芳，田晶晶. 微信平台政民交互的方式及其特点探析 [J]. 电子政务，2015 (11)：51-58.

② 王芳，张璐阳. 中国政务微信的功能定位及公众利用情况调查研究 [J]. 电子政务，2014 (10)：58-69.

③ 王玥，郑磊. 中国政务微信研究：特性、内容与互动 [J]. 电子政务，2014 (1)：66-77.

面，打造移动化的民生服务平台和创新型的公共服务空间。[①]

在传播主题方面，政务微信作为现代政府在社会化媒体时代的服务平台，其传播主题主要为公共服务。微信公众号的信息发布是受限制的，普通公众账号24小时内只能发布一次信息，因此它无法像微博账号那样呈现出即时性、碎片化的特点，在传播即时信息和突发信息方面，微信公众号并不具有优势。但它的优势在于所发布信息的容量不受限制，恰好公共服务性信息对时效性的要求并不是特别高，因此可成为政务微信最主要的主题，如可将“上海发布”公众号的内容主题可归纳为公共服务类信息、新闻报道类信息、政策传达类信息、活动动员类信息、文化历史类信息等，其中公共服务类信息占比最大。[②]

在传播方式方面，微信公众号可提供文字、图像、视频、音频、超链接等多媒体格式信息，其最大的特点在于整合了不同的信息形态。信息传达的准确性和吸引力能够使社会治理取得更好的效果。无限制的篇幅能够保证信息的具体性和全面性，图像、音频和视频可用以诠释信息情景，弥补文字描述的不足，让用户获得更好的视觉观感。

在传播主体的定位方面，政务微信应做到准确定位。由于不同类型的政府机构具有不同的职能，其相对应的政务微信平台的功能也不尽相同。根据发布主体的职能来分类，可将政府微信分为以信息发布为主的订阅号（如宣传部门、共青团等）、以公共服务业务办理为主的服务号（如社会保障、医疗服务等民生服务部门）、具有支付功能的服务号（如交警、卫生局、水电气等具有支付要求的政府部门）等。[③] 是综合类信息发布平台，还是针对某一具体分类的服务平台，是面向全国，还是定位本地，是注重规模，还是追求品质，传播主体对于这些问题都应有清晰的认知。在微信公众号的风格设计、内容策划、语言表达、菜单结构等方面，都要在传播主体目标定位的引导下进行设计，与传播主体的属性保持一致。

在双向互动方面，政府部门能更好地利用公众平台实现回应社会诉

① 张庆娜. 政务微信发展策略探析［J］. 今传媒，2014（11）：122-123.

② 郭泽德. 政务微信助力社会治理创新——以“上海发布”为例［J］. 电子政务，2014（4）：76-83.

③ 王芳，张璐阳. 中国政务微信的功能定位及公众利用情况调查研究［J］. 电子政务，2014（10）：58-69.

求。微信公众平台能够设置各种不同的回复方式，对用户各方面的需求进行答复，这为政府部门回应社会诉求提供了较强的能动性。微信公众平台有自动回复和人工回复两种方式。自动回复又包括被添加自动回复、消息自动回复和关键词自动回复三种。政务微信平台可通过设置自动回复方式和对应关键词，让用户方便查询信息，既能够节约社会治理成本，也有助于提高社会治理效率。平台互动还体现在自定义菜单上，可通过设置政务微信平台中的自定义菜单的选项和内容，让用户通过轻松点击获取相应信息，极大地增强了公众平台与用户之间的交互性，拉近了政府部门与百姓之间的距离。

在传播路径方面，首先，政务微信通过自身公众号平台进行发布，在内容生产完成之后的第一时间完成首次传播；其次，与政务微博进行联动传播，“双微”平台相互配合联动传播，将传递消息与提供服务紧密结合；再次可逐步扩散至政务微信联盟的矩阵传播，如“上海发布”公众号整合了上海教育、上海交通、上海发展改革、乐游上海以及上海各区的政务微信公众号等，组建了上海政务微信联盟，搭建了快速立体的传播管道，建立了整体发声机制，利于重大事件中整体协调；最后也可应用至与其他平台合作推广的集群传播，通过借助其他媒介，如政府网站、新媒体等进行宣传联动，扩大服务覆盖面，完成散发式传播。[①] 在政务微信发展过程中，有一些政务微信号起到了引领作用，是当时具有一定特色和借鉴意义的政务微信，比如服务型政务微信，打造创新型便民服务窗口的“武汉交警”公众号和带头政务公开的“中国政府网”公众号。

“武汉交警”公众号系武汉市公安局交通管理局官方微信，于 2013 年 8 月上线，旨在为公众提供交通违法查询、服务提醒、交通路况资讯、交管信息等服务。该微信公众号有两个特色：首先是司机助手，专业搜索。“武汉交警”公众号将“违法查询”设置为独立板块，其中包括“我的违法”“违法查询”以及“账号管理”三方面内容，民众只要输入相关号码即可随时查询违法违章情况。此外，该微信还通过后台的技术开发，使网友在打开路况地图页面后自动定位，为其出行提供了方便。其次是动态与

① 何焰，阳美燕. 政务微信的内容传播探析 [EB/OL].20150811/20180723. https://www.docin.com/p-1254453330.html.

规制，尽在掌握中。政务微信的核心应用主要侧重于两方面：一是后端的移动政务办事服务平台应用，比如通过智能化信息库建设，公众足不出户就可以了解办事的业务流程，或者通过及时回应公众的咨询、投诉、举报等，实现政民之间“点对点”的客户服务系统；二是前端的主动发布，比如及时发布辖区的政务信息、民意调查、警情舆情等，使政务微信成为应急管理、舆情应对和组织动员的媒介应用。“武汉交警”属于“点对点”客户服务系统的典范，特别是它的“办事指南”，为需要办理与交通有关手续的公众提供了“按图索骥”的便利。①

“中国政府网”公众号系国务院办公厅政府信息公开办公室的官方微信，于2013年10月上线。其推送内容包括政治、经济及文化等多个方面，功能定位是立足政策、落脚民生，内容主要包括“领导人出行、访问”等。“政策解读”与“重大批示”是“中国政府网”微信公众号的“拳头”和“主干”内容，并因其信息发布的权威性而备受关注。例如，在“政策解读”类内容中，添加“中央编办负责人就行政审批制度改革答记者问”等；在“重大批示”类内容中，及时添加“李克强总理对浙江温岭医生被刺身亡暴力事件作出重要批示”等，都彰显了其权威性。“中国政府网”微信公众号所关注的内容均关涉国计民生，大事不缺，“小情”也有。例如，既有《国务院关于化解产能严重过剩矛盾的指导意见》这样的“大事”，也有类似“节假日放假时间的意见征集”这样的身边“小情”。“中国政府网”微信公众号关注的内容以政治与经济领域为主，同时发布重大政策与领导指示。例如，对“统计局新闻发言人介绍2013年前三季度国民经济运行情况”的直播属于经济领域的内容，而对“十八届三中全会精神”的相关播报则属于政治领域。②

2016年4月，腾讯团队正式上线了企业微信功能，截至2017年12月底，企业微信已渗透超50个行业，在政府应用方面亮点突出。例如，广东省运用企业微信作为河长管理平台，由各级党政主要负责人担任“河长”，成为河流管护第一责任人，负责属地河流生态环境管理。通过移动应用改变传统的政府行文沟通方式，大大提高行政效率。

---

① 人民网舆情监测室.2013年腾讯政务微博和政务微信发展研究报告[R].2013：67-70.
② 人民网舆情监测室.2013年腾讯政务微博和政务微信发展研究报告[R].2013：57-58.

2017年10月18日，党的十九大报告中提出“乡村振兴战略”。为助力扶贫工作，政务微信搭建了移动扶贫平台，紧密连接扶贫干部与群众。平台功能丰富，有针对“扶贫队伍管理”的干部考勤、工作汇报等，有针对“贫困户管理”的信息采集、帮扶记录、统计分析等。通过移动应用和数据管理切实提高扶贫效率。[①]

第三节　新媒体时代危机公关

一、突发事件的公关应对

突发事件中政府的公关活动涉及国家、集体及每一个公民的切身利益。[②] 20世纪末以来，新媒体日益成为广大民众针对各种公共事件发表各自意见的重要渠道，尤其是在面对公共危机事件时，新媒体会“放大”负面网络舆论，会给各级政府造成极大的压力。

对于政府危机公关而言，针对新媒体的特点，由被动应对民众的质疑转为主动进行宣传引导，实现与广大民众的有效沟通，促进公共危机事件的解决，是十分必要的。媒体环境下公共危机事件，以前所未有的速度和广度为人所知，并且由于网民可以随时根据自己所了解的信息而不断追加相关内容，政府在应对公共危机事件时面临巨大的挑战。[③] 不同于传统社会，在现代社会随着互联网的普及，公共危机事件的影响力被无限放大，传播呈现“波纹效应”。手机微信、微博等新媒体的兴起使民众快速获取信息的同时，也为民众提供了发布信息、交流信息的平台。越来越多的民众也开始关注公共意识和公共话语权的提升，使得公共危机事件的信息发布、舆论管理复杂化。[④]

---

① 企业微信. 企业微信与政务微信行业发展白皮书 [R]. 20181109/20220901https://weibo. com/5877022208/H1U43Cr9e?type=comment&layerid=4304538439160824.

② 余虹霖. 突发事件中的政府危机公关策略研究 [D]. 江西财经大学，2014.

③ 黄朗，文丰安. 新媒体环境下的政府危机公关策略分析 [J]. 河南社会科学，2014 (2)：64-67.

④ 周枫. 新媒体时代政府公共危机管理研究——基于4R理论视角对于上海外滩踩踏事件的分析 [J]. 管理观察，2017 (24)：45-49.

新媒体信息的高速传播使政府危机公关的准备时间大为缩短，政府应对公共危机解决问题的难度也相应增加。政府的信息主导权被分散，面对危机信息扩散的情况，很难锁定相关信息的真正来源，难以瞄准某一特定目标群体。此外，从新媒体的传播渠道上看，QQ、微信、微博等网络信息传播工具向公众传播信息的广度、速度，都是过去任何传统媒体所无法比拟的，传统的政府危机公关策略显然已不适应新的需要。新媒体传播形式和内容的多样性，也影响了政府对网络参与者主要诉求的判断，使其难以掌握网络舆论的发展方向。①

在新媒体环境下，以微博为例，政府应对危机主要存在以下三个难点：

首先，“把关人”对微博舆情的监管弱化。在微博环境下，一是微博平台对信息的把关缺乏规范性，“把关人”在数量、质量方面都存在不足。二是微博以商业利益而非政府、公众利益作为把关出发点。三是微博信息传播模式为多对多，增加了微博舆情监管的难度。四是微博舆情监控方面的法律制度尚不完善。

其次，部分政府机关人员存在素质差、能力不足的情况。在对微博舆情危机进行应对的过程中，政府工作人员态度、观念、素质、能力等方面依旧存在较大缺陷，导致政府在对微博舆情危机进行处理的过程中出现处理方法不妥当等问题，且用封锁、否认等方式对真实情况进行处理，会使舆情危机再次升级，引发民众对政府更加严重的不满情绪。此外，政府工作人员对微博话语系统适应性较差，在对危机进行处理的过程中会出现用语不当的情况，不利于危机的处理。

最后，政府危机公关管理机制不完善。微博舆情危机具有较大的危害性，通常会引发网络群体性事件，导致政府的形象遭到严重破坏。在此类事件发生之后，而政府在处理的过程中难免会力不从心，主要的原因包括：一是，我国的网络危机检测与预警系统不健全，不能对负面舆论的传播进行及时的制止。二是，我国政府部门权责分配不明确，在对危机进行处理的过程中缺乏合作与交流，处理效率偏低。②

---

① 黄朗，文丰安．新媒体环境下的政府危机公关策略分析［J］．河南社会科学，2014（2）：64－67．

② 丁智擘，孟祥斌．微博舆情背景下政府危机公关的现状及应对措施［J］．新闻研究导刊，2015（3）：12．

自2012年起新媒体高速发展，危机事件的发生相对来说更为频繁，危机的爆发速度进一步加快，危机的传播辐射面也在不断加大。无论是政府还是企业，甚至个人都可能面临不可预见的危机。而针对新媒体传播多元化、分散化、小众化、情绪化等突出的特点，应对危机的策略亟待及时跟进，避免片面、延时、隐瞒、情绪化等应对失误。

2012年至2014年，多起政务微博应对突发事件的案例都值得学习和探索。例如，2012年的北京微博发布厅通过不断发布灾情实况、网友借力微博传递救援信息等方式应对突发暴雨灾害，这也成为政务微博在突发事件中良好口碑的典型案例；2013年“@雅安芦山抗震救灾”微博在震后4小时即开通，发布救援信息快速高效，有效促进了部队与需要救助群众的对接，对公开灾情、普及自救知识、组织救援起到了重要作用。对救灾过程中出现的谣言快速辟谣，有理有据，体现了良好的舆论应对能力。后期的微博则以灾后救助自救为主，如心理咨询等，务实的文字也汇聚各界爱心、正能量，透露人文关怀。[①]

二、突发事件危机公关：以政府为主体

（一）陕西“微笑表哥”杨××事件的新媒体公关

据新华网统计，从2012年12月6日至2014年4月11日，平均每周有四名领导干部被通报涉嫌违法违纪行为。[②] 中国人民大学危机管理研究中心唐均表示：“2012年，官员形象危机处于高危状态，危机事件高发、易发，官员形象的形势更加严重，社会负面影响增多。新媒体时代下信息传播的速度和广度都发生了变化，官员形象、政府形象的维护都面临巨大挑战。”2012年，“微笑门”“表哥”一时间成为网络热点，引发了人们的广泛关注。

2012年8月26日，延安包茂线高速公路发生特大交通事故，一辆罐车与一辆长途卧铺车相撞，造成36人死亡。在事故现场，陕西省安监局局长杨××面露微笑的照片在微博上被曝光，舆论关注度一度走高并引发热

① 人民网舆情监测室.2013年新浪政务微博报告［R］.2013：72-73.

② 湖北日报. 中纪委：平均每周4名“老虎”“苍蝇”被打［EB/OL］. 20140416/20190108. http：//news. sohu. com/20140416/n398314971. shtml.

议。在潜伏期，新媒体扮演的角色主要为网络爆料、吸引大众眼球与“人肉搜索”当事人；在爆发期，网友关注的焦点从微笑转移到手表，大众在微博上纷纷开始讨论“鉴表”话题，并形成了“扒表”集体行动，经过发酵式转发后，网友们相继曝光了杨××的十多块名表，杨××被贴上“表哥”标签；在扩散期，线上线下媒体进行跟进报道，高潮期舆论形成高压，8 月 30 日，杨××的各种“戴表照”在网上曝光后，陕西省纪委回应，将本着实事求是的态度，对事件所涉及的问题进行认真深入的调查，如确有违纪或腐败问题，将依照有关规定严肃处理。但整整一个月后，直到 2012 年 9 月 21 日，陕西省纪委才在其官方网站秦风网发布了杨××因存在严重违纪问题被撤职的消息。这也让舆论纷纷倒戈，公众对其公信力的质疑声不绝于耳，群情激愤。① 在 2012 年复杂的新媒体语境下，政府只有主动调查涉案人员的贪腐问题，并及时将结果公之于众，才能较好维护政府的公信力，避免恶化问题。

（二）上海跨年踩踏事件中的新媒体公关

2014 年 12 月 31 日晚间发生的上海外滩踩踏事件，是上海市近年来处理的造成重大伤亡和严重后果的公共安全责任事件。② 倒数计时跨年时分，外滩陈毅广场东南角通往黄浦江观景平台的人行通道阶梯处底部，大量向观景台上方行走和从观景台下行的人流拥挤在此，突然有人跌倒，继而引发多人摔倒、叠压，导致拥挤踩踏事件发生，该事件造成 36 人死亡，49 人受伤。事件发生后，虽然政府部门开展了救援并采取了危机应对措施，但网络上迅速出现了各种猜测情况和原因的信息，不明真相的民众在网上发表和转发各种不实消息，一时间各种流言蜚语迅速扩散。③

事件发生后，市委、市政府主要领导迅速赶赴现场指挥应急处置工

---

① 人民网. 学者制作官员形象风险地图列举 5 类高危群体（图）[EB/OL]. http://theory.people.com.cn/n/2013/0108/c49150_2012960.html. 陈丝丝，范曦. 微博环境下的社会动员与集体行动研究——以“杨××事件”为例 [J]. 教师教育学报，2013（10）：196-200.

② 《上海公共关系三十年发展报告》编委会. 上海公共关系三十年发展报告 [M]. 北京：中国财政经济出版社，2017：55-57.

③ 周枫. 新媒体时代政府公共危机管理研究——基于 4R 理论视角对于上海外滩踩踏事件的分析 [J]. 管理观察，2017（24）：45-49.

作，并分别赶往医院看望慰问受伤人员和伤亡人员家属。同时，连夜召开紧急会议，决定成立医疗救治、善后处置等专项工作组和联合调查组，各组当即开展工作，在线上通过组织集体采访、书面发布、@“上海发布”政务微博及微信等形式，及时向媒体和社会发布相关信息。[①] 这一危机事件可以分为以下四个阶段：

在危机萌芽期，网友@Direction用手机在微博上发布了一条关于外滩踩踏的消息，比后来官方发布的踩踏事件发生时间早了5分钟。此时，民众已通过在场网友知道了踩踏事件的发生，但政府并没有做出任何响应，同时一些不实消息——关于事故原因的猜测、现场伤亡惨状，也随之扩散。从中看出，政府在危机萌芽期没有及时启动应急预案，更没有应用新媒体对网络传言进行回应，对事件情况及时公开。

在危机爆发期，上海市公安局官方微博发布信息称：“有游客摔倒，执勤民警立即赶到围成环岛，引导客流绕行。”这一官方消息仅仅提到有游客摔倒，远远没有意识到踩踏事件的严重性。随后，《新民晚报》和《新闻晨报》等多家主流媒体的微博均发布了相关报道。@上海发布微博在4:01分时确认外滩踩踏事件发生，并公布死伤人数。5:05分，网友@好火药发布微博，指出“撒钱”事件是踩踏发生的罪魁祸首，该条微博一石激起千层浪，但是直到关于“撒钱”的消息传播了近17个小时，@上海发布微博才发布信息进行辟谣。这一时期内@上海发布共发布了24条微博，得到了其他主流媒体的转发，成为主要的官方信息来源，发布的内容包括公开事故伤亡情况、领导人指示、调查情况、死者名单、善后处置等。上海发布微信公众号共发布7条信息，发布的内容包括事故说明、政府工作情况、辟谣、伤员救助情况等。政府官方发布在这一阶段着重于信息公开，公开了伤亡情况并驳斥了“撒钱”谣言，试图打消民众的疑虑。同时，也进行了舆论引导，如强调政府救助行动，期望转移群众视线。

在危机处置期，上海市领导发表声明：“对外滩踩踏事故深感悲痛和内疚，将严肃问责。”在事件发生七天后，事件的影响力逐渐减弱。随着上一阶段政府信息的公开和舆论引导，@上海发布所发布的8条微博信息

① 《上海公共关系三十年发展报告》编委会. 上海公共关系三十年发展报告［M］. 北京：中国财政经济出版社，2017：55-57.

全部是关于伤员病情和救助情况的，此类信息有助于公开信息、打消民众顾虑、避免猜忌，为平复社会情绪起到了铺垫作用。在危机处置后期，政府的官方发布达到了高潮。@上海发布连续发布了18条微博信息，都是关于“上海拥挤踩踏事件调查报告发布会”的微直播，内容涉及事件过程还原、医疗救治情况、主要原因、性质、责任认定、整改建议、处理决定等。

在危机平息期，微信、微博也逐渐归于平静。@上海发布一共发布了三条微博信息，@上海发布微信公众号一共发布了两条信息，分别是关于抚恤金标准和伤员救助情况。在这一时期，政府逐渐平复了危机影响，公开了抚恤金标准以平复遇难者家属的情绪，并且也对社会民众进行正能量的舆论引导，减少社会心理伤害。①

无论从危机传播管理，还是应急管理机制的角度，上海市在大型群众性活动的管理上，都积累了相当多的经验。在外滩踩踏事件中，上海市的政府危机公关做到了尽量将损失最小化，保证社会舆情可控，没有发生次生性危机，并且能够在一个月之内完成对整个事件的初步善后处置，并出台调查报告和处理相关责任人。横向比较而言，这体现出上海市政府危机公关的较高水准。②

三、突发事件危机公关：以企业为主体

以企业为主体的突发事件，主要牵扯民生问题。民生问题是人民群众最关心、最直接、最现实的利益问题。简单来说，就是与百姓生活密切相关的问题，最主要表现在吃穿住行、养老、就医、子女教育等生活必需上。2012年党的十八大召开以来，民生问题日益成为热点。一方面是由于民生问题越来越凸显地摆到我们面前，民生问题的解决程度决定了社会的进步程度。另一方面，新媒体的发展使得信息流通更为便捷，信息内容更为全面，人们获得信息的渠道也更加多元。同时，新媒体提供了人们发出

① 黄朗，文丰安. 新媒体环境下的政府危机公关策略分析［J］. 河南社会科学，2014（2）：64－67.

② 《上海公共关系三十年发展报告》编委会. 上海公共关系三十年发展报告［M］. 北京：中国财政经济出版社，2017：55－57.

自己声音的渠道，诸如食品安全、环境卫生等与公众切身利益相关的重要民生问题成为新媒体平台上人们讨论的焦点。

在诸多民生问题中，食品安全问题是最为尖锐的问题之一——“民以食为天，食以安为先”。有学者研究，自 2004 年 1 月 1 日至 2012 年 12 月 31 日，中国累计曝光食品安全事件总计 2 489 件。[1] 通过对 2011 年至 2013 年食品安全热点事件进行梳理发现，食品安全热点事件从 2011 年聚焦于方便食品和非法添加，到 2012 年关注标准与过程控制，而 2013 年的舆情则聚集于原料污染与恶意造假。[2] 为了能够较真实地反映社会对中国食品安全问题的担忧和焦虑，真实反映 2013 年国内外食品安全整体发展趋势，中国食品科学技术学会与中国经济网等媒体合作，从食品安全专家与媒体两个层面对食品安全热点数据进行了梳理和分析，通过综合分析各大门户网站新闻点击量、微博传播量、网帖评论量等相关数据，对新西兰奶粉检出双氰胺、镉大米、美素奶粉疑云、农夫山泉被指生产标准不如自来水等 12 个热点事件盘点。[3] 2014 年，中国网盘点出年度重大食品安全事件，如顶新“黑心油”事件，福喜腐肉事件、昆明毒米线事件、粪水臭豆腐事件等。

2009 年《食品安全法》颁布实施以来，虽然整体上食品安全稳中向好，但每年依然有层出不穷的食品安全事件被爆出，尤其是在新媒体平台上，食品安全事件影响扩大，蝴蝶效应更强，一旦发生，往往是对整个行业市场的打击和灾难。

以蒙牛问题奶粉事件为例，新媒体在其中扮演的角色可见一斑。2011 年 12 月，国家质量监督检验检疫总局公布对全国液体乳产品进行抽检的结果公告，蒙牛乳业（眉山）有限公司生产的一批次产品被检出黄曲霉素 M1 超标 140%。黄曲霉素 M1 为已知致癌物，具有很强的致癌性。此消息一出，再一次沉重打击了人们对中国乳业的信心，中国乳业再次拉响危险

---

① 陈莉莉，陈波．我国 2004—2012 年媒体曝光食品安全事件分析［J］．中国食品学报，2014（3）：18.

② 2013 食品安全事件多来自原料污染与恶意造假［EB/OL］.20140110/20180720，http：//www. ce. cn/cysc/sp/info/201401/10/t20140110_2097370. shtml.

③ 2013 年食品安全热点事件［EB/OL］. 20140110/20180720，http：//www. ce. cn/cysc/sp/subject/2014zt/dp2013/.

的警报。[①]

蒙牛集团于当天在官网上承认了这一检测结果并“向全国消费者郑重致歉”，并在次日很快做了进一步说明。蒙牛此次的危机公关，态度诚恳，但网络上针对企业的不利舆情依然汹汹。新媒体环境下，信息传播速度加快，波及范围与影响领域加大。同时，论坛、微博平台转发和评论功能的便捷性，在加快信息传播的同时，也快速形成了一个舆论场。2011 年 12 月 27 日，网友“男人好苦”在眉山当地论坛中发帖指称蒙牛高管所言不实，问题牛奶确已流入市场。28 日，蒙牛官方网站被黑，事件升级。2012 年 7 月，网友在酷 6 网发布原创短剧《蒙牛致癌门》，对蒙牛的致歉回应、加大广告投放、涨价风波等一系列公关手段做了集中调侃，再一次引得网上网下一片哗然。[②] 新媒体环境下，网民可以根据自己对事件的理解，发表意见看法，不再满足于官方强硬的回应话语。而从蒙牛的危机公关手段来看，蒙牛从迅速致歉回应到加大广告投放、提升产品售价，一直试图利用市场的手段淡化问题奶粉事件所造成的不利影响，却忽视了网民在这一事件中真正关切的真相，因成为新媒体时代下危机公关的反面教材。

第四节 社会化公关

一、公益公关与健康传播：救助渐冻人的“冰桶挑战”

健康传播学是医学与社会学在路过传播学这个交叉口“逗留”时留下的产物。21 世纪是健康的世纪，越来越富足的人类，开始关注人本身，健康已经成为政府、民众和学者一致关心的议题。健康传播的目的就是要满足大众对健康信息的渴求，而传媒在传播健康的过程中发挥着越来越重要的作用。健康传播是指通过各种渠道，运用各种传播媒介和方法，为维护和促进人类健康而收集、制作、传递、分享健康信息的过程。[③]

清华大学国际传播研究中心对 2012 年 11 月 1 日至 2013 年 10 月 31 日

---

① 欧志葵，钟啸，廖丰. 中国乳业为何如此脆弱 [J]. 北方牧业，2010 (19): 5.
② 张越. “蒙牛致癌门”事件中新媒体舆论的作用 [J]. 新闻世界，2012 (5): 97 - 98.
③ 李小余. 健康传播研究的现状 [J]. 传媒观察，2014 (8).

的国内外健康传播研究进行了梳理、归类，发现这段时间在有关健康传播的研究中，关键词“新媒体”出现频率较高。此外，还有学者将国际新兴概念“大数据”引入健康传播领域研究。① 2012年以来，随着媒介技术的进步，进行健康传播的新媒体形式可谓多种多样，可大致分国家和省市级卫生部门的官方网站、国家和省市级教育健康机构开办的健康教育类网站、商业型健康网站等专业类健康媒体，以及博客、手机、社交网站、微博等非专业综合类新媒体。② 在各种媒体的推动下，健康传播外延不断扩大，内容日渐丰富，效率显著提升，但其伦理基础始终没有改变，即媒体应承担更多样的社会责任。社交媒体在信息发布、寻医问药和情感抚慰方面发挥了积极作用。

而公益传播，是指具有公益成分、以谋求社会公众利益为出发点，关注、理解、支持、参与和推动公益行动、公益事业，推动文化事业发展和社会进步的非营利性传播活动，如公益广告、公益新闻、公益网站、公益活动、公益项目工程、公益捐赠等。网络、手机等新媒体的蓬勃发展，扩展了公益传播的载体形式。有关新媒体的研究日趋成熟，但是关注新媒体公益传播研究的文章数量非常有限。综观国内研究，主要是结合新媒体公益传播特征，对存在的问题和解决途径进行探讨，研究对象主要是聚焦网络公益广告。③

2012年微博、微信不断发展，传播者与受众随时可能发生转变与重合的“网状传播”模式满足了人们不断增多的信息传播需求，对社会产生了深远的影响。公益传播借助自媒体平台使传播价值得到了进一步的提升。

新媒体最经典的健康传播及公益传播案例当属“冰桶挑战”。2014年，整个互联网最为关注的事件莫过于“ALS冰桶挑战”，这是一项旨在帮助那些患有“渐冻人症”（ALS）的群体的公益活动。该项挑战要求参与者用冰水淋遍全身，并录视频上传至互联网。按照规则接受挑战以后，参与者可以点三名其他人来参与这一活动，被邀请者必须在24小时内接受挑战，或者选择捐出100美元。这是为了让更多人了解名为“肌肉萎缩性侧

---

① 清华大学国际传播研究中心. 走向细分的健康传播——2013年国内外健康传播研究现状分析［C］//中国健康传播大会.2013.

② 陈虹，梁俊民. 新媒体环境下健康传播发展机遇与挑战［J］. 新闻记者，2013（5）：60-65.

③ 王炎龙. 我国媒体公益传播研究分析［J］. 新闻界，2009（3）：51-53.

索硬化病”的罕见疾病，同时达到募款的目的。随着挑战的不断进行，“冰桶挑战”不仅在IT行业、体育娱乐界掀起了新的潮流，而且从一个单纯的公益活动发展成一个全球热门的社会事件，在其发展过程中体现出诸多特点，具有很强的研究价值。[①]

半个月内Facebook上参与“冰桶挑战”话题讨论的网友达1 500万人次。活动发起后两个月内，美国ALS基金会收到约4 000万美元捐款，超过其上一财年的总收入。[②] 2014年8月，“冰桶挑战”活动蔓延到中国。8月17日晚，“助力罕见病，一起‘冻起来’”公益项目在新浪微博微公益平台上线。8月20日，微博上“冰桶挑战”的话题讨论量达到85.3万，是其上线以来讨论量最高的一天。截至8月24日，新浪微博共计发布有关“冰桶挑战”的话题微博约1 211万条，其中热门精选微博约6万条。8月31日22点，“冰桶挑战”的话题阅读量达到44.8亿，讨论量也达到409.4万。

微博统计数据显示，8月21日微公益平台发布项目收到捐款260多万元，超过去年全年的社会捐款。截至8月31日，瓷娃娃罕见病关爱基金在微博公益平台上的公益项目已筹款730多万。加上微博和秒拍承诺的200万捐款，在不到半个月的时间内，以“冰桶挑战”为主题的微博募捐在微博上刮起一股募捐旋风，瓷娃娃罕见病关爱基金获得捐款近1 000万，达到2013年该基金接受社会捐款额的近5倍。[③]

这一传播过程具有如下特点：

第一，体验式科普唤起受众情感认同。体验式科学传播强调受众的主动参与和自我感知。与传统科普活动注重科学信息的理性获取不同的是，体验式科普是从受众的心理寻求突破口，通过开放式的体验，让受众从感情上认同科普活动，在获得科学知识的同时获得成就感和愉悦感。

第二，明星群效应突出。随着互联网技术日新月异的发展，社交网络迅速进入人们的日常生活。现实生活中各行业的知名人物纷纷在社交网站上开设个人账号，他们的言行备受关注，且能对舆论产生广泛的影响。

---

① 张艺凝，靖鸣．“ALS冰桶挑战”事件的传播学思考［J］．新闻爱好者，2014（10）：9-12.

② 王春晓．从“冰桶挑战”看社交网络科学传播新方式［J］传媒，2014（12）.

③ 侯远．社交媒体助力公益营销：以新浪微博“冰桶挑战”为例［J］．新闻世界，2014（12）：122-124.

“冰桶挑战”的推广充分利用了公众人物广泛的社会关注度，随着挑战赛在全球范围内的流行，娱乐界、体育界、政界等各界名流纷纷加入。挑战赛传入中国后，相继有雷军、李彦宏、周杰伦、刘德华等各界人士参与。截至2014年8月底，全球范围内共计超过110位来自不同领域的明星接受了挑战。

第三，“点名接力”保障传播效率。网络媒体的互动性让信息传受双方的关系更加灵活，并可以实现相互转化。“冰桶挑战”要求参赛者完成挑战后，再选择三人进行接力。这一规定让被点名者很难对挑战置之不理，在众多网友的“监督”下，明星们往往乐于完成挑战，并继续邀请其他好友加入。在这一过程中，信息传受双方的转化关系得到了强化，如此反复，“冰桶挑战”的参与者以几何倍数递增，在短期内火遍社交网络。①

以关爱渐冻症为出发点开展的“冰桶挑战”，采用了一种既亲民又娱乐的形式来募集捐款，激发了大众对渐冻症的深入了解与关注。相比于之前国内不接地气的公益形式，在线火爆的“冰桶挑战”更能给大众带来体验感和参与感，提高民众对公益的信任度，从而获得更好的传播效果。借助微博的力量，“冰桶挑战”在微博平台因低成本、开放性、时效性、互动性等特点，以接力赛的形式传递，能够很快在社交网络引发涟漪效应。无门槛的公益形式，区别于以往正式、大规模的助捐方式，使得每个人都可以参与其中，并且成为传播的助力者。

二、国际赛事与城市公关：成都大熊猫跑进伦敦奥运

在新媒体时代，奥运会、世界杯、马拉松等体育赛事的传播手段也发生了翻天覆地的变化，如何利用新媒体，在国际赛事中更好地进行城市公关，已然成为2012年以来的重要议题。

（一）国际赛事与城市公关的发展状况与联系

随着经济全球化的不断深入，城市国际化的脚步也正在大步迈进。与此同时，国家“十一五”和“十二五”规划对城镇化的肯定，极大地加速

---

① 王春晓. 从“冰桶挑战”看社交网络科学传播新方式［J］. 传媒，2014（23）：66-67.

了城市的发展进程。从城市发展角度来说，除了加强必要的基础设施建设，提升城市管理水平外，一个城市的发展空间在很大程度上取决于它的知名度和美誉度。城市公关已经逐渐取代城市营销，成为塑造城市形象，提升城市竞争力的新手段。城市公关在支持城市的发展目标，处理危机事件，塑造城市良好形象，影响周边舆论的发展方向，建立有利于城市发展的环境，吸引外来游客和投资者等方面发挥着越来越重要的作用。[①]

表 4-2　我国城市公关的发展阶段

<table>
<tr><th>发展阶段</th><th>萌芽阶段
（20 世纪 90 年代末）</th><th>产生阶段
（21 世纪前 10 年）</th><th>发展阶段
（21 世纪初期）</th></tr>
<tr><td rowspan="4">典型特征</td><td>从城市营销中分离</td><td>聘请公关机构</td><td>传播多样化</td></tr>
<tr><td>典型的政府营销</td><td>城市寻找特色</td><td>城市宣传竞争激烈</td></tr>
<tr><td>政府主导城市传播</td><td>目标公众扩展迅速</td><td>各城市和品牌确立</td></tr>
<tr><td colspan="2">城市品牌众多，竞争激烈</td><td>公关更加科学化</td></tr>
</table>

2012—2014 年，我国城市公关跨入了第三个发展阶段。随着各大城市的公关意识崛起，城市宣传的竞争也日趋激烈，各城市品牌也在探索中确立下来。例如“世界娱乐之都”澳门、“国际休闲都会”杭州、“国际浪漫春城”昆明的品牌塑造都给人留下了深刻的印象。与此同时，城市公关的手段也日趋多样化与科学化。例如杭州积极借助城市形象宣传片、媒体事件、舆论热点、影视剧以及名人效应等多种传播形式影响潜在受众。从 2011 年起，杭州市大力开发北美、欧洲等旅游市场，通过投放旅游形象广告推动杭州城市形象在海外的传播。在形象宣传片的制作上，聘请国外媒体来拍摄，以引起目标市场的共鸣。将城市形象在影视作品中植入也是新兴的城市形象传播策略，杭州很早就意识到这一点，因此极力让《非诚勿扰》《千山暮雪》《男才女貌》等热播影视剧将杭州作为主要的外景城市之一，极大地展现了杭州市的魅力风情。[②]

① 郝志新. 我国城市公关现状：理论、问题与策略研究［J］. 科技和产业，2013（8）：54-57.

② 付马. 从城市公关的角度浅析滕州市形象传播策略［J］. 传播与版权，2014（8）：135-136.

除此之外，国际体育赛事也在此阶段成为城市公关的利器，尤其是国际化程度高、商业价值高的职业联赛，如F1赛事、网球ATP赛事、高尔夫PGA赛事、国际田联路跑标识赛事等，每年都会选择在世界各地多个不同的城市举办。如果按照各类赛事等级、联系紧密度等将这些举办城市相互联结起来，最终将构成相互关联、错综复杂的城市国际体育赛事网络体系。以上海为例，近年来，上海以增强城市国际竞争力、建设国际化大都市为发展主线，积极打造“国际知名体育城市”，坚定不移地推进赛事精品战略。在此历程中，上海借鉴了纽约、伦敦、巴黎、东京等世界城市的先进经验，逐步形成了F1中国大奖赛、ATP网球上海大师赛、上海国际马拉松赛、高尔夫世界锦标赛等六大精品国际赛事，国际体育竞赛对城市发展的多元价值和作用初步显现。随着上海在国际城市网络中地位的不断提升，上海体育在国际体育网络中也发挥越来越重要的影响。①

此外，大型国际赛事不仅是城市公关的利器，更是国家公关、国际传播的重要渠道。作为近年来我国举办的规模最大、关注度最高的大型国际体育赛事，2022年北京冬奥会不仅向外界展现了北京形象，更传达了中国形象。北京冬奥会成功充当了世界观察中国的窗口，在美国政府“外交抵制”北京冬奥会的背景下，TikTok、Instagram等社交媒体平台上广泛传播着有关中国及北京冬奥会的积极信息。整个冬奥会通过开幕式表演、高科技比赛设备运用、场馆环保建设、丰富餐饮服务等传播着文化中国、科技中国、绿色中国、美食中国的正面形象。

（二）成都“大熊猫”跑进伦敦奥运公关活动

世界瞩目的国际赛事——第30届奥林匹克运动会于2012年7月27日在伦敦拉开序幕。在伦敦开辟“体育竞技”之外的另一个战场，一场“中国城市形象公关”的暗战也在悄然上演。在伦敦奥运会举办前，据统计，共有10座雄心勃勃的中国城市盯上2012奥运，奥运会成了中国城市的广告牌。杭州引来西湖，南京铺开云锦，潍坊放出风筝，而成都则借助它屡试不爽的重要砝码——熊猫，展开了一系列城市公关活动。

① 陈林华，王跃，李荣日. 城市国际体育赛事网络联系度研究：以上海六大品牌赛事为样本[J]. 中国体育科技，2015（1）：66-72.

6月1日，成都“大熊猫出租车跑奥运”活动在伦敦闪亮登场。50辆最具有代表性的黑色出租车被喷绘成中国大熊猫的图案，出现在伦敦各大标志性建筑旁，为伦敦市民和游客提供服务。大熊猫出租车在外形设计上，大熊猫圆滚滚的身材与伦敦黑色出租车巧妙地结合在一起，出租车两侧印有“Chengdu，Hometown of Pandas，Spice it up”（成都，大熊猫的故乡，精彩无限）的宣传语，而成都英文官方网站的网址也是首次亮相，出现在出租车上。此外，引擎盖、车顶以及车身两侧分别印有一只有奥运五环色彩的大熊猫，让熊猫可爱的形象无处不在。6月3日，英国女王、威廉王子和凯特王妃乘坐“成都大熊猫出租车”，现身英国街头向群众和游客宣传保护大熊猫的理念，由此拉开了为期三个月的“大熊猫出租车跑奥运”公益活动。伦敦奥运赛事期间，大熊猫出租车每天向市民和游客免费提供服务一小时，再次将英国民众对“大熊猫出租车”的关注推向高潮。

7月4日，108只“大熊猫”凌晨空降伦敦市中心四处“卖萌”。代表成都大熊猫繁育研究基地现有的108只大熊猫的“熊猫人”，在活动期间通过与路人的“熊抱”互动等公益行动，呼吁人们增强对包括大熊猫在内的濒危动物的保护意识，鼓励大家积极投身各类动物保护行动。这场“毛茸茸的行为艺术”几乎抢占了所有英国及周边国家主流媒体的版面，甚至远在美国、日本、新加坡的媒体都做了报道。成都市政府监测发现，全球有120多家媒体进行了相关的报道。而这也是成都市伦敦奥运形象宣传活动的一部分中国城市海外传播正能量。

图4-1　成都大熊猫奥运卖萌[1]

---

① 成都大熊猫奥运卖萌.［EB/OL］http：//news. sohu. com/20120801/n349593634. shtml.

在传统公关活动的基础上，成都市政府还积极运用社交平台对活动进行预热造势。据此次活动的主办方成都市对外文化交流协会介绍，大熊猫出租车的造型是由全球网友通过微博等社交平台投票选出的，体现了全球网民对大熊猫的喜爱之情。在此基础上，成都市政府还通过线上参与和线下活动的对接，扩大活动的声势与传播范围。乘客可通过乘坐熊猫出租，登录 Twitter、微博参与网上活动，赢取爱丁堡动物园门票，获得亲眼见到大熊猫的机会，这一活动使乘客更加深刻地感受保护濒危大熊猫的必要性。①

成都“大熊猫”跑进伦敦奥运公关活动中，利用新媒体提升参与感与互动性是该活动的亮点。公关活动的预热造势是一种常规做法，传统活动通过海报曝光、视频投放等单向方式来吸引公众的注意力，增大活动的声势。而新媒体所天然具有的互动性，则为活动方提供了更加自然、有效的活动告知方式，以熊猫出租车造型投票的方式，吸引公众提前参与活动。同时，这种方式也赋予了参加互动的受众参与感，使其对熊猫出租车怀有特殊的情感。在此基础上，社交平台的线上活动与线下奖励的对接，则有效地扩大了活动的传播范围。一方面，通过线下活动，赢取爱丁堡动物园门票，获得亲眼见到大熊猫的机会这一奖励，吸引、鼓励受众参与活动；另一方面，利用新媒体信息传播便捷快速这一优势，进一步扩大受众的接触面。成都市准确把握并有效利用了新媒体的互动性、信息传播的便捷性等特点，获得了较好的城市公关效果，提升了城市形象。

三、善用正能量公关：莫言荣获诺贝尔文学奖

国家公关战略，是一国政府从被动反应国际国内舆论，到主动建立国家声誉的一种建设性的战略传播行为。在国家公关时代，如何化被动为主动，善用正面新闻事件，进行正能量的国家公关成为一个值得讨论的议题。按照公关生态论的观点，国家公共关系是在全球领域管理国际声誉和国际关系，它是对传播、关系、形象、声誉等国家无形资源的一种系统管

① 成都熊猫出租车跑奥运获 2012 最具社会影响力案例奖 [EB/OL].20121123/20180722, https://e. chengdu. cn/html/2012-11/24/content _ 362984. htm.

理，是提升国家软实力的重要战略手段。具体来说，所谓国家公共关系，就是一个国家对其国内外民众的关系生态管理，即一个国家在提高其国家形象和国际声誉的过程中，运用现代公共传播技术和手段，获得国内外民众和国际社会的理解和支持，最终实现国家认同的一门科学和艺术。①

由此来看，我们可以将国家公共关系分为两方面内容：

第一，在权力和利益博弈的背景下，国家之间的对外公关活动，在于树立良好的国际形象。中国不但要作为一个政治主体、经济主体参与国际社会的构建和全球市场的博弈，还要作为一个表达的主体，和世界共同协商公共事务。

纵观中国对外的国家公关，经历了从防御、相持再到主动出击的过程。从2003年的“非典”，到随后的吉林石化爆炸和食品危机，再到2008年的拉萨“3·14”事件，这一切都表明，中国国家公关在奥运会召开之前，都是消极的“防御战”——先是被骂，然后沉默，再“反击”。但以北京奥运会为节点，中国国家公关正从消极防御阶段过渡到积极防御阶段。在三聚氰胺毒奶粉事件中，中央政府雷厉风行，坦诚直率，以“相持—对话”的行动来证明我国国家公关的进步。② 而2010年以来，随着国家综合实力的提升与对外交往的日益成熟，中国的对外国家公关成为全社会关注的命题。③ 例如对世博会、亚运会、奥运会等大型“媒介事件”的公关活动策划，以及2011年由国务院新闻办筹拍的《中国国家形象片》在美国纽约时报广场大型电子显示屏上播出，持续了一个月之久，共计播放8 400次，同时还通过CNN各个频道覆盖全球播放。这些都标志着中国开始更加自信、主动地展示自己的“软实力”。2012年之后，在传媒全球化时代，中国还利用对外网络来向外国公众发布信息，这是一种最新、最快捷的传播信息的方式。④

第二，对内的国家公关活动，在于善用社会正能量，主动树立良好的国家形象，培养国内公众的民族自豪感，增强社会凝聚力。2012年的莫言

---

① 陈先红．论国家公共关系的多重属性［J］．对外传播，2014（3）：43－45．

② 叶芳．“国家公关”时代的国家形象传播：以国家形象宣传片亮相纽约时报广场为例［J］．新闻知识，2012（2）：38－39．

③ 周庆安．从国际语境变迁到话语权提升：试论中国国家公关的机遇和挑战［J］．新闻与写作，2010（10）：15－18．

④ 袁月．传媒全球化时代中国政府国际公关策略［J］．公关世界，2014（11）：29－31．

荣获诺贝尔文学奖就是当期的典型案例。北京时间 2012 年 10 月 11 日 19 点，瑞典文学院诺贝尔奖评审委员会向世界宣布，中国作家莫言获得 2012 年诺贝尔文学奖。至此，莫言成为中国第一位获得诺贝尔奖的作家。莫言荣获诺贝尔文学奖，其意义不仅在于中国文学获得国际社会的肯定，也在于我国对外、对内国家公关的进步。

首先是对外国家公关：中国立场，国际表达，对外更新中国社会进展。此次莫言荣获诺贝尔文学奖，看上去是一个单纯的文学事件，实际上也是中国文化逐步被外国人了解、认可的表现。莫言文学的魅力是其获得国际承认的基础，但如果莫言的作品没有在中文以外语系的国家传播，那么他被国际文学大奖认识的可能性微乎其微，中国主流文学在国际舞台上展示的机会也微乎其微，由此进行的对外国家公关更无从谈起。由于历史原因、东西方文化的差异，以及残存的冷战思维模式的影响，外国人对中国的了解仍不够全面，甚至还有不少误会。同时，由于英语在传播过程中的强势作用，以及西方传播技术、传播媒介的强势地位，中国始终在国际舆论中处于不利地位。“一方面是西方媒体的报道有偏差，另一方面则是我们自己的宣传力度不够，距离‘让全世界全面了解中国’还有一定差距”。原全国政协外事委员会主任赵启正曾表示，要改变这种状况，最好的办法就是提升关于中国社会进展的新闻报道的准确性、透明度和及时性，让世界更加准确地了解中国。[①] 莫言荣获诺贝尔文学奖这一正面事件使全世界的目光聚焦于中国身上。借此大好机会，中国应采取相关行动，如新闻报道、广告视频、活动策划等，向别国民众展现本国的社会进展。其中，关键要做到“内知国情，外知世界”“中国立场，国际表达”，用目标群体习惯的表达方式和语言，准确地传递中国信息，才不至于被外国民众误解甚至扭曲。

其次是对内国家公关：善用正能量，提升民族自豪感。莫言获诺贝尔文学奖的意义不仅在于助力我国国际形象的建设，也在于为对内国家公关的进行提供素材。根据鹰眼舆情观察室通过对整个互联网海量信息的挖掘与分析，2012 年 10 月 11 日 19 点至 12 日 9 点有关“莫言获诺贝尔文学奖”境内外互联网舆情动态所得的舆情报告显示，境内媒体关于

① 潘玥舟. 从莫言获奖看国家形象公关 [J]. 国际公关，2012 (6)：34－35.

“莫言获诺贝尔文学奖”的新闻报道中有不少对“中国崛起”的强调，如《环球时报》所发表的社评《诺贝尔奖不可能永远拒绝中国主流》称：“莫言获奖传递出一些很清晰的信号。第一，在非自然科学奖项中，中国人获奖的密度在增加，无论是‘刺激’中国的，还是‘正常的’，都反映了西方社会对中国的空前关注。第二，莫言作为中国主流作家获奖，显示了随着中国的崛起，中国的主流不可能长期被西方拒绝。”字里行间都在向公众传达中国崛起的民族自豪感，引导公众更加认同自己的民族身份。

四、人造节日狂欢：“双十一”

“当你的粉丝超过 100，你就好像是一本内刊；超过 1 000，你就是个布告栏；超过 1 万，你就像一本杂志；超过 10 万，你就是一份都市报；超过 1 亿，你就是 CCTV 了”。这段在网上广为人知的话，形象地概括了微博营销的市场潜力。[①] 不仅仅是形容微博，这段话可以用于整个新媒体环境。网络市场的日臻规范和趋于成熟使得各大电子商务企业间的竞争愈演愈烈，随着新媒体的不断衍生，我国 B2C 电子商务企业对传播方式进行了多元化的媒体组合，以满足市场竞争的需要。[②] 在电商新媒体营销中，天猫“双十一”无疑是最闪亮的明珠，是所有电商企业的新媒体营销标杆，也正是因为“双十一”的成功，才给电商企业提供了自创节日营销的参考案例，自此“双十二”“618”等电商节日纷纷兴起。

11 月 11 日，俗称“光棍节”，是单身族的一个节日，产生于校园并通过网络等媒介广为传播，逐渐演绎为“光棍节”文化。自 2009 年来，11 月 11 日成为淘宝商城（天猫）精心举办的促销盛宴，并被称为“淘宝狂欢节”。2009 年“双十一”销售额为 0.5 亿元，共有 27 个品牌参与。2010 年“双十一”销售额为 9.36 亿元，共有 711 家店铺参与。2011 年“双十一”销售额达到 52 亿元，2 200 家店铺参与。2012 年，天猫的“造节”消费取得了空前成功，这一年“双十一”交易额 191 亿元，同比增长 260%，占

① 唐敏. 浅谈电子商务营销新媒体：微博营销 [J]. 现代商业，2012（19）：50-51.
② 赵文颉. 中国新媒体环境下 B2C 电子商务企业媒体传播策略研究 [D]. 延安大学，2014.

到了一天社会消费品零售总额的31.2%，更大幅超越了美国电子商务行业创下的最高纪录。[1] 2014年的“双十一”，阿里巴巴中国零售平台的交易总额为571亿元，其中移动端成交额达到243亿元，再创新高。[2]

2012年新媒体的传播与发展并没有达到铺天盖地的境况，但天猫仍然没有放过一丝一毫的机会。天猫始终看好新媒体推广与传播的潜力，站外利用官方微博发布“抢先关注”活动，采用预售模式，精准把握消费者的市场需求；预先收集商品热度，将上一年度促销量排行靠前的品牌发布的精选产品滚动亮相；利用微博发布各种主题活动（如“综合证大调查”）和促销故事游戏（如“五折先生的闯关故事”）等，通过移动媒体、电视广告等各种途径加大力度宣传，活动中进行分时段抢购活动，结束后仍可以活动价格购买。强大的商场折扣辅之以大量品牌参与和全方位的营销推广，产生的效果是惊人的。回过头来看天猫在2012年前期宣传“双十一”的微博，大部分至今评论也没超过50，甚至少数转发都不超过50。但在2012年“双十一”创造出“奇迹”的第二天，天猫官方微博账号发布的数据令人惊叹：转发过4万，评论过1万，足以证明新媒体传播的受众广泛，潜力非凡。

2013年“双十一”在营销方法上运作得更为精炼和成熟，层层递进的促销手段、宣传logo无处不在，新媒体和传统媒体结合得炉火纯青。第一阶段，通过3万家线上线下门店派发优惠券，发微博话题赢取红包；第二阶段，5折好货提前曝光活动，引导消费者浏览添加购物车，并参与互动赢取裂变红包，从而缩短11日当天的购物路径，提升购物效率；第三阶段，吸引消费者抢红包；第四阶段，促使潜在消费者充值支付宝；第五阶段，5折狂欢日开始。手机客户端用户可提前以活动价拍下带有“无线专场”标识的商品。此外，消费者还可以通过对留意的品牌“加关注”来定制属于自己的购物天堂，真正实现个性化定制，满足自己的个性化需求。[3] 2014年“双十一”的三大方向是“全球化”“无线化”和“平台化”，

---

① 李国英，侯珂．淘宝“双十一”电子商务营销策略的演变［J］．科技视界，2013（31）：159.

② 2014年天猫双十一直播数据成交额：天猫双11．［EB/OL］．http：//www.199it.com/archives/290849.html.

③ 李国英，侯珂．淘宝“双十一”电子商务营销策略的演变［J］．科技视界，2013（31）：159.

围绕这三个核心策略的具体玩法也随之展开。为点亮全球市场，2014 年淘宝海外和速卖通都加大了平台自身的推广力度，如和台湾地区、香港地区的便利店、线下场所合作发起推广活动，或是在国外的门户网站进行推广等。“无线化”是 2014 年“双十一”的另一个重头戏。阿里巴巴“无线化”的进程可以延展为对“无线化”“社交化”“个性化”“本地化”四个方面的结合探索，打通线上线下实现“全民参与”。2014 年参加“双十一”的全体店铺，可通过“码上淘”包裹码业务提前开启自己的店铺营销活动。消费者通过扫描包裹二维码，可以直接参与店铺红包活动。同时，根据大数据为用户定制化属于自己的“双十一”页面，消费者可以发布购物晒图、视频，分享购物乐趣，并与品牌互动。“平台化”给予了每个人参与“双十一”的机会，如明星通过个人微博给粉丝发“双十一”红包，更有微博大号、网络达人共同参与成为红包使者。

如今，“双十一”在复兴国潮、传播文化上卓有成效。2021 年“双十一”期间，天猫平台首次设立非遗专属会场，在第一波开售中，00 后消费者购买非遗的金额和人数均同比上升超过 100%。天猫国潮还邀请 10 位先锋艺术家和潮流设计师对 10 种非遗技艺进行重新设计，实现传统与现代的对话与交融。根据《2021 非遗电商发展报告》，2021 年，14 个非遗产业带在天猫上的年成交额过亿，而且其中一半是位于县域及以下地区；1 亿多人在天猫淘宝上购买非遗相关产品，超 40%为 90 后；且已经有 67%的非遗传承人在淘宝上开了店铺。①

五、大数据与公关：科技对公关的赋能

2012 年 2 月 13 日《纽约时报》网站刊出了一篇醒目的文章，宣布“大数据时代”已来临。② 这篇文章认为随着高性能电脑和互联网络时代的发展，数据的获取和应用越来越普及。因此，在诸多领域里，人们的预测、判断、取舍和抉择正变得更多地基于数据和分析，而非源自经验和

① 中国经济周刊. 以非遗的妙成就国货的潮 非遗“潮”起来 [EB/OL]. 20211111/20220901. https://view.inews.qq.com/a/20211111A06A6H00.

② 仇筠茜，陈昌凤. 大数据思维下的新闻业创新——英美新闻业的数据化探索 [J]. 中国广播电视学刊，2013 (07)：12-14.

直觉。[①]

2021年11月，工业和信息化部印发《“十四五”大数据产业发展规划》，强调数据是新时代重要的生产要素，是国家基础性战略资源。

随着计算机技术的发展，数据正以一种超乎寻常的速度爆发式增长。数据来源主要有：① 政务部门数据系统、企业部门数据系统等传统结构化数据库数据；② 互联网上的电子邮件、新闻、网络日志、微博、视频网站、电子商务网站的海量的视频、图片、文本等非结构化数据；③ 物联网、移动设备、终端中的商品、个人位置、传感器采集的数据；④ 电信、移动、联通等通信和互联网运营商数据；⑤ 天文望远镜拍摄的图像、视频数据、气象学里的卫星云图数据等。大数据是泛指巨量的、多类型的高速的数据集，通过对数据的筛选、处理，提炼出有价值的信息资产。[②] 大数据具有四个特点，即海量性（Volume）、多样性（Variety）、高速性（Velocity）和价值性（Value）。

大数据也自然而然地融入了公关传播的方方面面，还为公关的发展提供了新的变革契机。公关传播的重要主体已经脱离了单一的互联网传播主体的身份，成为具有移动化、云端化、物联网化、大数据化等特征的融合主体，公关传播关系也经历了从单一的互联网传播向社会化大数据传播的转变。[③]

大数据时代下，不少企业借助互联网优势与大数据结合，打造了全新的传播方式。雪润传播的汽车电商模式就是典型案例。2012年，雪润曾经为东风日产做了一个“我为淘车狂”的典型创意设计。通过雪润的传播，把海量的需求相近的消费者结合起来，进入“漏斗”凝聚成一定量的团购，把厂商促销成本转化为消费者优惠，同时还达成了电商平台下订单化生产与销售，最终形成了集传播、留资、团购、订单化为一体全新汽车电商模式。[④]

不仅如此，庞大的数据正在改变人们的生活。如何从众多的数据中抽

---

① 杨旭，褚云茂. 大数据时代的公共关系战略 [J]. 上海管理科学，2015（2）：83-86.

② 王岑. 大数据时代下的政府管理创新 [J]. 中共福建省委党校学报，2014（10）：36-44.

③ 付玉辉，郭燕溪. 从社会化大数据传播视角看公关传播 [J]. 国际公关，2013（2）：88-89.

④ 潘玥舟. 大数据下的公关效果评估 [J]. 国际公关，2015（1）：93-95.

取出自己想要的信息，并解读好数据背后的消费行为与品牌关联，对大数据时代的品牌影响重大。2012 年京东就将 8 000 多万网购消费者的购物习惯和生活喜好数据进行全景呈现，发布了一系列过往无法认知的有趣的消费者行为，细节到各个商品品类的偏好、各地域的人群偏好等。① 之后越来越多的研究机构、电商等行业、企业，开始挖掘大数据人群特征，相关报告也如雨后春笋般在互联网上出现。

“大数据”是 2013 年被提及最多的词语之一，对大数据的挖掘与利用成为业界关注热点。2013 年 6 月上映的《小时代》票房的成功，正是电影产业运用大数据来制定电影发行营销的一大创举。乐视影业在对《小时代》的宣传方案确定上就运用了大数据的力量。乐视影业之所以参与《小时代》发行权的争夺，就是缘于“3 100 万”这个数据。当时，还没上映的《小时代》在新浪微博的搜索数量达到了 3 100 万，是之前大热的《致青春》的八倍之多。而此前，乐视影业做过的一个横向科研项目，证实影片票房和新浪微博搜索量呈一定的正相关。之后在消费者洞察环节，他们再一次运用了大数据的惊人力量，描绘出了《小时代》的目标影迷群体——“互联网原住民”。这些“互联网原住民”多为“90 后”，他们既是郭敬明的粉丝，也是当前电影市场的主流消费群体。公开数据显示，中国电影观众的平均年龄已经从 2009 年的 25.7 岁下降到了 2013 年的 21.7 岁。正是基于大数据下的这一判断，《小时代》充满创意与话题的营销方案出炉了，一种全新角度的电影整合营销模式也随之而生。区别于以往的影迷会、传统媒体、网站推广三驾马车并驱，针对“互联网原住民”的《小时代》充分依靠网络的力量进行营销，与腾讯、人人网和百度贴吧合作，充分利用了拥有过亿粉丝的主创人员微博传播的力量。其营销模式完全主打新媒体营销，辅以传统的电影营销方式，利用新媒体平台，结合 O2O 的营销模式，力图更有效地触及目标受众。此外，《小时代》还和 LV、菲拉格慕等奢侈品大牌合作，这除了是出于剧情的考量，很大一部分也是由于大数据显示其主要目标人群“90 后”对奢侈品的强烈关注和敏感。②

2014 年 11 月 22 日，以“大数据时代的都市形象和公共关系”为主题

① 邓明. 大数据时代的品牌公关策略 [J]. 公关世界，2014 (5)：29.

② 王雯. 大数据时代下的电影营销新模式：以电影《小时代》为例 [J]. 中外企业家，2013 (11)：18-19.

的 2014 上海公共关系国际高峰论坛在沪举行。论坛由上海外国语大学、上海市公共关系协会和文汇报社共同主办。来自美国、英国、俄罗斯等国和中国的著名学者、企业家及社会各界代表共 300 余人到会，就大数据时代下的都市发展、公共关系行业变革进行了深入讨论。①

不仅企业和公关协会在关注“大数据”，政府公关也在追求运用大数据来提高政府公共服务水平。2012 年 8 月份国务院下发了促进信息消费扩大内需的文件，提出构建大数据产业链，促进创新链与产业链有效嫁接，同时，构建大数据研究平台，整合创新资源，实施“专项计划”，突破关键技术，大力推进国家发改委和中科院基础研究大数据服务平台应用示范项目。广东率先启动大数据战略推动政府转型，北京正积极探索政府公布大数据供社会开发的路径，上海也启动了大数据研发三年行动计划。2014 年的《政府工作报告》明确指出，要在新一代移动通信、大数据、先进制造等方面赶超先进，运用大数据提高政府公共服务水平。

第五节　走向国际舞台的城市公关

一、城市形象宣传片与城市公关形象

城市形象宣传片是城市公共关系形象塑造的重要表现形式。随着中国经济的发展，旅游产业蒸蒸日上，中国城市建设日新月异，城市之间的竞争由经济硬实力的竞争逐渐转向形象软实力的竞争。作为软实力提升的重要手段之一便是城市形象宣传片。城市形象宣传片内容丰富，形式多样，包含了城市发展的历史文化、经济建设、自然环境和社会风尚等元素。其主要目的是树立城市的良好形象，提高城市的知名度和美誉度。城市形象宣传片的塑造早已成为现代城市吸引大量社会公众关注、美化城市形象的重要手段。

不同的城市应有不同的形象定位，这是打造城市形象宣传片的重要前

---

① 《上海公共关系三十年发展报告》编委会. 上海公共关系三十年发展报告 [M]. 北京：中国财政经济出版社，2017：34－35.

提。随着2016年住建部等三部委在全国力推特色小镇建设，近年来很多城市在城市宣传片的塑造过程中，都开始愈发强调自己鲜明的特色。如果城市定位为工业城市，目的是招商引资，则宣传片应以展现城市的投资环境为主。例如，大连城市形象宣传片重点展现大连的特色景观、投资环境、居民的生活环境等元素，彰显出大连是一个朝气蓬勃的适合投资的城市；如果城市定位为旅游城市，则形象宣传片应以展现城市的旅游资源为主。例如，承德市的城市定位是“避暑山庄和承德”。它的城市形象宣传片就相应地提出了“皇家休闲、畅享承德”的旅游主题。宣传片一开始就展现了承德的独特旅游资源：避暑山庄——清朝皇帝的避暑胜地，然后再以一位普通游客的视角从三个方面进行演绎：我在皇帝的别墅度假；我在享受皇家盛宴；我在皇家猎场驰骋。对承德的风景、饮食和玩乐旅游资源三元素进行了全方位展示，非常成功地塑造了承德市独特的城市形象。

2015年至2018年是中国各地城市形象宣传片的井喷时期，越来越多的城市渴望通过高质量的城市宣传片来打造良好的城市形象，吸引更多来自世界的目光。随着越来越多的城市推出宣传片，观众对于城市形象宣传片的要求越来越高，厌倦了“中国式宣传片”的观众很期望宣传片能具备不太一样的内容和形式，助力城市形象的塑造与城市营销的推广。

（一）武汉城市形象宣传片：《大城崛起》

2015年11月，在昆明召开的全国外宣工作协作会上，由中国外文局组织的2015年度“对外传播十大案例”评选活动揭晓。武汉市打造的城市形象视觉名片《大城崛起》入选并受到表彰，武汉也是唯一有入选案例的副省级城市。

《大城崛起》城市形象宣传片的成功在于两点：一是在于城市宣传片的内容。评选专家认为城市形象宣传片《大城崛起》具有鲜明的融合创新特色，紧扣“武汉，每天不一样”这一主题，将画面、解说、音乐等元素有机结合，制作精良，恢宏大气。二是在于其多途径的推广和宣传。武汉市委宣传部在腾讯、优酷、乐视等知名视频网站上载该片，并与美国媒体合作，通过推特、脸书推出宣传片；制作英语、俄语、韩语等不同语种版本，并在重要节会赛事和对外交往活动中广泛使用；加强与高校联系，通过海外招生推介等形式，在国外学生中广泛传播宣传片。[①] 该片的传播整合多种渠道，突出了国际传播，产生了广泛影响。

图 4－2　武汉城市形象宣传片《大城崛起》

武汉，中国绝对的中部城市，肩负着中部崛起的重担。这几年，武汉无论是城市建设，还是产业布局，无论是交通枢纽建设，还是物流体系打造，无论是商业氛围营造，还是制造产业布局，都得到了长足发展。以武汉大学和华中科技大学为代表，一流的教学资源和科研力量为武汉的发展，储备了大量的人力资源，使得武汉的经济实力，一直稳居中国前十的行列。

城市综合实力的提升也需要有相应的城市品牌推广做支撑。2017 年，武汉市委宣传部深入开展城市形象宣传工作调研，形成城市形象和对外宣传工作总体方案——运用互联网思维，着力宣传“大话题”，策划“大活动”，构建“大平台”，锻造“大作品”，打造武汉城市形象宣传品牌，“大江，大海，大武汉”的城市品牌愈发深入人心。

（二）乌镇：让明星为城市代言

明星为城市代言的案例并不少，但像刘若英般与乌镇结下不解缘的却为数不多。2002 年刘若英在乌镇拍摄的《似水年华》让乌镇水乡成了人们的魂牵梦绕之地，其知性、恬静与淡然的气质，与乌镇的气质很相衬，而她也因此与乌镇结缘，在 2007 年成为乌镇景区形象代言人。剧中的一句对白“我知道你会

① 城市形象宣传片《大城崛起》入选全国对外传播年度十大案例［EB/OL］. 20151109/20180727, http: //www. changjiangtimes. com/2015/11/516745. html.

来”仿佛是到乌镇旅行的召唤。时隔多年，刘若英于2017年再次为乌镇代言，这一次，无论是她还是乌镇，都已经有了翻天覆地的变化。如今的刘若英已结婚生子，乌镇也从当年的古朴小镇变成了国际化的旅游小镇。

在大量旅游景区还在按照传统的“山水—民俗—酒店”拍摄顺序，用威严的男声念百度简介来做宣传片的时候，乌镇作为以体验制胜的新兴景区，在宣传片上也体现了其重视细节，体验为先的一贯风格，在同类型景区中走在了前列。

短片时长1分30秒，安静的画面将刘若英的演绎与抒情的文案相结合，展现了乌镇的特色景点，古楼、街道、风土人情等画面，取得了令人耳目一新的视听效果，给观者留下了震撼且唯美的视觉享受。宣传片同时展现了乌镇近年来新打造的旅游节点：国际化的乌镇戏剧节、前沿的互联网大会等，同时也贯穿着乌镇作为百年江南水乡的历史感，新旧交融中的乌镇，既在不断革新自己，也始终不忘初心。[①]

图4-3　刘若英再次为乌镇景区代言

（三）上海：另类吐槽宣传片，创新之都的创新之举

作为创新之城的上海，2016年6月由以喜欢搞怪著称的上海彩虹室内合唱团演绎了全新上海形象宣传片《魔都·魔都》的单曲以及MV，一天

① 丁俊杰：影像城市｜盘点2017年，那些走出“中国式宣传片”怪圈的城市宣传片们[EB/OL].20180106/20180727. http://mb.yidianzixun.com/article/0I4br5XO.

内便刷爆了上海人的微信朋友圈和微博。

以往的城市宣传曲过于注重传递正面积极的信息，不够“接地气”。“吐槽”则是贴近网民的表达形式，在城市宣传曲中发起官方“吐槽”，这足以让人们大呼惊喜，而且也从侧面体现了上海这座城市的包容。

导演在MV中运用了很多上海元素，上海话的市井对白、《夜来香》的配乐、老上海风格的服装，以及必不可少的东方明珠等上海标志一一出现。这些内容让MV的上海味道更加浓郁，在展现上海海纳百川的文化的同时，也展现了人们温暖优雅生活百态。从“吐槽”切入，再解释其中真相，最后呈现城市面貌，这种非同寻常、极度大胆的手法，颠覆了以往城市宣传片正面严肃的套路，鲜明幽默地展现了上海“活力之都”和“创新之城”的国际风范和新锐品格，让观众通过宣传片从另一个层面更深入地了解了上海。

图4-4 上海彩虹室内合唱团演绎了全新上海形象宣传片《魔都·魔都》MV

（四）长沙：四个热血青年对城市的献礼

2017年长沙发布的城市宣传片名为《24:05》，这是四个热血的长沙青年对他们所热爱的城市的献礼。

五分钟很短，短到甚至不能悠然地品尽一杯红酒，但是只要五分钟，就可以邂逅所有长沙最美妙的瞬间，而这也正是这部城市宣传片的魅力所在。用强烈的视觉冲击力和影像震撼力树立城市形象，概括性地展现一座城市的历史文化与地域文化特色，使这部短片成为这座城市的视觉名片。

任何一部成功的城市形象宣传片制作，都离不开前期的精心策划与创意拍摄。《24:05》是由四位长沙青年：谭宇舸、晟龙、行亨、苍鸿共同拍制的。四个青年带着微单和无人机，穿梭在长沙的大街小巷，夜以继日拍摄着这座城市的风景、建筑、美食和人们。20万张定格、数百次飞行，拍摄了海量的素材，他们用脚步丈量长沙1.18万平方公里。他们利用“上帝视角”、延时摄影等多种方式，向人们展示了熟悉而陌生的长沙，从现代的高楼大厦到传统的老街老巷，向人们讲述了一个“长沙从哪里而来、又到哪里而去”的城市故事。[①]

（五）杭州：不仅是一首诗

杭州，过去因为与上海距离的相邻，在中心城市辐射力上差强人意，为此，杭州提出了“东方休闲之都，品质生活之城”的城市品牌宣言，提出了“住在杭州，游在杭州，学在杭州，创业在杭州”的四大卖点，使杭州成为独树一帜的新一代城市品牌的典范。

G20的成功召开让世界认识杭州，记住杭州。而杭州在G20之后也愈发重视城市形象的宣传和打造。2018年4月，由中共杭州市委宣传部、杭州市人民政府新闻办公室拍摄制作的2018杭州城市形象片正式推出，主题为《杭州，不仅是一首诗》。其中，三个章节的词语用得非常有韵味。

“源”：杭州，是历史文化名城。桨声摇曳，由八千年的跨湖桥文化、五千年的良渚文明启“源”，凸显因水而生的厚重底蕴。杭州，是生态文明之都。西湖是她的眼眸，湘湖是她的风韵，运河是她的胸襟，钱塘江是她的气魄，浸透江南韵味，凝结世代匠心。水边少女手执的西湖绸伞又变身雷峰塔的飞檐翼角，诉说着这座城市的活力与灵动。

“汇”：城市的魅力在于以人为本，宜居宜业国际范的杭州，更注重个体对城市的感受。“汇”字彰显了杭州在精致和谐之外的大气开放，只要有梦，无限可能。汇纳百川，船头弄潮，杭州，是创新活力之城。阿里巴巴、海康威视、吉利汽车等信息经济和先进制造业企业，引领先锋趋势；

---

① 丁俊杰：影像城市｜盘点2017年，那些走出“中国式宣传片”怪圈的城市宣传片们[EB/OL].201801306/20180727，http：//mb. yidianzixun. com/article/0I4br5XO.

“城市大脑”即将进入3.0时代，大数据让城市更聪明；“双十一”狂欢成交额不断刷新纪录，全球范围首次商用试点“刷脸支付”；从1到N，以梦想小镇为代表的众创空间像阳光雨露，支持每个弄潮儿茁壮成长。

“润”：三面云山一面城，一江春水穿城过。水，世世代代滋“润”着杭州人，也赋予这座城市浪漫、优雅、温暖的风骨。

（六）南京：最潮南京宣传片 The Best of Nanking

2016年1月底，一部被称为“最潮南京宣传片”刷爆了很多人的朋友圈。在主题为“The Best of Nanking”的影片中，南京古往今来的地标建筑悉数亮相，尽显恢宏，美轮美奂，很多稀松平常的建筑拍出了纽约摩天大楼的即视感，大量的延时和航拍相结合的镜头画面令人耳目一新，堪称好莱坞大片的画面，加之纯正低沉的英文念白，搭配震撼人心的背景音乐，使整部片子大气磅礴、动感十足。[①]

制作团队以一种新颖、独特的视角将南京淋漓尽致地展示在屏幕上，带领观众欣赏一个不一样的南京。这部作品由5个刚出校门不久的“90后”历时17个月制作而成，团队成员要么是南京土生土长，要么是在南京求学工作，对这座城市很有感情。为了完美展现南京，他们登上城市巅峰，追随星空轨迹，运用大范围动态延时摄影和无人机航拍高难度拍摄技术，只为影片的每一帧都能够展现最好的效果，留下心中那个最好的南京。宣传片发布后，不仅吸引了南京市民的观看，而且得到了海内外网友的关注。发布仅3小时后，点击量就逾150万。[②]

南京是一个古与今相结合的城市，历史文化名城和现代都市重合交融，朝天宫的后方便是城市楼群。古都是南京的过去，现代化是今天的南京，而南京的现代化的一面往往被人们忽视。最好的南京是未来的发展，而不是沉淀于六朝金粉的虚无。因此用这种现代感的手法去拍摄这样一部“宣传片”，无疑是值得称道的。

2015年至今，我们可以发现一个很鲜明的现象：随着中国更加重视品

① 丁俊杰：影像城市｜盘点2017年，那些走出“中国式宣传片”怪圈的城市宣传片们[EB/OL].20180106/20180727，http：//mb. yidianzixun. com/article/0I4br5XO.

② 真的很潮，这部南京城市宣传片潮出新高度[EB/OL].20160508/20180727，https：//www. sohu. com/a/74117331_411617.

图 4－5　南京宣传片 The Best of Nanking

牌形象的打造，不仅更加鲜明地树立了国家公共关系形象，各省市、各地区亦更加重视对品牌形象的打造。各省市纷纷明确自己的品牌定位，如好客山东、七彩云南、多彩贵州、好玩四川、活力广东、清新福建、美好江苏、文化河南、灵秀湖北、风尚辽宁、精彩吉林、大美青海、神奇宁夏、绚丽甘肃、印象重庆、晋善晋美山西、风景独好江西等。围绕着差异化的城市品牌定位，各地纷纷着手推出城市形象宣传片。2015 年至 2018 年是中国城市形象宣传片的井喷期，涌现了一大批脍炙人口的形象宣传片，无论是对于内容选材的精雕细琢，还是对于拍摄手法与创意的精准拿捏，无论是宣传系统的专业人士，还是市井摄影爱好者的拍摄，都值得称赞。现如今，大至大型的副省级城市，小至地级市大多都有城市形象宣传片，像南京、杭州、武汉等地更是不断地与时俱进，不定期地推出全新的城市形象宣传片。宣传片刷屏社交媒体朋友圈的过程，既是当地人提升对于城市文化认同感与归属感的过程，更是城市对外形象展示名片建立的过程。在许多城市纷纷走向国际舞台，吸引全球关注的过程中，有一部拿得出手的城市宣传片尤为重要。而近年来优质城市形象宣传片接连涌现也意味着中国的城市品牌形象登上了一个全新的台阶。

二、网红城市与新媒体助推

伴随着短视频的新浪潮，西安成为旅游城市中转型最为成功的城市之一。西安利用新形势进行宣传，打造城市历史新名片，利用短视频用户多，传播速度快，制作门槛低等特点，传播效果良好，吸引了众多旅游群众，使之旅游资源利用最大化，并且随着传统的线下销售模式边缘化，传统的旅游产品、服务以及宣传模式都在进行调整，以满足移动化和碎片化需求。

西安是第一批在抖音上走红的城市。抖音的用户黏性强，活跃度高，涵盖的年龄层也广泛，用户可以自己生产作品。西安利用这一特点，依靠抖音用户产出具有特色的宣传视频，大众化的背景音乐配上或唯美或豪情的视频画面，迎合了当下大众的品位。在 2018 年 3 月 28 日，西安市委宣传部召开专题会议，研究利用抖音平台宣传展示西安新形象，并将“美城、美食、美景”定为西安市宣传的新重点。通过与抖音官方合作开启了第二轮的城市形象宣传，西安的景点在短视频里一改城市宣传片中的庄重严肃，更加具有趣味性、大众性，短视频传播效果体现在旅游业的快速增长。[①]

另一城市长沙则拥有良好的媒体发展环境以及新媒体品牌。以《湖南日报》、“新湖南”客户端为代表的主流媒体，以“长沙发布”为代表的政务新媒体，以“长沙吃喝玩乐”为代表的自媒体等构建了强大的传播矩阵。顺应市场分流及用户需求的分众传播在为内容生产提供导向的同时也增强了用户黏性。饮食是最能体现区域特色的物质文化，是城市化生态的重要组成部分。城市饮食特色和味道记忆符号的建构表达，也最易受到关注和欢迎。特色美食是每个网红城市的法宝，是城市形象的重要组成部分。茶颜悦色是长沙本土原创品牌。在奶茶店遍地开花时，茶颜悦色结合中国传统文化和长沙本土文化元素，以独特的品牌文化成为奶茶界的顶流。文和友老长沙龙虾馆还原了 20 世纪 80 年代老长沙的风貌，相关短视频在数量和播放量上都不容小觑，曾因排号超过 7 000 桌而登上微博热搜榜，其火爆更加激发了网友们的好奇心。在本地市民的倾情推荐、外地游客的星标好评以及各大博主的加持下，地域餐饮品牌的走红为长沙这座城市带来了更多流量。以“快乐中国”为核心理念的湖南卫视和芒果 TV 制

---

① 陈静. 关于新媒体塑造和传播城市形象的研究——以抖音“网红城市”西安为例［J］. 文化产业，2021（18）：45－46.

作了许多颇受欢迎的综艺节目，湖南广电大楼成为追星族的打卡地，金鹰节永久落户长沙也为网红城市形象的构建与传播添砖加瓦，马栏山视频文创产业园、梅溪湖艺术中心等媒体艺术的种子深植于长沙这片热土。这些都成为长沙打造城市品牌的重要砝码，长沙城市品牌形象在众多优势资源的融合中得以呈现。①

第六节　日趋成熟的公关理论与实务

一、公关理论研究

2012至2019年间，以“公共关系”为主题在中国知网上发表的研究每年数量均超过1 000篇，2020—2022年数量虽有所下降，但成果仍十分丰富。这十年间，核心期刊和CSSCI论文数量总数达到1 000篇。从研究内容来看，学者将公共关系领域的研究重点放在了如下五个方面：公关理论、公关战略、公关传播、国家公关和危机公关等。

近年来，公共关系学术理论更加丰富。学者从不同角度切入，深挖公共关系的内涵。部分学者在已有的公共关系理论的基础上梳理了公共关系的伦理与哲学思考。胡百精和高歌整合了哈贝马斯、乔姆斯基等批判学者对公关提出的舆论操纵、驯化公众、规治越轨等指控，并总结了伯内斯、格鲁尼格等学者对这些指控的回应与救赎方案，提出了要结合哈贝马斯与乔姆斯基的观点，通过“改造语言和交往拓展人之认知和创造力，确立多元主体之间的平等对话关系遵守对话的理性规范”来“促进组织与公众之间的利益双赢和价值共创”。部分学者还将公关理论与其他领域理论相结合进行探讨；王越提出公关应塑造公共良心，重申了伯内斯的“公关顾问不唯客户马首是瞻亦对整个社会负责”的观点；解光宇和张娜则认为儒家管理哲学中的“以人为本”“义以生利”“中庸之道”等理念与公共关系的基本理念有相通之处，可以为建构中国的公共关系理论体系做出贡献；宫

① 雷梦青. 融媒体时代网红城市形象传播探析——以长沙市为例［J］. 视听，2021（04）：164-165.

贺通过梳理公关的理论范式，提出“文化分析”路径下针对公关主体的身份建构、情感互动以及象征性表达体系进行研究的可能模式。这些研究进一步完善了目前的公关理论体系。

随着公共关系在实践中的普遍应用，公共关系学已经成为受各大组织青睐的“显学”，有关公关战略的研究是公共关系理论联系实际的最好嫁接点。不同公关应用主体所研究的公关策略有所不同。徐佳着眼于高校的公共关系研究，提出用新媒体创新开展高校公共关系维护工作的正面舆情引导策略；王彦霖和刘成新提出，在新媒体所形成的网络信息环境下，品牌的危机公关应做到“及时高效的真诚沟通”“主动营销赢取情感支持”“转移舆论指向”以及“建立危机预警机制”；刘爽结合公共关系策略与媒体应对策略，指出企业面临突发性事件时的四大公关策略，即“完善预防体系”“设置媒体信息处理中心”“建立健全媒体沟通机制”以及“重塑企业形象”。

新媒体是在数字技术和网络技术基础上延伸出来的媒体形式，利用新媒体可以提升公关传播的内容到达率，也可以使得公关传播更加个性化。因其便捷性和互动性具有明显优势，学术界对新媒体在公关传播中的运用持积极正面态度。余平对新媒体视阈下的公共关系范式进行研究，他提出新媒体带来的不仅仅是技术上的改变，还有传播思想和思维方式的革新，重新构建了公关信息的传受模式，从长远看，新媒体给公关注入了活力并代表了公关未来发展的趋势。网络公关是公关传播研究的重要分支。近年来社交网站与“双微”等网络传播新形式的普及推动网络公关成为公共关系领域的一大研究热点，特别是微博是现阶段国内学者研究最多的新媒体网络传播媒介。黄鸿业研究了政府危机公关中的民间抗争性话语在微博上的传播机制，发现传播实体与其话语抗争程度并不显著相关，但传播效果与其固有影响力高度相关；高艳艳等对群体性突发事件舆情在微博中的传播进行研究，将群体性突发事件主体归为网民群体、事件指向群体和微博自媒体组织三类，结合强弱联系理论发现了舆情传播的关键者和两个阶段。值得一提的是，与国内关于网络公关及社交化媒体传播的研究百花齐放相比，国外相关研究则显得凤毛麟角。

随着全球化、公众参与政治、信息传播互联网化程度的加深，国家和政府对于公共关系的建立和维护日益重视，学术研究也在探索之中。国家层面的公关研究多是战略探讨，如王芳基于南海争端进行了国家公关方式的探讨，认为战略沟通与传播对于国家之间的关系转型和重构极为重要；陈先红和刘晓程提出了核心价值观传播的国家公共关系“金字塔形战略”构想，并就其“一个核心”“两个面向”“三组空间”“四种路径”“五大载体”“六种形象”做了解释。政府层面则多为策略性研究，如丁永玲对“电视问政”的媒介冲突框架及其原因进行了分析，并深入探讨了“电视问政”中所运用的政府公共关系策略；费爱华研究了西方政府媒体公关中的策略和技巧，如隐性舆论宣传方式、软性舆论调控手段甚至是“故意泄密”“埋葬坏消息”等“非常规”策略，为我国政府创新实践提供了一些启示。另外，江红艳等认为企业形象对国家形象具有溢出效应，米金升等进而提出以企业公共外交助力国家形象塑造。

恰当的危机公关能削弱危机的负面影响，减少危机主体在财物和声誉上的损失，因此危机公关始终是公共关系学术研究领域的重点。学者对政府、企业危机公关的研究重点有所不同。政府层面上的研究主要关注现状问题和管理对策，比如李轲研究发现，在当前的政治传播视域中，一些地方官员的形象严重“脸谱化”或“污名化”，官员形象亟须重塑；杨军针对新媒体环境下地方政府危机公关存在的信任缺失、方法不当等问题提出了一系列公共危机公关对策；刘丁蓉同样从政府危机公关的角度提出了包含团队建设、日常运营管理和突发公共事件处理流程三个方面的政务微博运营优化方案。企业层面上的危机公关则主要关注公关传播策略，比如曾繁旭等提出参与式沟通的危机公关新范式；周榕和刁世凤着重研究了媒体在危机公关中的作用，认为媒体扮演着危机公关中的主体、客体和手段三种身份，并据此提出危机公关的媒体策略；林梦彤认为，在网络环境中，企业进行危机公关应当“洞悉媒体与企业的矛盾统一”“把握‘黄金 4 小时’法则”“坚持责任诚信原则”“创建网络传播平台和信息发布机制”，以及“建立舆情监测系统和危机预控机制”。

二、公关国际交流

2012 年，由中国国际公共关系协会主办的、两年一届的中国国际公共关系大会于 7 月 26 日至 7 月 27 日在北京举行，本届大会的主题是：公共关系——创新推动文化产业。会议围绕这一主题，分别从公共关系构建国家软实力、公共关系促进社会创新、公共关系引导社会责任、公共关系迎接新媒体挑战、公共关系保持可持续发展、公共关系创造专业价值六个方面展开研讨。

2014年5月25日，中国国际公共关系协会在京举办了以“新机遇·再出发”为主题的2014年中国国际公共关系大会。紧紧围绕大会这一主题，外交部原部长李肇星、CIPRA副会长、国务院新闻办原主任王国庆、中国国际经济交流中心总经济师兼战略研究部部长陈文玲、蓝色光标传播集团总裁毛宇辉分别从“公共外交展望”“在新的历史起点上展示良好国家形象”“当前经济形势与公共关系行业机遇”“中国公关行业未来发展趋势与国际化”的角度做了大会主旨演讲。大会还开设“公关的边界：消失与融合”“大数据与公关变革”“资本的力量”三个分论坛。

2016年中国国际公共关系大会于6月23日在京举行。本届大会主题是“公共关系：变革中前行”。紧紧围绕大会这一主题，CIPRA副会长、国务院新闻办原主任王国庆，CIPRA副会长、国家外文局原常务副局长郭晓勇，中国中车股份有限公司副总裁余卫平，以及新榜CEO徐达内，分别以“新闻发布与讲好中国故事”“‘一带一路’与公共外交”“中国企业走出去与国家形象传播”和“数据里的自媒体”为主题做了大会主题演讲。大会还开设了“公关向何处去”“新媒体与公关变革”“资本市场与公关全球化”三个分论坛。

2018年中国国际公共关系大会在北京举行。本届大会的主题是：新时代，大公关——中国与世界。紧紧围绕大会这一主题，吴红波做了题为“新时代，大公关，助力实现中国梦”的主题演讲。随后，各专家分别以“在不可预测的时代对传播战略的再思考”“人类文明拐点中的中美关系”“在碎片化媒体时代构建信任”“新时代中国企业的公关需求”“公司外交：全球商业成功的关键”为题做了大会主题演讲。大会还开设了两个并行论坛，分别以“‘一带一路’：重构公关全球化新未来”“资本运营介入与公关转型”，以及“‘公关+’：数字时代的变革升级”“‘公关+’：数字时代的跨界融合”为主题，多位公关行业专业人士围绕公关全球化的机遇和挑战、资本对公关的影响，公关的变革与转型等话题展开热烈讨论。

2020年中国国际公共关系大会在北京举行。本届大会的主题是：公共关系赋能变化之世界。紧紧围绕大会这一主题，吴红波做题为“新冠疫情大流行下的国际形势”的主题演讲。随后，各专家分别以“这是我们的时代：由影响力驱动的传播的未来”“重大社会事件中的企业责任与公共关系建设”“坚持技术创新助力品牌提升——打造有全球影响力的智能出行科技公司”为题作了大会主题演讲。大会还开设以“央企形象的机遇和挑战”“短视频时代的注意力和影响力”“变局中的汽车公关新战法”为主题的三个论坛。

中国国际公共关系大会每两年举办一次，是中国公共关系行业具有重要影响力的综合性国际会议。中国国际公共关系协会及会员单位多年来为推动中国公共关系行业发展、促进中外交流合作、支持和参与国家公共外交事业做了大量工作。

三、企业公关实务

2003 年，华为经历了一次震惊全球的公关危机事件。国际数据通信巨头思科（Cisco）在美国德州起诉华为侵犯其知识产权，共列罪名 21 项，几乎覆盖了当时所有的知识产权诉讼领域。华为在得到消息后立即召开高层紧急会议，由任正非任命高层负责人并寻求专家来协助开展应诉事宜，而美富在处理国际知识产权领域丰富的专业经验发挥了重要作用。华为公关团队与法律顾问团队双管齐下，不仅在法律层面使思科节节败退，也在新闻媒体公布了思科在华为产品及营销、技术兼容等层面的报道不属实，并通过与 3com 公司合资组建新企业使思科不得不放弃高成本的持续诉讼。事件全程均由美国新闻媒体为首的全球知名新闻机构进行跟踪报道。从思科撤诉双方握手言和的一刻起，华为不但赢得了法律和商业层面的优势，更在全球打出华为的品牌，将能够与思科比肩、具有独立知识产权等标签烙印在了全球公众的记忆中。

2017 年央视 3·15 晚会报道称，福岛第一核电站发生严重核泄漏六年后，产自核污染地区的日本食品却在国内市场上悄悄出现。深圳海豚跨境科技有限公司、无印良品超市和永旺超市等平台，都在销售来自日本的核污染地区禁止销售的食物。深圳市市场稽查局发现，国内涉嫌销售日本核污染食品的网上商家初步统计已达 13 000 多家，针对这一问题，他们将展开全面的清理行动。显然，淘宝作为最大的电商平台，也可能涉及核污染食品的销售。另外央视 3·15 晚会上，也对支付宝“人脸识别”技术的安全性问题提出质疑。“人脸识别”这项新技术曾被支付宝在各种场合无限放大过，支付宝也一直宣称这样的新技术比单纯输入一个密码或验证码更加安全。央视 3·15 晚会在现场进行了测试，虽然没有明确提到软件是支付宝，但对这项技术提出了极大的质疑：通过“人脸识别”竟能登录他人 APP。

淘宝和支付宝面对 3·15 晚会提出的问题，基本都在节目播出后 30 分钟以内做出响应，且回应速度快，逻辑清晰，解释合理。关于日本核污染食品，淘宝第一时间就将其从平台上全部下架。而关于支付宝人脸识别问题，由于与自身产品关联并不直接，支付宝官方账号延续了一直以来的“逗比”风格，直接表态“躺枪”。

四、公关公司的成熟与发展

在 2020 年中国公关传播行业财富 40 强排行榜中，排名前十的企业依次为蓝色光标、科达股份（爱创）、华扬联众、联创互联（上海麟动）、联建光电（友拓公关）、中青博联、华谊嘉信（迪思传媒）、众引传播、多想互动和宗源营销。

北京蓝色光标数据科技股份有限公司所处行业为其他信息传播服务业，经营范围包括企业形象策划，营销信息咨询（中介除外），公关咨询，会议服务，公共关系专业培训，设计、制作、代理、发布广告；科达集团股份有限公司成立于 1993 年，为数字营销集团公司，行业属性为“互联网和相关服务”；华扬联众数字技术股份有限公司（Hylink）成立于 1994 年，自 2002 年以来一直专注为客户提供互联网综合营销服务，目前已发展成为国内互联网营销领域内最具竞争力的领先企业，于 2017 年 8 月 2 日在上交所上市，华扬联众曾多次荣膺国内及国际创意大赛等诸项殊荣，并两次选送代表担任戛纳广告节评审委员；山东联创产业发展集团股份有限公司围绕化工新材料与数字营销服务两大业务板块并行发展，多产业相辅相成，打造产业化集团公司，为客户提供高效、持续、稳定的产品与服务，为股东创造利益最大化；深圳市联建光电股份有限公司是一家专业提供

LED显示系统解决方案的高新技术企业，公司以“全球数字显控系统提供商”为定位，以其强大的LED显示技术支撑协同集团数字营销服务板块、数字户外媒体网络业务板块，搭建客户和用户之间完整的传播服务平台，是联建集团“产品＋服务”战略模式中的重要组成部分；中青博联成立于2002年，始终致力于为政府、社团、企业等集团客户提供包括会议与奖励旅游、国际会议组织管理、市场活动管理、公关传播、广告、展览体育营销在内的整合营销服务；北京华谊嘉信整合营销顾问集团股份有限公司，2003年成立于北京，大力推进“大数据、大内容”战略，积极打造全域营销生态圈并实现海外拓展，现有数字营销、体验营销、内容营销、大数据营销及公关广告五大业务板块，充分利用新技术、新媒体实现业务拓展、升级创新，推进资源平台化，解决方案产品化，实现从“执行服务型”到“资源价值型”整合营销体系的全面升级。

第七节　走向未来：中国公共关系发展展望

有人说中国公共关系的发展对世界公关的贡献，就好像南非钻石对世界钻石的贡献，因为中国有全球最大的公关市场。[①] 毋庸置疑，中国公关从无到有、从言微到力沉、从被误解到被重视已经成为中国社会乃至世界经济发展不可或缺的重要力量。伴随着世界经济一体化进程的不断加快，中国公关也发生着日新月异的变化。

一、公关市场国际化

中国公关市场是一个从无到有、从分散发展到逐步规范、从国内化到国际化的过程。公关目前在中国早已成为一个被政府认可并拥有广阔服务领域的崭新职业，公关从业者的人数已达到数十万人，这是一个巨大飞跃。

中国提出“一带一路”倡议，不仅对中国和世界经济的发展会产生重

① 胡春香. 中国公共关系发展趋势 [J]. 生产力研究，2005 (12)：107－108.

要影响，而且对中国和世界公关业的发展必将产生重大影响。这种影响表现在中国公关市场国际化趋势上会更加明显，具体表现在：

首先，更多的国际公关公司将随中国对外开放的步伐跟进中国市场。随着“一带一路”倡议的持续和深入推进，全球化背景下的国家公关意识和策略不断增强，中国公关行业迎来了更大机遇，服务领域更广，从业人员的视野更开阔，中国的公关业将在不远的将来，步入一个千亿级市场。

其次，中资公关公司将不断壮大发展，业务趋向国际化。发展趋向会有两种模式，一种是纯中资式，一种是合资式。他们的服务对象会有所变化，20 世纪 90 年代，中资公关公司的绝大多数客户均是国内客户，但近一两年这种情况已发生了变化，中资公关公司的外资客户比例已明显提高，像世界著名的跨国公司，微软、康柏、惠普、诺基亚、摩托罗拉的许多公关业务已置于中资公关公司名下。同时，合资公关公司数量将会增加，中外公关公司的合作倾向将更加明显，这种联手将更多地带动国内一些著名企业走向世界，开创国际品牌，开创国际市场。较早进入中国市场的外资公关公司已在寻找合作伙伴，希望开拓中资客户在海外的业务，例如爱德曼公司早在 1996 年就与大连、沈阳、成都等一些地方的公司开展了联营业务。

公关公司的国际化和国内公关业务的国际化将促进中国公关市场的国际化，最终迎来公关市场的不断成熟壮大。期间表现出来的国际化和本土化相融合的趋势愈加明显。此外，公关行业的兼并、重组已经成为常态，资本加速进入公关行业，而公关行业也正在借助资本的力量做大做强。

二、公关实务专业化

经过几十年的磨炼，随着中外公关市场的逐步接轨、市场运作的游戏规则的更加健全规范，中国公关业将彻底摆脱 20 世纪 80 年代初以来公关业的阴影，真正走出公关就是所谓的“笑脸相迎”的低层次的漩涡，大踏步地迈入公关实务专业化的轨道。具体表现为：

首先，公关实务从内容到形式得到极大丰富。公关从企业公关、政府公关发展到各行各业，出现了高科技公关、时尚公关、环境公关、艺术公关、体育公关等。公关手段和技巧更为丰富，从一般的新闻发布、媒介宣传、市场推广的营销公关，到政府关系协调、大型活动策划等。

其次，专业服务进一步细分，更加到位。公关公司将从简单的项目执行发展到向高层次的整合策划和顾问咨询方面。公关公司的业务运作规范更加国际化、标准化，服务标准将纳入国际统一的标准体系中。

最后，专门化的公关公司备受各级组织青睐。针对不同行业组织的专门化公关公司将层出不穷，如金融公关公司、通信公关公司、旅游公关公司等。这种专门化的公关服务公司将给组织带来更为详尽到位的全方位服务。人们就像离不开法律顾问一样离不开公关公司，由此而生的公关咨询业将成为21世纪公关业新的增长点，公关咨询业表现出的强劲的智力劳动价值将得到尊重和高度重视。

三、公关手段科技化

随着互联网多媒体时代的到来，越来越多的组织已认识到信息网络及其他现代传媒新技术对公关传播的重要意义，这些新技术将完成对公关传播沟通管理的方法和手段的调整和更新。实际上，网络支持着公关传播的开展，如电子邮件、组织形象介绍的网址、网上新闻发布、网上展览、网上市场调查、网上新品推广、微信微博抖音、各类APP等，使公关传播的平等性、双向性、反馈性得到更大程度的提升，信息传播双方已成为真正意义上的平等交流伙伴，实现了更深层次含义上的双向互动。随着高科技的发展，人类传播史上的革命还将继续，我们有理由相信，未来的公关手段将更加数字化，人们会在高科技的服务支撑下，实现真正意义的人际互动，这时的高科技将是人类亲密无间的朋友。人们驰骋在信息高速公路上，好比在自己温暖的家中一样自由自在。50年前的今天，我们不会知道计算机会彻底地改变我们的生活，同样，50年后，我们所期盼的高科技会再一次让人们欢呼雀跃。公关总是会毫不含糊地选择最先进的高科技传播手段为社会民众服务，为市场经济服务。此外，跨界融合进入新阶段，行业的跨界融合与合作已成为新常态，公关与广告、营销行业的跨界融合开始提速，目前已形成行业之间优势互补、相互渗透的竞争格局。

四、公关地位战略化

以移动互联网、大数据、人工智能、云计算等为代表的新兴技术的高速发展引发了全球经济革命，中国这一最具潜力、全球最大的市场更是吸引了全球投资商的注意，越来越多的外国企业进入中国市场，而中国企业也逐步意识到专业公关服务的重要性，这些因素导致公关咨询业务量急剧上升。新经济发展为传统公关服务注入了新的内容，信息技术、传播技术突飞猛进，媒体多元化、媒体互动化、信息个性化为公关业务的创新发展带来了新的机遇。一大批有识之士已认识到，扮演着传播顾问角色的公共关系将在这场经济革命中发挥至关重要的作用。一方面，组织的形象竞争呈白热化状态，公共关系作为一种重要的传播手段和战略，将为组织塑造“全球形象”并被纳入组织的战略管理层面，其战略性地位日益巩固。另一方面，人类面临的一些全球性问题，比如环保、人口膨胀、战争与和平、人权与主权等问题的存在与解决，已非一个国家、一个民族所能承受，它必须通过国际间的沟通对话，形成共识，制定国际化标准，靠全人类的通力合作来解决。而公共关系在解决此类问题的过程中，是最成效的。公共关系在未来发展中的战略地位越来越明显，随着这种战略地位的确立，公关产业化也将随之形成，公关业将同信息业、咨询业等构筑起中国新兴知识产业的又一道风景。

五、公关教育规模化

2000 年中国国际公共关系大会拟定通过的《新世纪中国公关业宣言》提出“振兴公关、教育为本”。中国公关事业的发展、中国公关事业与国际接轨，是与中国公关教育的水平直接相关联的。反观 20 世纪 80 年代初中期，中国之所以出现“挂羊头，卖狗肉”、拉关系走后门的公关，且很有市场，原因除了社会上流行着急功近利的思潮外，还包括中国公关教育水平低下，公关从业人员素质差。21 世纪，是世界经济大循环、经济技术快速发展的时代，信息技术、网络经济、生命科学等的发展，将为人类的生活、学习、生产带来前所未有的机遇和挑战。同样，全球公关业面临的新问题也是前所未有的，这对公关从业人员的数量和质量提出了更高的要求。市场不仅迫切需要大量的公共关系人才，而且更青睐复合型的公关人才，复合型的公关人才既是公关领域的"专才"，又是社会科学领域的"通才"，其知识结构和技能结构应是全面的，这就要求高校来完成对复合型人才的基本培养。社会化的公关教育与培训将有增无减，在公关行业发展的推动下、在规范化的高等教育的引导下，全社会的普及型及提高型的公关教育与培训，将有规模、有系统地交叉运行；建立完善的公关职业培训体系和理论研究体系，培养一大批掌握公关技能、高素质、敬业的高级公关从业人员，加快引进国际先进的公关技术和最新理论，最终促使整个行业与国际接轨；同时加强行业服务、行业指导，最终建立中国公关行业管理组织。随着公关职业的认定、公关资格考试的规范化，公关事业必将更为成熟，中国公共关系职业将迈入新时代。

六、公关人才竞争白热化

随着中国公关市场的成熟、公共关系教育的规范化、公共关系市场的国际化，公共关系人才的竞争将更为激烈。一方面，公共关系作为一项智力产业，其专业化智力劳动的价值将得到前所未有的尊重；另一方面，由于市场经济体制的发展，各类组织均已改变了以往那种大而全的组织管理架构，并接受了专业化的市场新观念，这势必促使组织在开展公共关系活动的时候，会优先考虑吸纳最优秀的公共关系人才加盟，让组织有限的传播资源获得最大的效益。公共关系市场的发展与不断完善，将激活公共关系的人才市场。实际上，目前公关人才的争夺战已打响，一些外资公共关系公司为开拓中国市场，利用高工资、高待遇想尽一切办法从中资公共关系公司挖人才。

中国国际公共关系协会行业调查显示，国际公关公司紧缺人才的前三位是：高级咨询顾问、高级管理人员、客户经理；本土公关公司紧缺人才的前三位是：高级文案、客户经理、高级管理人员。国际公关公司人才选拔标准强调沟通能力、外语水平、文案写作能力；而本土公关公司人才选拔标准强调沟通能力、公关工作经验、外语水平，并且非常强调能适应高强度、具有挑战性的工作。这样的竞争将大大促进中国公共关系事业的健康发展，也将造就中国公共关系的人才市场的早日形成。当然，在发展中，同样会存在行业不正当竞争的现象，但公平、公开、公正的基本规则同样会在激烈的竞争中得到确立和维护。公关从业人员恪守职业道德，加强行业自律，是公关业自身形象和信誉的保证。

附录 1
1978—2022 年公共关系行业研究分析

一、中国公关公司增长概况

中国的公关业是应 1978 年中国的改革开放，随着市场经济的发展而发展起来的，经济全球化和信息技术高速发展为它的生存和发展提供了基础。1984 年，美国最大的国际性公关公司之一——伟达公关公司在北京设立办事处。1986 年，历史悠久并素有世界最大公关机构之称的美国博雅公关公司又与新华社合作，成立了中国第一家本土专业公关公司——中国环球公关公司。自此，中国人从不懂公关，到认识公关，公关公司开始在中国生根发芽。真正促使中国本土公关行业爆发的是互联网经济大潮，这期间产生了许多在行业内颇具影响力的公司，如蓝色光标、海天网联、道康等。一时间，中国的公关公司如雨后春笋般蓬勃发展。

国内公关公司主要分布于北京、上海、广州。根据调查，截至 2005 年初，全国公共关系公司数量超过 2 000 家，其中，北京最多。另外，在深圳、成都、大连等城市正在陆续建立少量的办事机构，其中北京、上海、广州、成都四个地区市场占全国市场份额的 70%，北京市场保持 40%以上的市场份额，上海市场继续保持快速的增长势头。从公司规模来看，相对成熟、专业的公关公司员工人数一般在 20～50 人之间，中国国际公共关系协会调查报告估计，这样的公司超过 150 家，专业从业人员超过 15 000 人。

我国的公关公司呈现出明显的金字塔型的结构，民营企业占绝大多数，而中外合资企业以及外商独资企业相对来说要少得多。但成立年限在10年以上的公司基本上为国外公关公司在中国建立的全资或合资公司，他们把先进的专业公关知识和经营理念引入，带动了整个行业的发展。

目前国内公关行业主要机构如附表1－1所示：

附表1－1　国内公关行业主要机构

公司名称	公司简介	主要客户
蓝色光标	成立于1996年，2010年登陆创业板，成为国内首家公共关系上市企业。近年来，蓝色光标通过收购兼并，主营业务范围扩展至公共关系服务、广告策划、广告发布、活动管理、展览展示、财经公关业务等领域	TCL、广汽丰田、宝马、索尼、联想、vivo、海尔网易、小鹏汽车、西铁城、长城葡萄酒、欧莱雅、京东等
迪斯传媒	成立于1996年，为汽车、IT、通信、金融、食品饮料等行业的企业及机构提供优质的以公共关系为核心，兼有品牌策略与广告创意的全方位整合传播服务	长安汽车、长安铃木、古正科技、中国联通、东风日产、中粮集团、上海大众、王老吉、淘宝商城、光大银行、伊利等
友拓公关	成立于2010年12月10日，主营业务是为快速消费品、电子与高科技、教育、汽车、金融、地产等行业的企业及政府机构、非政府机构提供优质的公共关系	加多宝、戴尔、特斯拉、高德地图、顺丰速运、斗鱼直播、蒙牛、中粮、统一、雪花啤酒、特仑苏等
信诺传播	成立于2005年，是一家立足于品牌传播与活动传播的公关机构，为众多知名企业、国际组织、城市及政府机构提供整合传播解决方案	奥迪、宝马、阿斯顿马丁、劳斯莱斯、林肯、MINI等
海天网联	成立于1995年，是我国本土较大的市场营销传播机构之一，在上海、广州、成都、沈阳、香港等地拥有分支机构，业务分布于各个行业内的国内外众多知名品牌，有很高的声誉	华为、奔驰、梅赛德斯-奔驰EQ、腾讯、英特尔、蔚来等

2016年*The Holmes Report*公布的最新的公关公司排名中，蓝色光标（蓝标数字，以PR为核心业务）排名第九。公司2015年的业绩增速

为36.7%，五倍于其他上榜前十的公关公司。公司数字营销业务依旧保持高速增长。

2017年全球公关公司排行榜TOP250中，有六家中国代理商进入Top 250的榜单，分别是蓝色光标（9名）、DT Digital（第228名）、中青旅联科（第94名）、数字传播公司赞意互动（第186名）、众智亚洲（第123名）和香港纵横公关（第82名）。

从历年*The Holmes Report*公布的榜单来看，蓝色光标从2007年位列全球公关公司排名第75名，成为唯一一家入选全球公关行业百强的中国本土公关公司开始，十年来蓝色光标从百强到30强、20强，再到连续两年站稳全球10强；中青旅联科，2016年营收18 123 494美元，同比增长79%，排名从137位提升到94位；DT Digital，2016年营收500万美元，同比增长11%，位列228名；赞意互动，2016年营收700万美元，同比增长40%，位列186名；众智亚洲，2016年营收1 320万美元，同比增长3.5%，位列123名；香港纵横公关，2016年营收223万美元，同比增长2.3%，位列82名。

2022年*PRovoke*（原*The Holmes Report*）全球公关机构排名Top250中，五家中国代理商进入该榜单：蓝色光标（11名）、德信传媒（23名）、中青旅联科（50名）、香港纵横公关（115名）、赞意互动（194名）。

二、国际传播集团

在全球广告市场上，最著名的有六大集团：WPP、宏盟、阳狮、埃培智（IPG）、电通（Dentsu Inc）、哈瓦斯（Havas），他们主要负责为客户提供广告、市场营销、公关、网络营销、客户关系管理和咨询等服务。综合这些广告传播集团的财报来看，可以发现亚洲及太平洋市场的广告收入增加比较多，以中国市场为例，这可能受益于经济的较高水平增速，以及本土企业在广告预算上的扩大。

2015年，电通在日本本土市场的增长率为3.9%。而在国际市场中，欧洲、中东和非洲地区的增长率高达12.2%，来自亚洲及太平洋地区的营收增长率也很高，为11.4%。在简报中，他们提到中国市场达到了两位数的增速。从地域上来看，宏盟集团（Omnicom，旗下著名的广告公司包括

BBDO、DDB等）在亚洲太平洋地区的业务增长最快；第二大增长的市场是非洲以及中东地区；在拉丁美洲，他们的营收下滑了5.3%。阳狮（Publicis Groupe，旗下著名的广告公司包括李奥贝纳等）在亚洲地区的有机增长率最高，达到了4%，而在拉美地区的业务缩减了5.3%。值得注意的是，阳狮数字营销的收入占总收入的52%，比去年同期上涨了64%，亚洲区的数字媒体业务上涨得尤其多。可以看出他们在努力转型中。埃培智（IPG，旗下著名的广告公司包括麦肯、公关公司万博宣伟等）的财报中的地域变化没有划分得那么细，来自国际市场的收入下降了，来自美国本土的收入增长了7%（见附图1-1）。

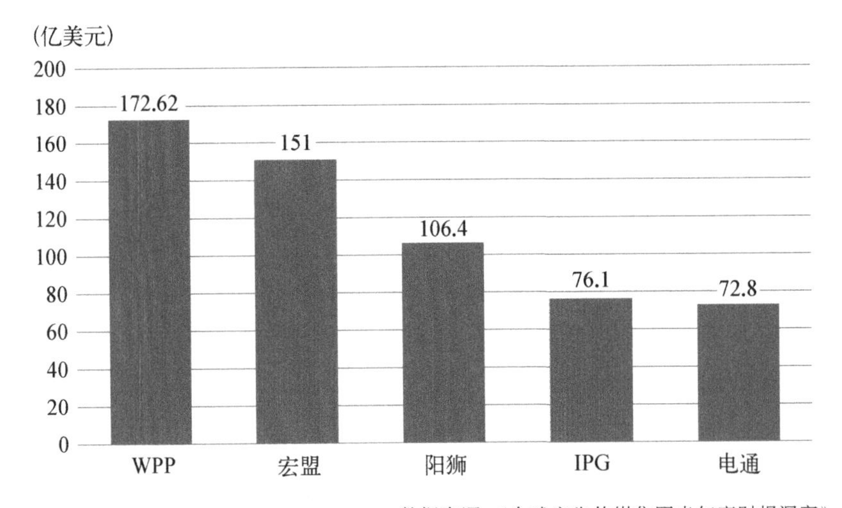

数据来源：《全球广告传媒集团半年度财报洞察》

附图1-1 国际传播集团财务情况

2021年六大集团的有机增长整体向好，都突破了10%，具体分别为12.1%（WPP）、10.2%（宏盟）、10%（阳狮）、11.9%（IPG）、13%（电通）、10.4%（Havas）。

三、中国公关市场年度营业额变化

相关数据表见下，如附图1-2、附图1-3所示。

2015年，随着新媒体传播的迅猛发展，中国公共关系市场依然保持稳定而快速增长的势头。据调查，整个市场的年营业规模约为430亿元人民

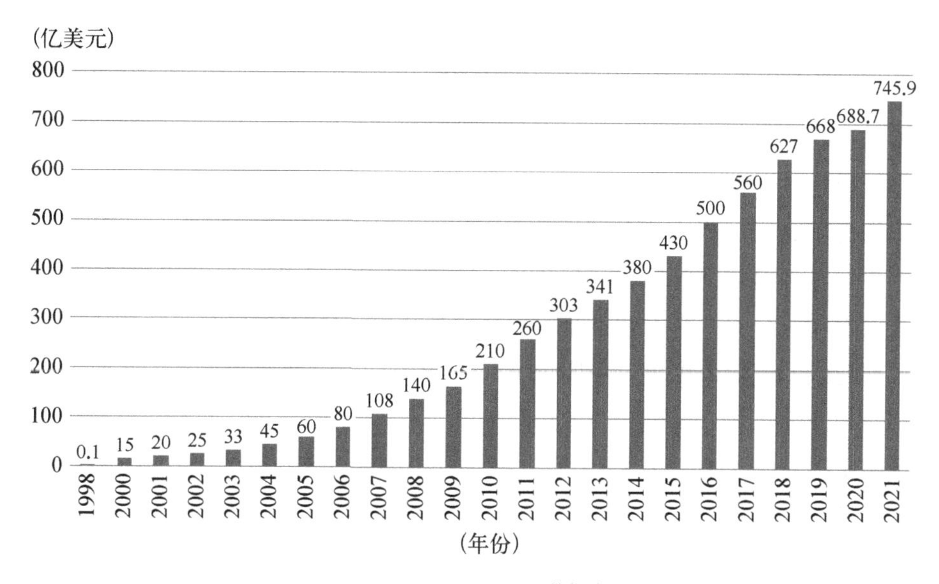

数据来源:《中国公共关系年度调查报告》

附图1-2 年度营业额变化

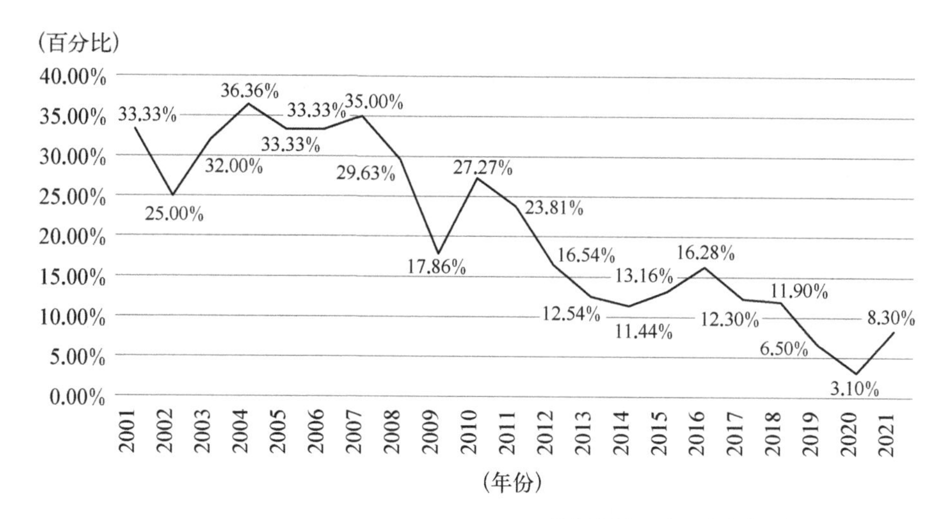

数据来源:《中国公共关系年度调查报告》

附图1-3 年度营业额增长率

币，年增长率为13.2%。相比2014年11.5%的增长率，增幅略有上升。2016年，伴随"一带一路"倡议的持续推进和具体实施，中国公共关系市场机遇增大。同时，在"大众创业、万众创新"的背景下，中国公共关系行业新生力量不断涌现，市场保持稳定而快速增长。据调查，2016年整个市场的年营业规模达到 500 亿元人民币，年增长率约为 16.3%。相比 2015 年 13.2%的增长率，增幅有所上升。2017 年，随着中国公共关系市场不断规范化、专业化，整个行业呈良性竞争的发展趋势，增长率基本趋于稳定。据调查，整个市场的年营业规模达到 560 亿元人民币，年增长率约为 12.3%。相比 2016 年 16.3%的增长率，增幅稍有回落。尽管 2018 年中国经济面临下行压力，但中国公共关系市场依然呈现稳步增长态势，表明市场对公关的需求在不断增加。调查显示，2018 年整个市场的年营业规模达到 627 亿人民币，年增长率约 11.9%。2019 年整个市场的年营业规模约为 668 亿元人民币，年增长率为 6.5%，略高于 GDP 增长幅度。行业增幅依旧保持平稳增长，但受全球经济下行压力的影响，增幅与上一年度 11.9%相比，有较大的回落。2020 年突如其来的新冠肺炎疫情给中国公共关系市场带来较大影响，调查显示，2020 年整个市场的年营业规模约为 688.7 亿元人民币，年营业额增长率为 3.1%，略高于全年 GDP 2.3%的增幅，利润增长率为 1.2%。受疫情和整体经济形势的影响，行业收入与上一年度相比，增幅有较大的回落。2021 年，面对持续的全球新冠肺炎疫情，中国公共关系市场开始恢复性增长。2021 年全行业营业规模约为 745.9 亿元人民币，年增长率为 8.3%。相较于 2020 年 3.1%的年增长率，公关市场有了较大的恢复性增长。

随着用户生活数字化程度的加深，网络广告市场规模将继续扩大。Analysys 易观智库研究数据显示，2014 年关键字广告依然是最受广告主青睐的广告投放形式，视频广告继续保持快速增长，这种变化一定程度上是由搜索、视频等大型媒体平台的发展而带动的。另外搜索与视频在移动端的商业模式、营销形式最易实现直接的复制，在流量转移后，营销收入跟进。程序化广告加速发展，一方面，越来越多的广告主尝试程序化广告投放，并获得良好的广告效果；另一方面，DSP 提供商也在加速提高自身技术水平以实现媒体资源对接和人群定向能力的升级，努力积累丰富的程序化广告投放经验。

根据 Statists 天风证券研究所数据，2019 年全球排名前三的广告市场分别为美国、中国和日本。全球广告市场整体规模上，除 2020 年略有小幅下降，总体来看，全球广告市场规模不断增长，预计 2022 年至 2026 年规模仍将不断扩大，但近年来市场发展增速有所放缓（见附图 1－4）。

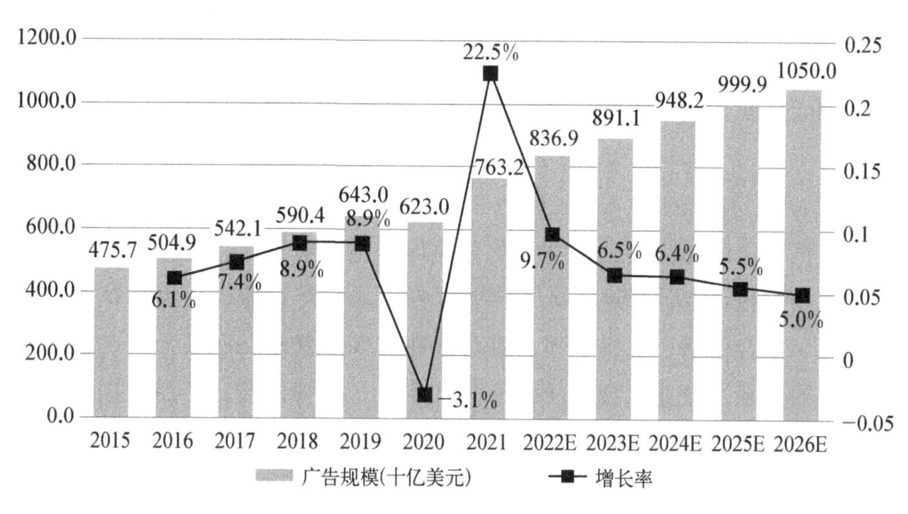

数据来源：Statists 天风证券研究所

附图 1-4　全球广告市场规模

四、公关业界经营构成

公共关系服务通过调查、策划、实施、评估及咨询等手段，对客户与公众之间的信息加以管理，以满足服务对象的需求，从而形成一条有效的沟通传播渠道。公共关系从信息传递的角度来讲，是公众沟通的一种有效手段。

（一）行业产业链

公共关系行业的上游行业为媒体。公共关系公司提供专业服务时，需要与相关媒体（包括电视、广播、杂志、报纸、网络等传媒机构）进行沟通，根据客户的需要集中采购广告类版面或栏目用于品牌传播或产品推广，因此传媒行业是公共关系行业的上游行业。

随着科技的进步，现代社会媒体介质越来越多，传播方式也越来越丰富。传媒市场供给较为充足，公共关系行业在传播介质的选择上拥有主动权，不存在对传媒行业的业务依赖。因此，传媒行业不会对公共关系行业产生较大影响，公共关系行业对上游行业的依赖程度较低。

公共关系行业的下游行业为客户，即公共关系服务最终消费者，包括需要公共关系服务的企业、政府机构及非政府组织。客户的公共关系需求随着所处行业的发展会同步增加，客户所处行业的发展直接影响其公共关系预算的高低，从而影响公共关系行业的发展。

（二）细分行业

根据中国国际公共关系协会发布的行业调查报告，我国公共关系服务内容主要包括：传播顾问、媒体传播服务、品牌传播服务、媒体执行、产品推广、整合传播、危机管理、活动管理、事件营销、网络公关、数字传播、政府关系及企业社会责任服务等。其中，品牌传播、产品推广、危机管理、活动管理、数字媒体营销、企业社会责任为主要的业务。其中，危机管理服务是指为客户建立系统的危机预警及管理体系，为危机事件提供事前预防、预警及事后处理等服务。

在危机事件发生前，公关公司依托自身高效的全网信息监测系统进行24小时危机预警，为客户提供及时有效的舆情监测。全网信息监测系统能够有效地进行全网监测，对包括新闻、论坛、博客、微博、微信、贴吧、网站等各类型媒体，进行海量网络信息的全天候自动采集；通过设定关键词，搜索，整理并分析媒体信息中所包含的行业新闻、用户关注内容、舆论导向及市场评价等，及早发现影响客户品牌和声誉的潜在威胁，对负面信息进行分类管理并实行重大负面项目的单项检测，制作舆情分析报告，制定危机预防方案和提供危机处理建议，协助客户预防危机事件的发生。

当危机事件发生时，公关公司即刻分析并评估危机的性质、影响范围、传播速度及危害程度，为客户制定危机管理方案，提供危机管理咨询服务，尽可能地减少危机对客户的影响，并与客户共同制定品牌恢复方案，帮助客户重塑自身形象与品牌声誉。

在危机事件发生的后期，公关公司致力于对客户品牌和声誉的恢复，通过覆盖全国的媒体网络资源启动品牌修复工作，高效、快速地重塑客户品牌声誉。

（三）网络公关业务继续呈现较快增长势头

随着互联网时代的到来和信息传播速度的加快，报刊、电视等传统传播途径已经难以满足企业的需求，网络媒体成为公共关系服务的“兵家必争之地”。随着微博、微信等社会化媒体的快速、深入发展，以及在公关行业方面日益广泛的应用，网络营销、危机公关、微博微信沟通等已经成为公共关系公司和客户都非常认可的重要传播手段，部分公共关系公司的新媒体业务已经成为重要的增长点。

2015年，35家Top公关公司中，4家以顾问咨询为主（11%），7家以活动代理为主（20%），10家以传播代理为主（29%），14家以新媒体业务为主（40%）。新媒体业务、传播代理为行业内主营业务，这表明随着新媒体时代的不断发展，新兴公关业务需求也在不断增加。

2021年，40家公关公司（年度TOP30和10家最具成长性公司）中，17家以数字化传播为主（42.5%），4家以活动代理及执行为主（10%），14家以传播代理及执行为主（35%），5家以顾问咨询为主（12.5%）（见附图1-5）。业务类型名称逐渐细化，新媒体业务也进一步被称为数字化传播，顺应时代发展与变化。

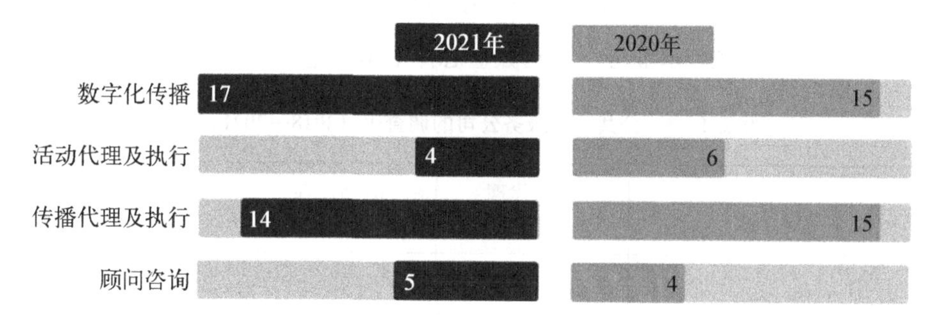

数据来源：中国公共关系协会公共关系服务公司调查

附图1-5 业务类型市场构成（公司数）

根据中国国际公共关系协会对2012—2014年具有代表性的35家公共关系服务公司的调查（见附表1-2），从数量变动关系来看，2012—2014年，“顾问咨询”与“活动代理类”公关公司数量基本持平，“传播代理与媒体执行”类公关公司数量总体上呈现递减态势，“网络公关”公司数量总体上呈现递增态势。从业务类型构成来看，2014年，其中4家以顾问咨询为主（11%），11家以传播代理和媒体执行为主（31%），8家以活动代理为主（23%），10家以网络公关为主（29%）。上述数据表明网络公关已经逐步成为公关公司的主要业务之一，传统的公关业务在逐渐减少。

附表 1-2 公共关系服务公司的调查表（2012—2014 年）

	顾问咨询	传播代理与媒体执行	活动代理	网络公关
2012	4	15	8	4
2013	8	9	6	12
2014	4	11	8	10

数据来源：《中国公共关系业年度调查报告》

根据中国国际公共关系协会对 2018—2021 年的年度 TOP30 公司和 10 家最具成长性公司共 40 家公共关系服务公司的调查（见附表 1-3），从数量变动关系来看，2019—2021 年，“顾问咨询”与“传播代理及执行”公关公司数量基本持平，“活动代理及执行”类公关公司数量总体上呈现递减态势，“数字化传播业务”公司数量总体上呈现递增态势。

附表 1-3 公共关系服务公司的调查表（2018—2021 年）

	顾问咨询	传播代理及执行	活动代理及执行	数字化传播业务
2018	5	11	10	11
2019	6	13	10	11
2020	4	15	6	15
2021	5	14	4	17

数据来源：《中国公共关系业年度调查报告》

（四）盈利模式

本土公关公司主要采用了两种收费方式：一是，对于稳定性较高的客户，公关公司通常与之签订固定的公共关系管理合同，并为其提供品牌传播、产品推广、数字媒体传播服务以及企业社会责任服务，对于此类服务，公关公司通常按月收取固定费用。二是按照客户的需求，按项目为客户提供专业服务，并按照项目策划至实施完毕的整个过程来收取项目服务费用，此部分服务包含活动管理服务与危机管理服务。

（五）近年中国公共关系市场服务领域

2014年度中国公共关系服务市场的前五位为大型企业主数目较多的汽车行业、快速消费品行业、医疗保健行业、通信行业、互联网行业，合计占比达到58.70%（见附表1-4）。与2013年相比，汽车行业、快速消费品行业贡献的营业收入占当年公关行业营业总额比重基本保持稳定，占据行业的前两位。然而，医疗保健行业（2013年占3.3%）和互联网行业（2013年占3.2%）所占比例增长较快，尤其是医疗保健发展迅猛，表明了该行业的公关支出在急剧增长。

2015年度中国公共关系服务领域的前五位为汽车、快速消费品、互联网、通信、IT。汽车和快速消费品依然是排名前两位的行业，互联网行业则从2014年的第四位，上升到第三位（见附表1-4）。

附表1-4 公共关系服务领域的行业市场份额增长表

行业市场份额	2014年	2015年
汽车	26.90%	31.30%
快速消费品	14.10%	14%
互联网	5.40%	10.70%
通信	7.70%	8.50%
IT	4.90%	4.60%
制造业	4.80%	4.40%
医疗	10%	4.20%
金融	2.10%	4%
房地产	4.40%	3.40%

数据来源：《中国公共关系业年度调查报告》

附表 1－5 公共关系服务领域的行业市场份额增长表

行业市场份额	2016 年	2017 年
汽车	30.60%	33.40%
IT（通信）	12.30%	13.30%
快速消费品	11.80%	11.90%
互联网	9.40%	7.70%
娱乐/文化	4.90%	4.60%
制造业	3.90%	3.90%
奢侈品	4.40%	3.30%
房地产	2.40%	2.80%
医疗保健	3.20%	2.30%
金融	2.90%	2.20%

数据来源：《中国公共关系业年度调查报告》

中国公共关系业 2017 年度调查报告显示，2017 年度中国公共关系服务领域的前五位分别是汽车、IT（通信）、快速消费品、互联网、娱乐/文化。汽车依然是行业内主要服务客户，且市场份额有所增加。前五个领域与 2016 年度排名相同。制造业的排名从 2016 年的第七位上升到第六位。奢侈品市场份额稍有回落，从 2016 年的第六位下降到第七位。房地产市场份额略有增加，从 2016 年的第十位上升到第八位。此外，医疗保健、金融等份额较 2016 年也明显回落，分别位居第九、十位。（见附表 1－5）

根据中国公共关系业 2021 年度调查报告显示，2021 年度中国公共关系服务领域的前 5 位为汽车、IT（通信）、互联网、快速消费品、制造业。汽车行业依然占据整个市场份额超过 1/3，继续高居榜首，且比 2020 年略有提高。IT（通信）、互联网、快速消费品排名不变，位于第2～4位。与2020年度相比，制造业对公共关系的需求增加，跃升到第5位。由此可见，中国制造业对品牌的意识正在不断提升。金融业从去年的第5位下降到第6位。娱乐/文化业、医疗保健业、旅游业、房地产业排名不变，分别位居第7至10位。

五、公关活动推广的媒体分布

新媒体环境对公共关系市场的影响越来越大。随着新媒体时代的来临，一些从事传统业务的公关公司不断转型，逐步涉足数字化传播及营销、大数据营销等领域。调查显示，网络公关、传播代理及媒体执行为行业内主营业务，而传统的顾问咨询类业务大幅减少。在整个市场中，新媒体业务占公关总体业务的30.3%，网络公关的收入占总营业收入的26.6%。

2021年，中国公共关系业年度调查新增“短视频营销”这一调查内容，40家公司在新的服务手段应用进展方面，短视频营销、意见领袖（KOL）管理、危机管理、舆情监测、客户关系管理、体育营销、议题管理、海外品牌传播管理、城市营销有所增加。其中，35家（87.5%）开展短视频营销，33家（82.5%）开展事件营销，21家（52.5%）开展意见领袖（KOL）管理，20家（50%）开展危机管理，15家（37.5%）开展娱乐营销，12家（30%）开展舆情监测，11家（27.5%）开展客户关系管理，10家（25%）开展体育营销，7家（17.5%）开展议题管理，6家（15%）开展海外品牌传播管理，5家（12.5%）开展企业社会责任，3家（7.5%）开展政府关系，3家（7.5%）开展城市营销，1家（2.5%）开展员工关系，1家（2.5%）开展投资者关系管理（见附图1-6）。

据统计，2014年35家公司中网络公关业务营业收入在3 000万元以上的公司为14家。整个市场中，新媒体业务占公关总体业务的30.3%，网络公关的收入占总营业收入的26.6%。开展网络公关业务的35家公司中，16家提供舆情监测服务（46%），15家提供危机处理服务（43%），30家提供产品推广服务（86%），30家提供企业传播服务（86%），24家提供事件营销（69%），22家提供口碑营销服务（63%），26家提供整合传播服务（74%）（见附图1-7）。

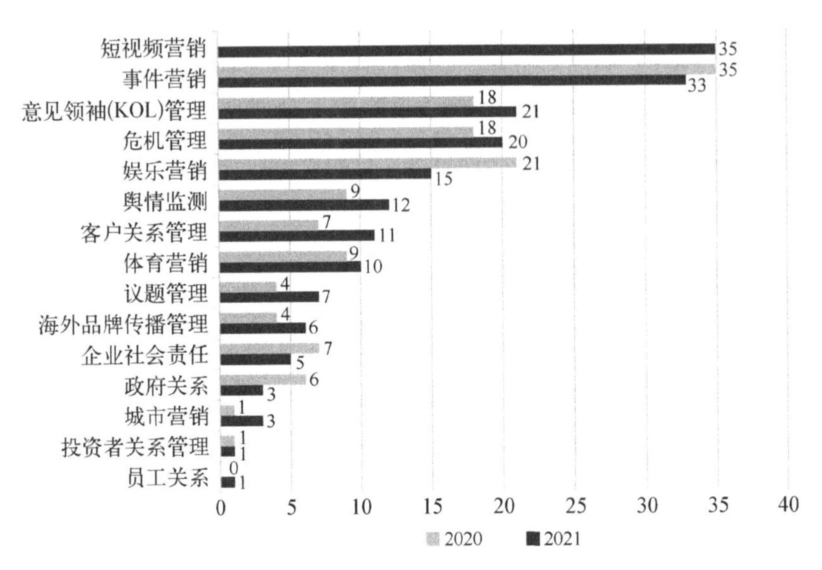

数据来源：《中国公共关系业年度调查报告》

附图 1－6　业务潜力市场构成图（2021 年）

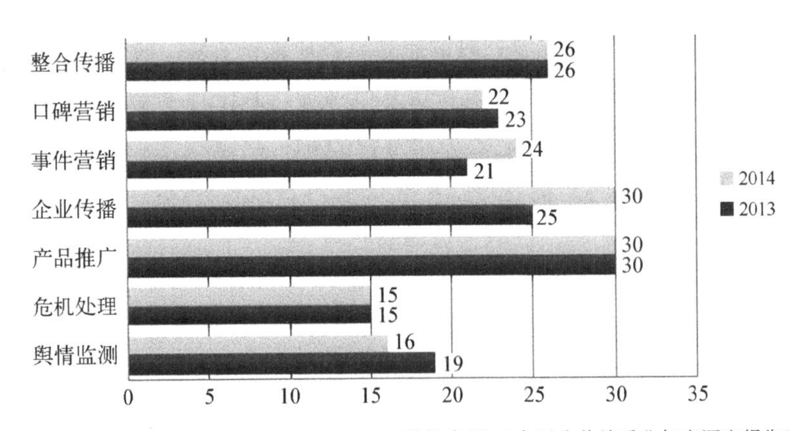

数据来源：《中国公共关系业年度调查报告》

附图 1－7　网络公关服务构成图

据统计，2015 年，开展新媒体业务的 35 家公司中，8 家提供危机处理服务（23%），17 家提供舆情监测服务（49%），23 家提供事件营销服务（66%），28 家提供整合传播服务（80%），28 家提供企业传播服务（80%），32 家提供口碑营销服务（91%），32 家提供产品推广服务（91%）。

2021年，40家开展数字化传播业务的公关公司中，37家（92.5%）开展产品推广，32家（80%）开展整合传播，27家（67.5%）开展口碑营销，28家（70%）开展事件营销，29家（72.5%）开展企业传播，15家（37.5%）开展意见领袖（KOL）管理，16家（40%）开展舆情监测，8家（20%）开展危机管理，7家（17.5%）开展社区运营。

网络广告细分市场可以做如下分析：

（一）搜索引擎市场

易观分析发布的《中国搜索引擎市场季度监测报告2014第4季度》数据显示，中国搜索引擎运营商市场增幅出现提升，2014年增幅的提升一方面在于广告主对于搜索引擎的投放偏好持续增长，另一方面在于主流引擎运营商的移动商业化的快速推进，移动搜索具备了成熟的盈利模式和投放机制。2014第4季度中国搜索引擎运营商市场规模为162.6亿元，相较于2014年第3季度增长3.7%。2014年全年达到571.4亿元，较2013年增长45.2%。

根据易观分析2022年1月发布的《2021年中国搜索引擎市场用户洞察》分析报告，截至2021年6月，中国搜索引擎用户规模达7.95亿，使用率为78.7%，虽然规模保持增长，但使用率在近五年整体呈现小幅下滑趋势。2021年中国搜索引擎广告时长营收规模为1 103.7亿元，增长3.9%。长期来看，搜索广告收入增长乏力，在内容算法分发、人工智能技术等影响下，应积极寻求突破口。

（二）视频广告营销

根据易观分析发布的《中国网络视频市场趋势预测2020—2022》，2019年中国网络视频广告市场规模达到759亿元，其中移动视频广告市场规模为609亿元。预计到2022年中国网络视频广告市场规模将达到982亿元，其中移动视频广告市场规模为845亿元，占比约为86%。在网络视频用户付费市场，2019年中国网络视频付费市场规模为514亿元，预计到2022年中国网络视频付费市场规模将达到980亿元。

2014年第4季度在线视频广告市场规模达到52.7亿元，环比增长12.8%，呈现稳步增长的态势。视频竞争的日益激烈也使得整体格局逐渐趋于集中化。

易观分析发布的《中国社会化媒体营销市场分析报告 2020》显示，2019 年，微博和微信仍是广告主核心投放平台，分别占 48.7% 和 35.7%，小红书、抖音、快手、淘宝直播等新阵地呈爆发式增长，其中小红书投放量占 11.6%。

（三）社会化媒体营销

目前，社会化媒体营销的营销形式主要分为四类：以图文广告为代表的广告形式，是社会化媒体对传统网络广告形式的运用；以竞价排名为代表的广告形式，是社会化媒体对传统网络广告形式的创新运用；以 SNS 广告系统、互动广告、植入广告和公司账户为代表的广告形式，是社会化媒体营销的创新所在；而从网站和 APP 用户体验出发的盈利模式，由广告内容驱动，融合了网站、APP 本身的广告，使之成为网站、APP 内容的一部分的原生广告，如 Google 搜索广告、Facebook 的 Sponsored Stories 以及 Twitter 的 tweet 式广告，而微博成为中国社会化营销最大平台。

（四）程序化营销分析

程序化购买区别于传统的人工购买，指的是通过数字化、自动化、系统化的方式改造广告主、代理公司、媒体平台，进行程序化对接，帮助其找出与受众匹配的广告信息，并通过程序化购买的方式进行广告投放，并实时反馈投放报表。程序化购买把从广告主到媒体的全部投放过程进行程序化，实现了整个数字广告产业链的自动化。程序化购买可以分为实时竞价模式、优选交易模式和私有程序化购买模式三种模式，区别在于对广告资源是否竞价，以及出价模式的不同。

由于程序化购买能够精准定位人群，对不同人群展示相应的内容，内容与人群更加匹配。因此，目前程序化购买已经成为各大品牌在规划市场推广预算中，不可或缺的一个部分。现阶段的程序化购买已经进入了跨屏投放的时代。

Analysys 易观智库研究数据显示，2013 年，中国 DSP（数字信号处理）市场规模达到 16 亿元，较 2012 年增长 140.6%，2014 年，中国 DSP 市场规模则达到 34.8 亿元，而 2015 年已经达到了 68.9 亿元。

六、业界发展趋势

随着新媒体的不断发展，公关行业正在发生结构性变化，传统公关业务增速放缓，而新兴公关业务（如数字公关、娱乐公关等）发展迅猛，特别是在互联网和移动互联网的大规模普及，大数据广泛应用，以及微博、微信等社会化媒体快速、深入发展的背景下，数字公关已经成为客户非常认可的重要传播手段。在未来我国经济持续稳定增长的整体背景下，预计作为新兴产业的公共关系行业，其成长速度仍然要高于整体经济发展的增速。

2015年，随着中国经济的进一步转型和升级，借助“互联网+”深入各行各业的大趋势，中国公共关系市场在2014年的基础上继续快速增长。新媒体营销方面（网络公关、社交媒体等）的业务发展迅猛。据调查估算，2015年整个市场的年营业规模约为430亿元人民币，年增长率为13.2%。世界各地的公关杰出人士大都对公关业的未来抱有积极态度。他们认为，2015—2020年中，公关业将有望拥有更多战略、创意、文案形式、营销渠道，以及更多衡量业绩的方式。

（一）数字营销（网络公关、社交媒体等）业务发展迅猛

整合营销链条伸向大数据、数字营销、内容营销、体育营销等领域，为广告主提供整合营销方式及细致精准服务，整合营销龙头引领行业发展。

对于公关人员来说，各种媒介的营销方式正在发生彻底的改变，因此他们需要通过更多的渠道来进行营销。而事实上，如今不足三分之一的企业公关部门把31.9%的媒体营销预算花在赢得媒体（即通过加强用户口碑达到营销效果）上，32.1%的预算花在自有媒体（企业自有的网站和博客），17%用于付费媒体（需付费才能使用的电视、广播等广告），16.4%用于共享媒体（通过在Facebook，Twitter，Youtube等社交软件上与消费者就产品进行沟通而达到营销目的）。同时，部门负责人也希望未来五年中，公关部门能将投资重心从赢得媒体转向其他媒体。

（二）技术成为新创意

数字化营销持续升温：2015 年全球数字广告总支出 1 710 亿美元，移动广告支出继续贡献重要份额，为 687 亿美元，2016 年移动广告投入突破 1 000 亿美元，成为全球数字广告主力。

数字世界的双寡头——Google 和 Facebook，2015 年广告收入近 380 亿美元，占美国市场数字广告收入 64%。

品牌重视效果营销：品牌广告主优化预算、整合营销资源、提升营销 ROI。目前有 3 800 多种营销技术方案，5 年增长了近 30 倍。

（三）行业集中度提升，强者恒强，大者愈大

第一梯队的公司从规模上日益占据行业的主导地位，其中行业龙头蓝色光标通过一系列并购，已成为具有全球影响力的综合性传播集团。从行业内来看，我国公共关系行业市场化程度较高，业内公司数量多且普遍规模小，竞争激烈并呈高度分散状态。一方面，国内众多中小公关公司同质竞争现象严重，业务模式单一，在专业化程度、行业经验等方面与国外同行存在较大差距。另一方面，随着我国经济全球化不断深化，海外公共关系公司越来越多地涉足国内市场，与国内公司不同，国际公司的主营业务基本上是顾问咨询服务。我国公共关系市场呈现出“内资—外资”的竞争格局，内资公司和外资公司（包括外商独资和合资）无论是客户资源还是人力资源上竞争都较为激烈。

（四）营销模式和手段进入公关领域，营销智能化

广告和营销行业也借助公关的特点，富有创意性地宣传和推广产品，并借此为企业树形象、创品牌，传播与营销的整合趋势越来越明显，公关和广告的边界在加快消失。公共关系的服务面临着以内容驱动为核心的大传播及营销整合的转型趋势，公关公司在这一转型趋势中占有先机，有望重新拓展行业的发展空间。

（五）内容营销持续受到关注，行业与资本市场对接趋势加快，引发资本市场高度关注

2015 年，29.6%的人认为内容营销是最能发挥商业效果的营销活

动。60%的品牌计划在未来一年增加内容营销投资。行业公司通过主板、新三板上市以及兼并收购多种形式，打通与资本市场的通道。

（六）国内公共关系市场将呈现一线城市带动二、三线城市的态势

北京、上海、广州、成都四个主要市场仍将保持良好的发展势头，上海市场和成都市场的发展速度将超过全国平均数；随着我国城市化速度的加快以及二、三线城市经济的发展，主要客户将会把更多的公共关系支出投向二、三线城市，公共关系公司也将在这些地区大量涌现出来。

（七）国内公共关系的国际化程度进一步加深

未来国内公共关系市场将进一步对外开放，将有更多的跨国公司以合资或独资的形式进入中国市场，公共关系服务将进一步延伸和规范，随着国际资源与本土资源之间合作加强，本土公司将加快整合业务资源的步伐，公司间并购将日趋成熟，整体实力将进一步增强，行业集中度也将提高。另外，随着中国"一带一路"倡议的实施，更多的中国企业开始悄无声息地进行国际化布局，而这种布局更深远的背景，就是大国战略下的中国企业集体国际化。这对本土公关公司来说，酝酿着新的战略机遇。但同时也对公关公司的专业化、规范化和国际视野提出了更高的要求。

（八）服务领域更加突出，客户范围将进一步扩大

目前，作为公共关系主要消费市场的耐用消费品、快速消费品、IT和通信行业将进一步得到巩固，医疗保健、房地产、金融、文化体育、公共事业将成为新的市场热点，政府和非营利机构的专业服务需求将日益增多。

（九）服务模式进一步成熟

战略传播、活动管理、营销传播等仍将是未来公共关系服务的主要手段，危机管理、事件营销、网络公关、战略咨询、增值服务、公共关系培训以及企业社会责任项目等将得到高度重视，重大行业会展活动和大型文

化体育活动的策划、管理和传播业务将推动整合营销传播等专业工具和服务手段不断完善。

（十）新型服务方式将深入开发

专业服务的技术研发和新型服务手段的采用，将促进公共关系服务与营销、广告等其他咨询业务的融合，进一步开发数字营销、数据库营销和网络营销等业务，促进公共关系服务市场的繁荣。

（十一）公关业吸纳与留住人才的能力依然不足

人才问题是在达成未来目标过程所遇到的最大挑战。企业客户部负责人指出，提升人才留用能力（流失率高达3.99%）与人才吸纳力（流失率达3.81%）是他们遇到的重大挑战。对于公关公司而言，人才流失率甚至更高。相关负责人表示，人才留用能力（流失率高达4.18%）与人才吸纳力（流失率达4.15%）不足也是他们获得更高增长率的重大障碍。除此之外，公关公司与企业公关部对应聘者技能的偏好也十分一致——两者都认为传统的营销专家是未来五年提高商业增长率的关键。与此同时，文案技能则被客户和公关公司负责人列为重中之重（文案创作人才的录用率达89%）。相比之下，处理传媒关系的人才的录用率仅有63%。对于公关人士而言，文案创作技能的重要性不言而喻，其排名超越其他重要技能，如战略部署（重要性占比为84%）、社交媒体经验（76%），及多媒体作品开发（76%）。同时，文案创作技能的重要性还远超商业文案（62%）、数据分析（62%）、调查研究（48%）、搜索引擎优化及行为学（32%）。

七、总结

纵观44年来的中国公共关系行业，从1978年“解放思想—农村改革—对外开放”三个主驱动轮的驱动、中国改革开放正式起步以来，公共关系作为一种现代管理艺术，在改革开放大方针确定后的相对宽松环境中，开始萌动。20世纪70年代末80年代初，公共关系在受到港台地区影响较大的广东深圳经济特区出现。中国国际公共关系协会（CIPRA）对中国大陆境内主要公共关系公司进行调查以来，1998年阶段才零星出现了显示统计行业情况和特点的具体数据，后期行业发展如火如荼。中国公共关系行业呈现出如下的特点和趋势：

第一，公关行业的兼并重组、跨界融合与合作趋势不断增强。资本加速进入公关行业，2017 年年初国内著名公关公司宣亚国际正式在中国 A 股上市，成为继在蓝标上市七年之后又一家正式登陆创业板的老牌公司。公关与广告、营销行业的跨界融合开始提速，并且已逐步形成行业间和行业内优势互补、相互渗透的合作竞争格局。

第二，国家的政策战略实施成为公共关系行业发展的普遍机遇。无论是真理标准的讨论、十一届三中全会召开，还是目前“一带一路”倡议的持续和深入推进，全球化背景下的国家公关意识不断增强使得公共关系行业服务领域更广，从业人员的视野更开阔。政府机构购买公关服务的趋势开始显现，也为行业增长开辟了新的领域，中国的公关业将步入一个千亿级市场。

第三，内容营销日渐成为企业传播的核心要素之一。直播、人工智能、区块链等移动互联技术在内容营销方面的应用驱使现象级的内容营销概念产生。公关行业正面临着从传统公关到新媒体时代公关的转型。由于行业整体稳定增长带来的人才需求激增，中国公关市场人才专业化，以及人才培养等问题日益突出。公关行业人力资源成本上升较快，也给公关公司带来了一定的成本压力。互联网营销、大数据、数字化信息化的不断涌现也倒逼从业人员结合自身业务，学习新技术、研究新问题。转型发展带来的资金、技术，尤其是互联网思维，已成为公关行业关注度较高的问题。

附录 2
1978—2022 年公共关系学术研究数据分析

研究数据分析本研究采用文本分析法，对收录于中国知网（CNKI）的公共关系相关学术论文（包含 SCI、CSSCI、EI、核心期刊及硕博论文）进行了全面而深入的分析，时间跨度为 1978—2022 年。

一、研究情况概览

我们分析了 1978—2022 年 8 月发表于核心期刊上以“公共关系”为题的论文，共 4 460 篇，见附图 2 - 1。

从总体情况来看，1978—2022 年 8 月这 44 年间，每年发表的论文数

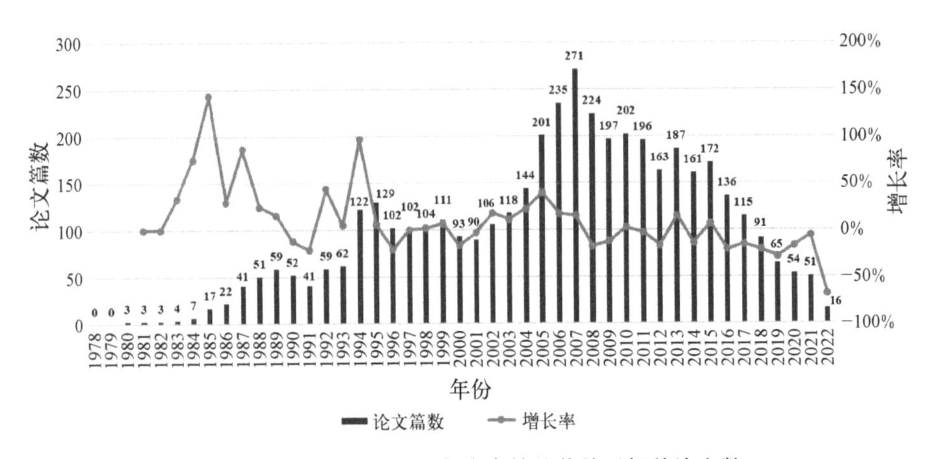

附图 2 - 1　1978—2022 年发表的公共关系相关论文数

量呈波动上升趋势。1994年增长率最高，比1993年增长96.8%；2005年增长篇数最多，比2004年增长了57篇。

44年间，论文数量变化经过了三个重大的转折点。

第一个转折点在1985年，公共关系研究实现了从无到有，1985年之前，中国的公共关系研究文章十分少见，公共关系研究基本处于尚未开发的阶段。

第二个转折点在1994年，突破了“百篇大关”，在1994年论文数量达到了122篇，是前一年论文数量的两倍以上，此前公共关系论文发表篇幅不稳定，且数量相对较少，1994年之后，每年发表公共关系相关论文超过100篇，公共关系发表论文数量稳定在一个较高的水平。

第三个转折点在2005年，突破了“两百篇大关”，2005年共有201篇文章发表。这44年间，2005—2013年这八年，是公关论文刊发的一个高峰时间段，2007年达到1978年以来的最高峰，全年共有271篇文章发表。

从研究的理论视角来看，占比最高的分别是“公共关系”“管理学”和“传播学”三大类，分别占40.02%、26.86%和16.55%（见附图2-2）。

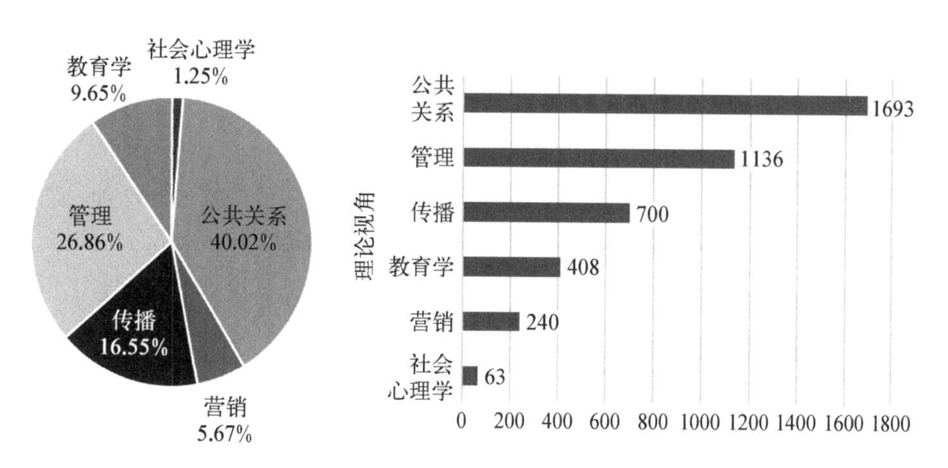

附图2-2　公共关系相关论文理论视角

数据显示，自1978年以来，从公共关系和管理学这两个角度切入来做研究，一直是主流。然而，论文数量所占比重到1999年开始有所下降，在经历短暂的“低迷期”后，2005—2013年再次成为主流。而今，从公共关系视角切入所做的研究的数量再次呈现下降趋势。

从附图 2－3 我们可以看到，1978 年以来，教育和社科、经济与管理和信息科学是公共关系研究的三大热点领域，分别占 42.50%、26.05% 和 13.72%。其中，教育和社科领域是最热门的研究领域，这与国家重视教育发展、重视科技创新有不可分割的关系。

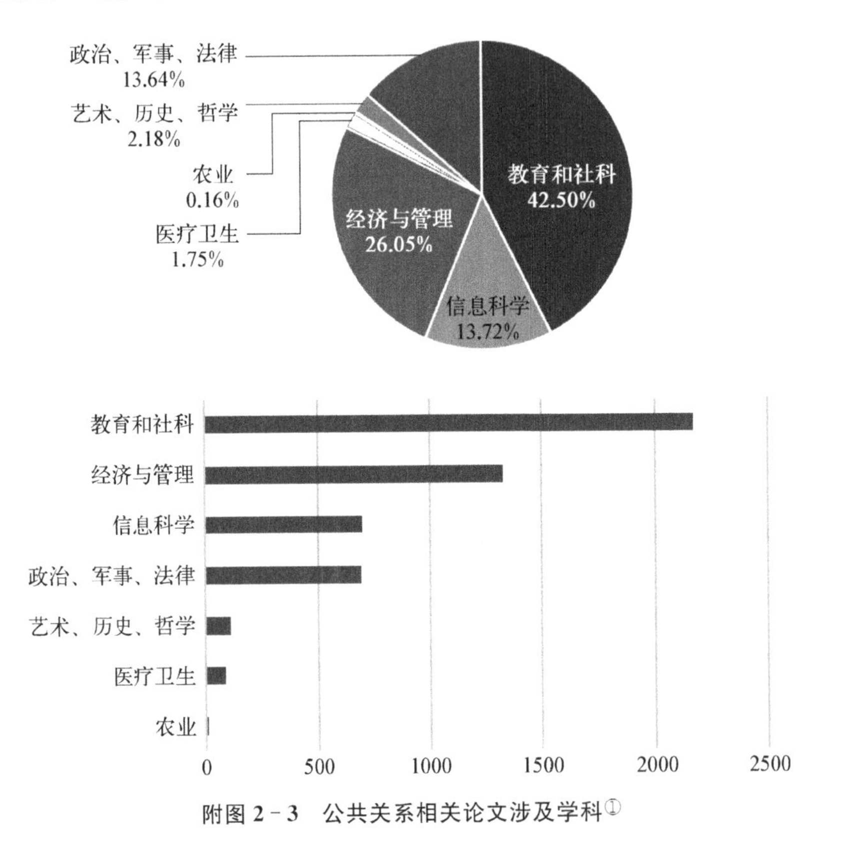

附图 2－3　公共关系相关论文涉及学科[①]

二、研究主题分析

通过数据分析可以看出，我国公共关系领域的研究主题非常广泛。1978 年以来，占比最高的研究主题分别是“企业公关”“公关管理”“公关基础理论研究”“公关教学”“政府公关”五个方面，所占比例分别为 21%、18%、13%、11%和 10%（见附图 2－4）。

① 注：因部分文章同时涉及多个学科，由此统计出的论文总数，会大于样本总数。

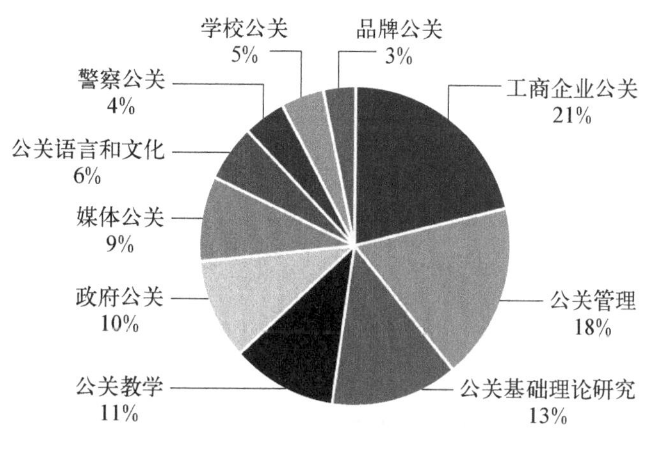

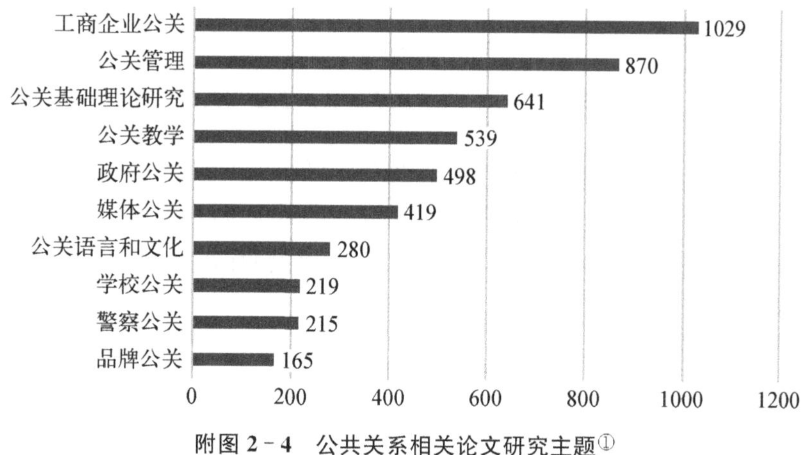

附图 2－4　公共关系相关论文研究主题[①]

一方面，随着公共关系日益受到重视，社会需要更多的公关人才，而如何培养适应时代需要、适应复杂多变的社会现实需要的优秀公关人才将必然成为一个我们需要认真探讨的问题。另一方面，如今政府也积极转变角色，适应社会变化，主动打起“公关牌”，这是我国政府管理职能提升的一个侧面表现，也是构建和谐社会的现实需要。此外，媒体公关，特别是以新媒体为主的公关讲究主题正逐渐增加。

数据显示，工商企业公关在44年中一直是热门话题，从总量来看，在所有研究主题数中占比最高，在2004—2005年，其研究增速最快，

① 注：因部分文章会同时涉及不止一个主题，由此统计出的论文总数，会大于样本总数。

在 2011 年达到峰值 66 篇（见附图 2－5）。说明公关和企业的联系最为紧密。

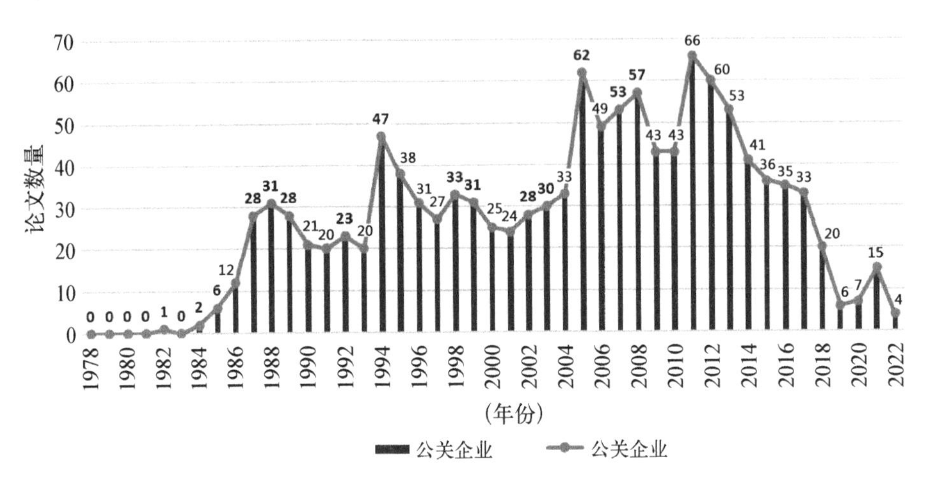

附图 2－5　1978—2022 年发表的公关企业相关论文数

公共管理的研究在总数中亦占比较高，仅次于工商企业。以 2005 年为节点，2005 年以后相关研究数量明显高于往年，同样在 2011 年达到峰值 85 篇（见附图 2－6），说明公关管理作为永恒的话题依然有较大的研究和发展空间。

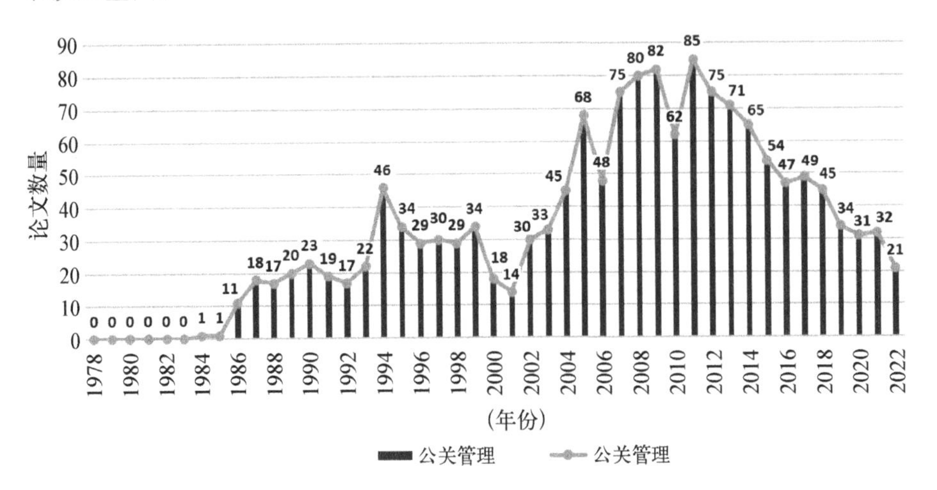

附图 2－6　1978—2022 年发表的公关管理相关论文数

对公共关系学基础理论的研究一直是一个较热门的话题。在 1985—1999 年区间段，对公关基础理论的研究在 1993—1995 年达到了一个小高峰。

进入 21 世纪以来，对公关基础理论的研究蓬勃发展，并在 2006 年迎来了增速最快的时期，2006 年是 30 年来这一主题的论文发表量最大的一年，也是增速最快的一年，相较于 2005 年，2006 年增加了 40%。2005 年发文数是 25，2006 年发文数是 35（见附图 2-7）。

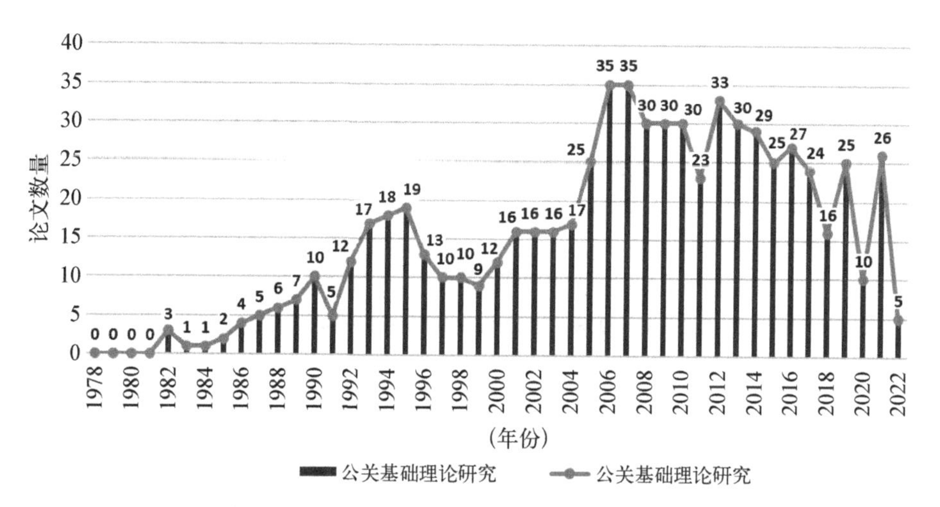

附图 2-7　1978—2022 年发表的公关基础理论研究相关论文数

数据显示，1978—2022 年，关于警察公共关系的论文数量大体呈现逐渐增加的趋势，2007 年这一类别的论文数量达到顶峰，有 29 篇，占年度总额的 7%（见附图 2-8）。这充分体现了近年来研究者对和谐社会的巨大关注，因为公安机关在建设和谐社会的过程中肩负着特殊的重要使命，警民关系和谐本身就是和谐社会的重要组成部分之一。因此，警察在构建和谐社会中的作用，及其所面临的问题和相应的对策成为非常重要的研究课题。

但是我们可以看到的是，2008 年至今，这一领域的研究有所减少，这是因为 2008 年之后，研究视野有所拓展，不再局限于“警察公共关系”这一领域，而是从整个政府的层面做研究。

如附图 2-9 所示，对政府公关的研究在 1985—2008 年之间增速迅猛，并在 2008 年达到一个高峰。2008 年中国举办了奥运会，如何向全世界展示一个更好的中国形象、中国政府形象、中国国民形象，提升中国的软实力自然成为一个重要议题。这之后，这一主题的发表论文数量有所回落，但是仍保持在一个较高的水平上，说明我国政府为适应全新的社会形势，也在积

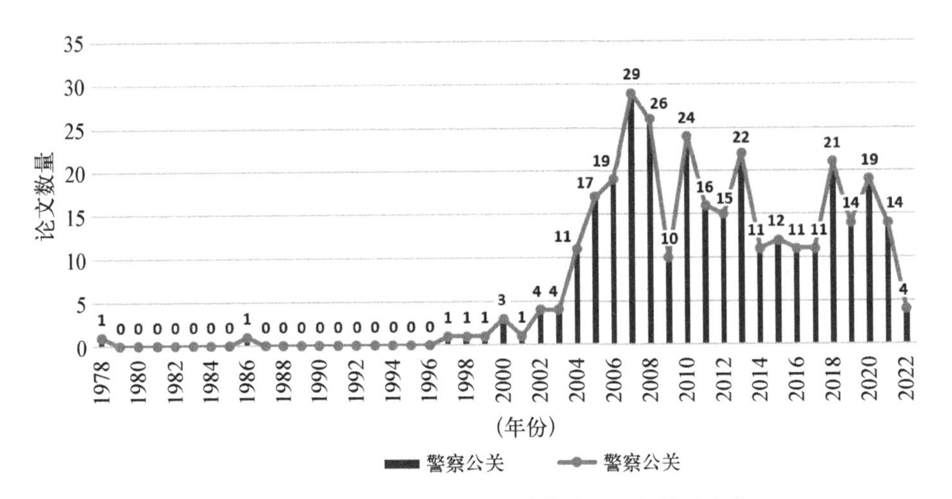

附图 2－8　1978—2022 年发表的警察公关相关论文数

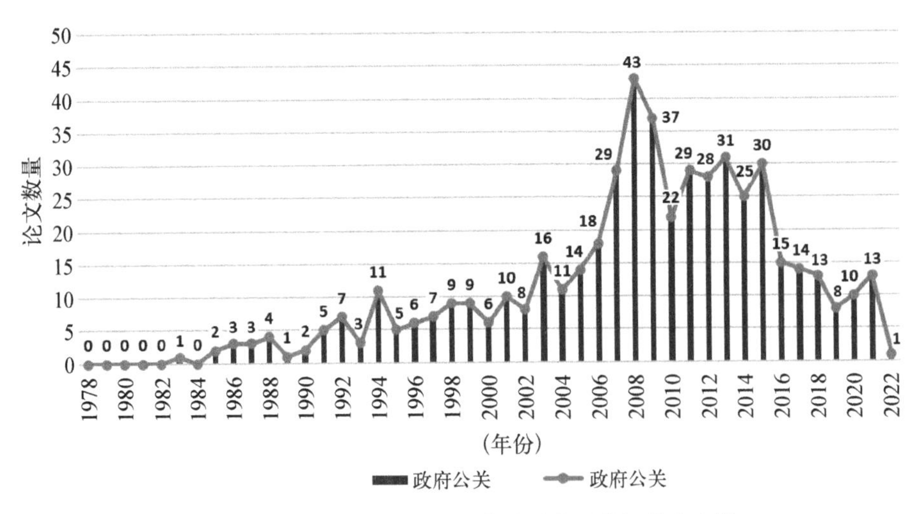

附图 2－9　1978—2022 年发表的政府公关相关论文数

极转变角色，构建更好的自身形象，进一步完善与民众之间的关系。

与对“政府公关”的研究类似，以“学校公关”为主题的研究，在 2007 年前呈现波动上涨趋势，在 2007 年达到高峰（见附图 2－10）。

之前，作为教书育人机构的学校一直有着一种高高在上的姿态。而今，随着国家对教育的重视程度日渐提高，学校、家长教育理念的逐渐改变，学校也更加重视以人为本，一改高高在上的姿态，试图以更“接地气”的方式贴近学生，贴近家长，贴近社会，塑造良好的学校形象。

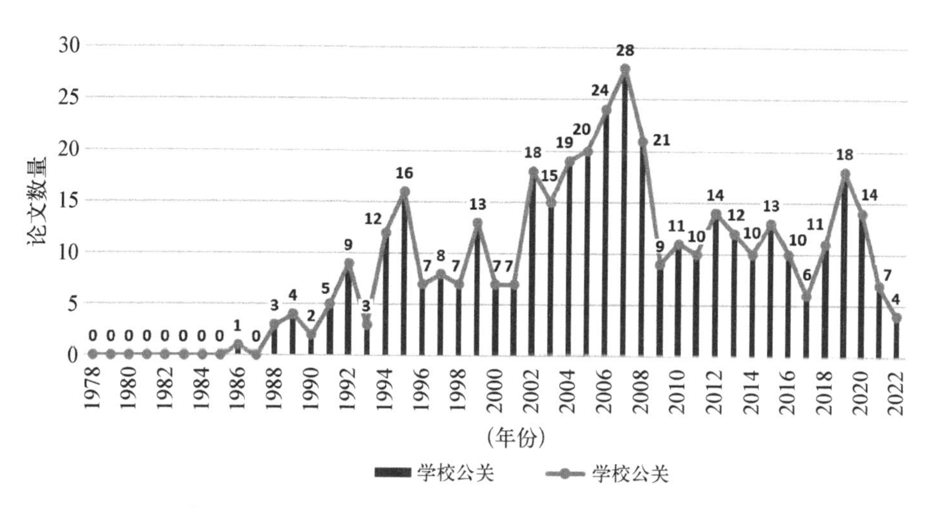

附图 2 - 10　1978—2022 年发表的学校公关业相关论文数

从附图 2 - 11 可以清楚地看出，2009 年之前的这段时间，关于危机公关的论文数量呈现波动上升趋势。内容分析表明，危机公关的研究主要集中在企业危机管理、政府危机管理和学校危机管理三个领域。

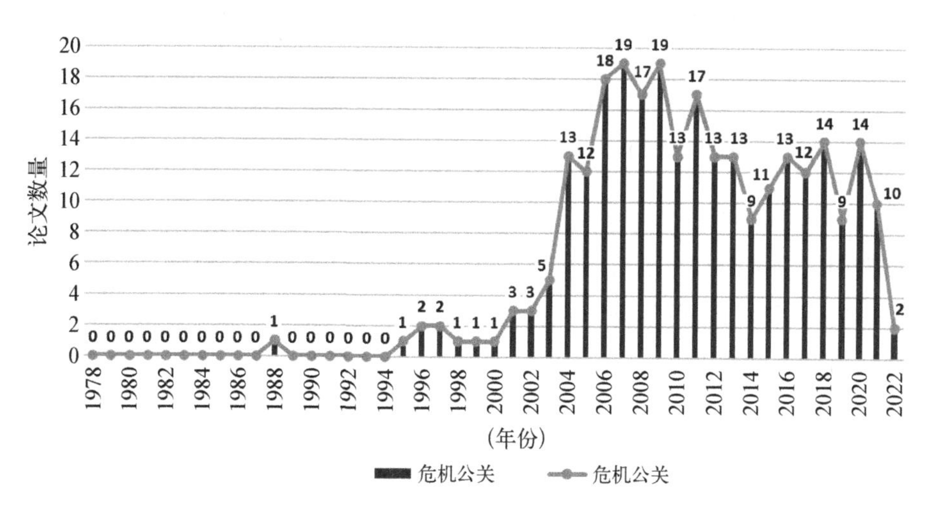

附图 2 - 11　1978—2022 年发表的危机公关相关论文数

进入 21 世纪以来，随着全球化进程的加速，中国加入 WTO，中国持续以开放的姿态面对世界。在这个过程中，中国既面临着无尽的机遇，也面临着重重挑战。因此，政府、企业、学校等各方主体如何积极科学地认识并应对各种挑战，如何有效减少危机并提高处理危机的能力，变得尤为重要。

2008年，对中国来说是非常具有挑战性的一年——承办奥运会、面对金融风暴、应对汶川地震等，在重大事件面前如何减少和处理危机是一个重要议题，因此，2008年前后，“危机管理”方面的论文数量达到了一个高峰。

以“企业社会责任”为研究主题的论文，1985—2011年间，数量呈现波动上涨趋势，但2012年至今，数量有所回落，但从数量上来看仍保持在中高水平上（见附图2-12）。企业不再只是一个经济组织单位，积极承担社会责任的意识也日益增强。

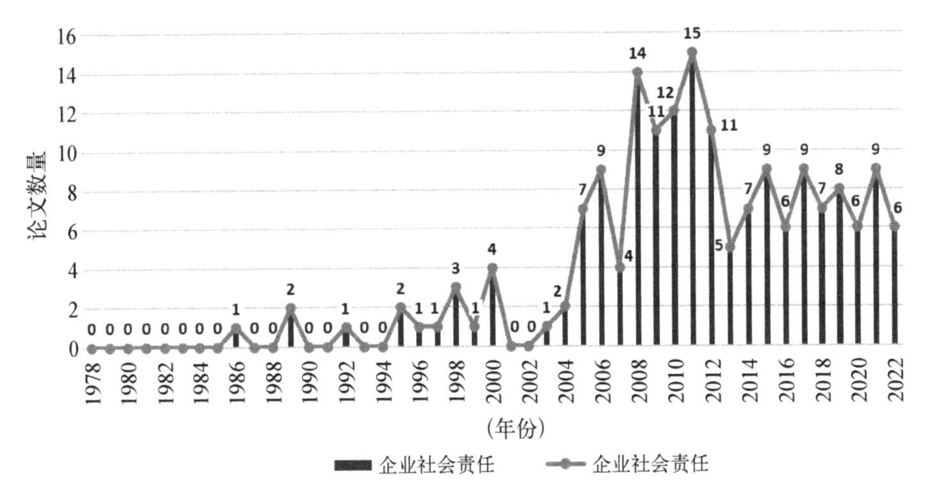

附图2-12 1978—2022年发表的企业社会责任相关论文数

2008—2011年，是这一主题论文刊发的高峰期。究其原因，在这一时间段内，我国面临多次重大自然灾害，同时也承办了包括奥运会、世博会在内的多场重大国际活动。企业作为社会主义市场经济的一个重要参与主体，自然不会缺席。

1985—2003年，关于公关教学的论文数量每年变化不大。但从2004年起，开始迅速增加，并在2010年达到高峰。2006—2016年，除去2010年论文数达到56篇外，其余年份，论文数一直维持在40篇左右的较高水准上（见附图2-13）。

我国强调要建立创新型社会，与此相适应，培养新型人才成为重中之重。建设“以人为本”的大学，改进教育教学方法、完善教学体系是实现这一目标的关键。作为一个新兴的人才培养领域，公关教学也逐渐得到各高校重视。

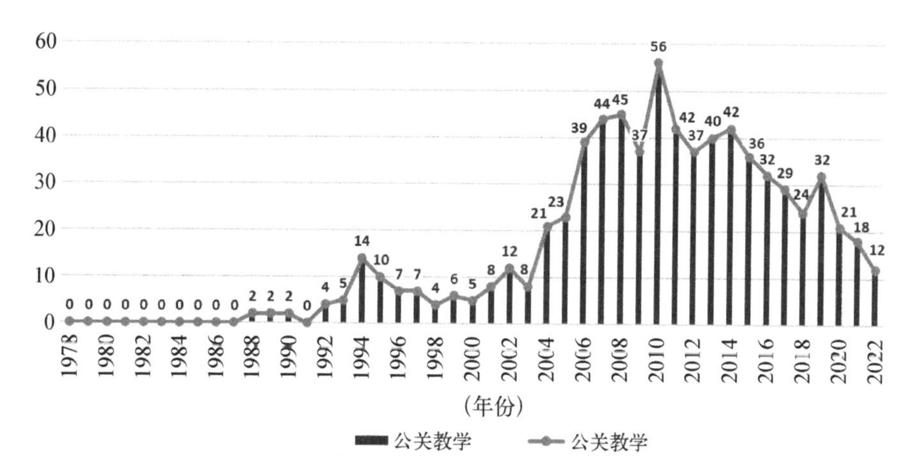

附图 2-13　1978—2022 年发表的公关教学相关论文数

总体来看，媒体公关的相关论文近年来呈现波动上升的趋势，特别是到了 2013 年，增长尤其迅速，相较于 2012 年近乎翻了一番（见附图 2-14）。综上分析可知，从新闻传播学的角度切入来研究公共关系的议题，是我国目前公共关系研究的一大热点。

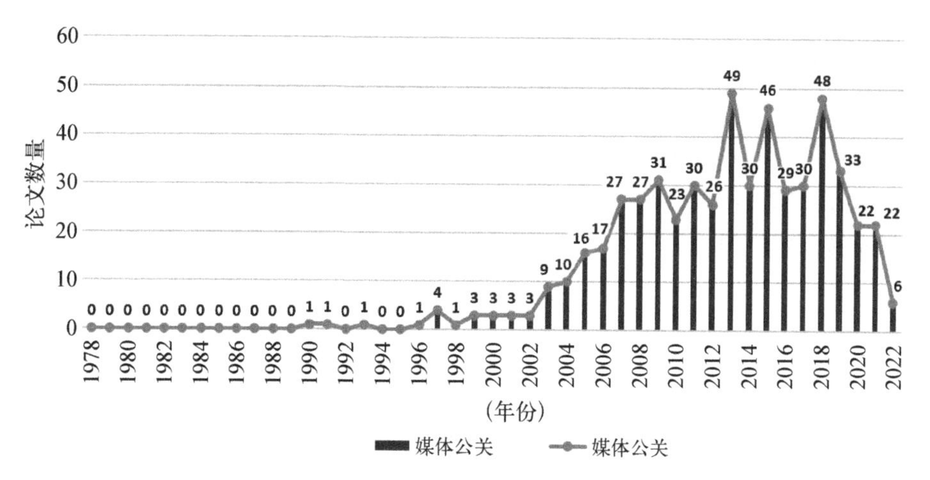

附图 2-14　1978—2022 年发表的媒体公关相关论文数

21 世纪以来，随着互联网技术的迅猛发展，媒体形态也日新月异——论坛、门户网站、微博、微信、手机新闻客户端等，特别是 2010 年以后，互联网信息科技更加成熟，媒体形态更新换代日益迅速。2018 年，新媒体公关数量达到高峰（见附图 2-15）。如何更好地应对全新的媒体环境，更好地

解决新媒体环境中的各种问题，自然而然地被提上公共关系研究的议程。

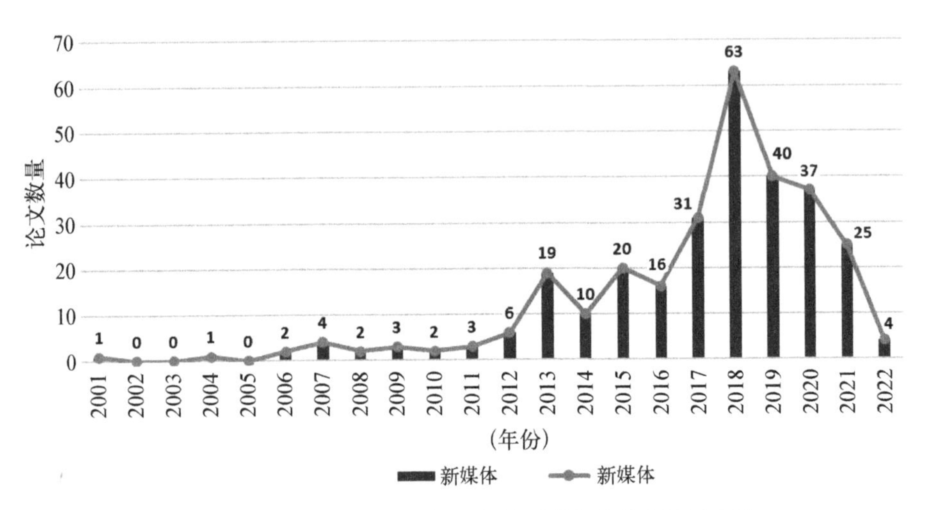

附图 2 - 15　2001—2022 年发表的新媒体公关相关论文数

三、研究方法分析

如附图 2 - 16 所示，绝大多数公共关系论文使用定性研究方法，其中多为文本分析法和文献分析法，同时访谈法也被运用到公共关系领域的研究中；相对而言，定量研究在公共关系领域占比较小。但纵向比较而言，定量方法的使用在 2003 年之后有小幅度的增长，说明越来越多的研究者将目光转向定量研究。

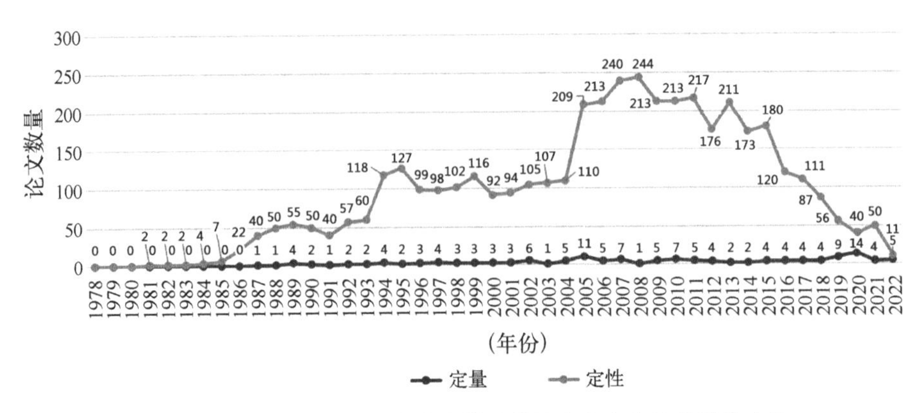

附图 2 - 16　1978—2022 年发表的公关论文研究方法相关论文数

四、研究属性分析

公共关系相关论文大可分为应用研究、基础研究和分支研究三种研究属性。根据数据分析，公共关系的应用研究占比近70%，所占比重最大。相比而言，分支研究占比最低，不足10%（见附图2-17）。

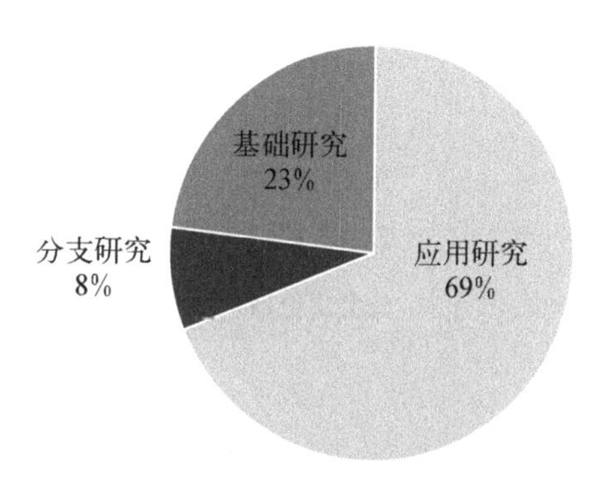

附图2-17 公共关系相关论文研究属性

对公共关系的应用研究进行具体分析（见附图2-18），可以看到在这一研究属性的分类极为丰富，说明公共关系的应用领域极为广阔且具有较大的研究价值与空间。从数据可知，企业、教学和政治占比最高，金融和出版领域也占了较高比重，说明在中国学者对公共关系的研究中有着明显的实用性倾向和市场导向。

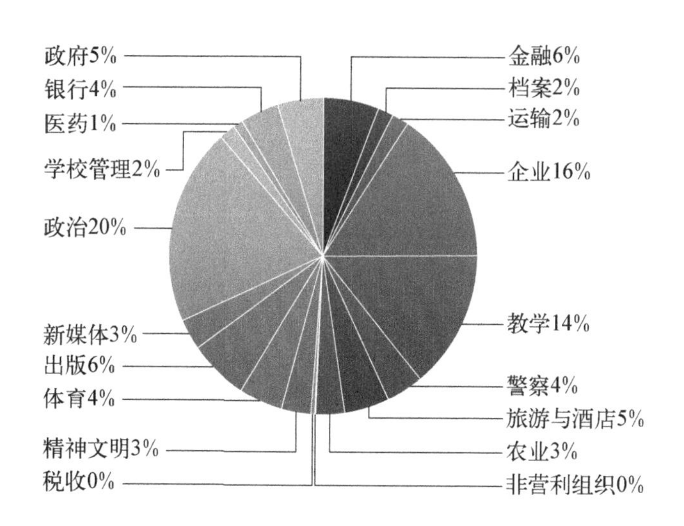

附图2-18 公共关系应用领域研究分类

对公共关系分支领域研究进行具体分析可得出（见附图2-19），公关传播和公关计划占比最高，而公关美学等分支占比较低，也可以反映我国公共关系研究的实用性倾向。

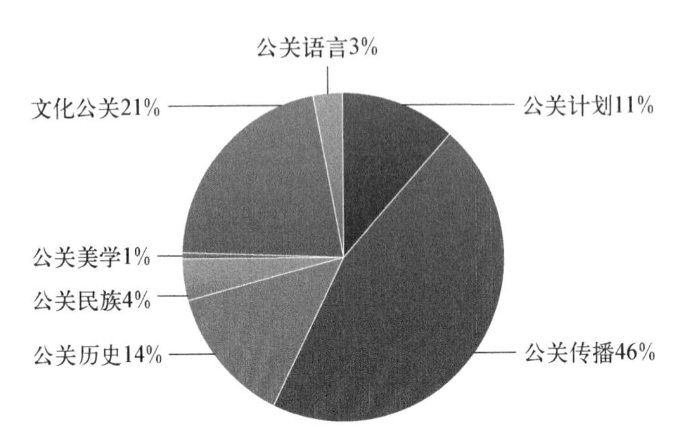

附图 2 - 19　公共关系分支研究领域分类

五、总结

总体而言，对公共关系的研究呈现增长的趋势，且其应用领域极为广泛，说明公共关系对于我国政治、经济和文化的发展有着极为重要的作用。随着时代的发展，对公共关系的研究呈现出更为丰富多样的特点，公共关系有着更为广阔的空间等待挖掘。

附录 3
中国公共关系发展大事记 (1978—2022)

1978 年

5 月 11 日，《光明日报》刊发《实践是检验真理的唯一标准》一文，引发了关于真理标准的大讨论，确立了实践是检验真理的唯一标准，打破了禁锢人民的思想束缚，为中国公共关系的引入做了思想准备。

12 月 18～22 日，中共十一届三中全会的召开标志着中国经济体制市场化改革正式起步，为中国公共关系的引入做了体制上的准备。

1980 年

公共关系作为经营管理技术，首先在深圳经济特区的一批中外合资酒店等企业出现。

与香港合资的深圳蛇口华森建筑设计顾问公司成立，成为我国第一个公共关系性质的专业公司。

1982 年

深圳竹园宾馆成立公共关系部，开展以招徕顾客为目标的、扩大影响的服务性公共关系活动，成为中国内地第一家设立公共关系部的企业。

1984 年

4 月 28 日，北京长城饭店在其美籍公共关系部经理的策划下，把美国总统访华的答谢宴从人民大会堂的宴会厅搬到了刚刚开业的北京长城饭店。来自全世界各地的 500 余名记者把长城饭店推介到了世界的每一个角落。

10 月，世界第二大公共关系公司希尔—诺顿（韦达）公司在北京设立办事处。

11月，广州白云山制药厂在国营企业中率先设立公共关系部，这是中国第一个设立公共关系机构的国营工业企业。该厂每年从产值中拨出1%作为“信誉投资”，开展公共关系工作，产值利润连年翻番，经济效益和社会效益十分显著。

11月，中国社会科学院新闻研究所成立公共关系课题组，开始进行中国社会主义公共关系学前瞻性研究，并着手编写《公共关系学概论》。

12月2日，国务委员张劲夫为筹办中国公共关系函授大学题词——“研究社会主义公共关系，为四化建设服务”。

12月26日，《经济日报》发表中国社会科学院新闻研究所公共关系课题组明安香采写的通信《如虎添翼——记广州白云山制药厂的公共关系工作》和社论《认真研究社会主义公共关系》。

1985年

1月，深圳市总工会举办国内第一个公共关系培训班。

2月，经济学家于光远在广州青年经济协会成立典礼上呼吁重视对公共关系的研究。

4月，北京师范大学开设公共关系讲座。

5月，我国高等院校第一个研究公共关系学的学术团体——广州中山大学公共关系研究会成立。

6月，北京大学研究生院举办公共关系讲座。

6月，中国第一个官方的公共关系学术研究机构——珠海市应用传播研究所成立。

8月31日，世界最大的公共关系公司——博雅公司与中国新华社下属中国新闻发展公司签订协议，共同为在中国从事贸易的外国机构提供公共关系服务，中国新闻发展公司为此特别设立了中国环球公共关系公司，独家代理博雅公司及其客户在中国国内的公共关系事务。同时，博雅公司也可以通过环球公共关系公司的介绍，代理中国企业的海外公共关系事务。

9月，深圳大学大众传播系设立公共关系专业，从此公共关系进入高等学府。

1986 年

1 月，中山大学公共关系研究会、广州青年经济研究协会、广州经贸管理干部学院共同发起成立了广东地区公共关系俱乐部。

1 月，厦门大学新闻传播系聘请香港浸会学院传播系前主任张同教授为本科生开设“公共关系概论”课。

11 月，我国第一部比较全面、系统地论述公共关系理论与实践的专著——由中国社科院新闻研究所公共关系课题组编著的《公共关系学概论》出版。

11 月 6 日，我国第一家由官方组织的公共关系机构——上海市公共关系协会成立。

1987 年

5 月，我国第一届面向全国招生的公共关系函授，由复旦大学《方法》杂志社和上海闸北业余大学联合举办。

6 月 22 日，中国公共关系协会成立，安岗任协会主席。这标志着公共关系在中国得到了正式确认和接受，公共关系事业的发展进入了一个崭新的时期。

9 月，国家教委正式把公共关系列入行政管理、工业经济、企业管理、旅游经济、市场营销、广告学、新闻学等专业的必修课。

1988 年

1 月，我国第一家公共关系报纸——《公共关系报》在杭州创刊。

4 月，国际公共关系协会在澳大利亚墨尔本举行的第十一届世界公共关系大会上，来自深圳大学的三位公共关系专家钟文、熊源伟、方宏进申请加入国际公共关系协会，当即获得协会总部批准。在大会闭幕式上，国际公共关系协会主席阿兰·萨杜宣布：“作为本届大会的重要成果之一，国际公共关系协会中国分会正式成立。”它标志着中国的公共关系事业进入了国际公共关系市场。

9 月，山西省公共关系协会成立。

9 月，黑龙江公共关系协会开办了全国第一所培养大专文化程度公共关系人才的学校——黑龙江公共关系学校，学制二年，全日制教育，毕业合格者发给大专文凭。

12 月，福建省公共关系协会成立。

12 月，全国第一次省市公共关系组织联席会议在杭州举行。

1989 年

1 月，全国人大常委会副委员长、著名社会学家费孝通教授谈公共关系。他指出：公共关系是现代化一个必要的工作，我国进行现代化生产的分工合作需要发展真正的公共关系。

1 月 22～23 日，“今日公共关系”国际交流会议在曼谷举行，中国公共关系界三位代表钟文、东生和魏强在会上做了精彩发言，引起与会者极大兴趣。

1 月 25 日，中国第一份海内外公开发行的《公共关系》杂志在西安创刊。费孝通教授担任顾问。

2 月，费孝通教授在同《人民日报》记者谈话时，倡议在北京大学开一门公共关系课程。时隔不久，北京大学与香港中文大学在北京联合举办了公共关系讲习班，学员来自全国几十所高等院校从事公共关系教学的教授及工作者。

4 月 19～22 日，在联合国计划开发署的支持下，中国公共关系公司和中国国际经济技术交流中心在北京联合举办 1989 年国际技术交流中心。来自 12 个国家和地区的专家学者、经济界人士以“公共关系企业发展”为中心课题进行了研讨。

5 月，李瑞环在全国横向经济联合工作会议上指出：“现在有一门很时兴的学问已经上了讲台了，这个学问叫公共关系学。”

6 月 20 日，黑龙江公共关系协会获省政府编制委员会批准配副厅级建制，常设机构秘书处为正处级单位。

9 月，中共中央办公厅、国务院办公厅主办的中南海业余大学开设公共关系课，北京公共关系学会会长明安香接受邀请，系统讲授政府公共关系。

9 月 25～29 日，全国省市公共关系组织第二次联席会议在西安举行。来自 24 个省市自治区的 160 多位代表出席会议。通过了向全国公共关系界推荐的由余明阳等起草的《中国公共关系职业道德准则》草案。

10 月 16 日，安徽大学公共关系学会成立，200 多有关人士参加了会议。

10 月 22 日，广东电视台开播 24 集电视连续剧《公关小姐》，这是我国首次将公共关系职业形象搬上荧幕。

11月1～7日，首届中国沿海开放城市经济技术开发区公共关系工作年会在天津召开。来自大连、烟台、青岛、连云港、南通、宁波、福州、广州、天津等沿海开放城市经济技术开发区的代表与会。

11月13日，北京市公共关系学会、《北京公共关系报》受北京市政府协调办公室委托，开展亚运会公众心理调查活动，这是我国公共关系界首次承担政府部门交办的大型公共关系调查。

12月8日，《公共关系导报》第一版发表中国公共关系协会副主席石坚对该报记者谈话，提醒公共关系界要区分真假人才。

12月15～20日，由深圳大学、杭州大学（浙江大学）、兰州大学、中山大学、复旦大学发起，深圳大学大众传播系主办的全国高等院校公共关系教学研讨会在深圳大学举行。来自23个地区的50多所高等院校的90名代表出席会议。大会由余明阳主持，顾国祥、林帆、方宪玕、廖为建、邢颖、李兴国、钟文等与会。会议研讨了公共关系专业的课程设置，原则上通过了《公共关系教学大纲》。

1990年

1990年，深圳大学开始出版总计11种的中国第一套公共关系教材“当代传播与公共关系系列”，其中包括《公共关系原理》《公共关系实务》《公共关系案例》《公关素质论》，许多内容填补了公共关系研究的空白。

1月，全国人大常委会副委员长彭冲题词：“发展公共关系，服务四化建设。”

3月30日，公共关系学者余明阳在《公共关系导报》发表文章指出：专业化是中国公共关系理论界的当务之急。

3月，《公共关系》杂志第二期发表中国公共关系协会主席安岗在上海的讲话，题为“什么是中国特色的社会主义公共关系”。

4月，上海市公关协会与上海电视台联合摄制电视专题片《公关在上海》。该片主要反映了公共关系这门新学科在上海的逐步兴起和发展，反映了上海市公关协会成立以来所组织的大型公关活动及本市企事业单位如何运用公共关系手段为企业经营和产品经销服务，提高企业经济效益的典型事例。

6月，首届“三北地区公关组织联谊会”在哈尔滨召开。在为期三天的会议中，来自西北、华北、东北地区的公共关系组织负责人及兄弟省、市地区公共关系组织领导百余人就公共关系工作的经验进行了广泛的交流与探讨。

7月4～8日，由中国公共关系研究所举办的首届全国公共关系理论研讨会在河北省新城召开，来自全国的百余名代表出席了这一公共关系理论界的盛会。

7月4～7日，以“问题公关、应急公关”为题的“企业公共关系国际研讨会”在深圳湾大酒店举行。会议由国际公共关系协会深圳分会主办，全国15个省、市的公共关系人士和企业家100余人与会。

7月10日，中国公共关系协会主席安岗为《公共关系》杂志题词。

7月30日，北京市公关培训学校建校两周年联谊会在中国记协新闻发布厅举行。该校成立以来，先后举办7期培训班，培训学员800余人。

8月，上海市公关协会与上海市旅游协会联合举办“公关与旅游”研讨会。到会的宾馆业、旅游业、公关界人士为如何抓住时机，塑造上海国际大都市形象，迎接国际旅游复苏等专题共谋良策。

12月，由中国公共关系协会、《人民日报》《市场报》联合举办的首届全国公共关系研讨优秀论文“玉环杯”颁奖大会和新闻发布会在人民大会堂举行。中国公共关系协会副主席徐虹霞在北京人民大会堂主持首届全国公关研讨优秀论文“玉环杯”颁奖大会期间，接受《公共关系》杂志记者采访时谈到在现阶段，应当怎样开展公共关系学的研究，以及在公共关系上还有那些值得注意的问题。

1991年

1991年，深圳大学以其率先创办专科公共关系专业教育这一项目，获国际公共关系协会首届“世界最佳公关”金奖。

1991年，经济管理出版社出版发行的《实用医院公共关系学》一书，是我国最早系统论述医院公共关系的著作。

2月25日，澳大利亚公共关系专家格里高里·布鲁克撰文指出，消费品公关与中国的出口市场关系密切，中国出口产品需借助公共关系。

4月26日，中国国际公共关系协会在北京成立，中国首任驻美大使柴泽民先生担任第一任会长，并提出了“让世界了解中国，让中国走向世界”的宗旨和“知道、协调、服务、监督”的工作方针，由此翻开了中国公共关系业发展的新篇章。

5月，全国十年杰出企业公关评优颁奖会暨全国公关工作会议、企业公关交流会在北京召开。许多大中型企业的厂长、经理、公共关系人员从理论和实践的结合上就“走中国式企业公关道路”和“公共关系与企业发展”等问题进行了较为深刻的探讨。

5月，全国公关组织第四次联席会议在武汉召开，70多位代表集中讨论了如何运用公关，促进经济发展等问题，并通过了《中国公共关系道德准则》。

5月4日，李瑞环为中国十年杰出企业公关评优颁奖大会发表电话贺词：“中国十年杰出企业公关评优颁奖大会的召开，是一件好事。我因事不能到会，特电话祝贺。中国公共关系事业的发展，是中国改革开放的必然趋势，它以新兴的管理科学，协调社会各方面关系，密切党和广大人民群众的联系，调动各种积极因素，维护安定团结，促进社会主义建设。我相信，在实现十年规划和‘八五’计划的奋斗中，中国的公共关系事业一定会有一个更好的发展前景。”薄一波为中国十年杰出企业公关评优颁奖大会发表贺词。

5月28日，第十一届中国电视剧“飞天奖”在广州揭晓，广东电视台电视艺术中心于1989年拍摄的24集电视连续剧《公关小姐》荣获三等奖。

6月，全国公关语言教学、教材研讨会在广州暨南大学举行。

6月，由上海市公关协会会同《解放日报》、《文汇报》、《新民晚报》、上海人民广播电台、上海电视台联合举办“上海市优秀公关案例”评选活动，并在此基础上出版了《公关在上海》一书。

7月，浙江省《公共关系报》公开发行，与《公共关系》杂志和《公共关系导报》并称“两报一刊”。

7月5日，江苏人民广播电台开辟《公关一角》专栏，连续介绍企业公关个案并进行分析。

7月8日，中国公共关系协会培训学校在北京开学，首批80余名学员参加开学典礼。

7月18日，由上海公关协会、《解放日报》《文汇报》《新民晚报》、上海人民广播电台、上海电视台联合举办的“1990年上海市优秀公关实例评选活动”正式揭晓。18家企事业单位分获优秀公关实例金、银、铜奖。

8月，首届中国百家明星企业青年公关艺术大奖赛在大连举行。这次大奖赛由中央电视台、经济日报社、中国公共关系协会、大连市人民政府联合主办。

8月，中国公共关系策划学研讨会在辽阳召开。会议研讨的主要内容是：创建公共关系策划学的必要性及该学科研究对象等学科建设的理论问题。

8月，上海市公关协会、《解放日报》、上海市社会科学院联合举办了“700——上海形象”研讨会。市公关协会会长毛经权、上海市社会科学院副院长夏禹龙、《解放日报》副主编余建华等出席了会议。会上老上海代表唐振常先生、原文化局局长孙滨、原旅游局副局长张包镐、原铁路局总经济师胡志超、作家秦瘦鸥等上海各界人士，围绕城市科技、城市建设、城市交通、城市环境、城市旅游、城市文化等各个问题展开研讨。《解放日报》专版对此进行了重点报道。

11月，国际公关协会在内罗毕召开的理事会上通过了《关于环境和发展传播的内罗毕准则》，该准则对从事与环境问题有关的公关工作的公关人员提出了一系列要求。

11月，第二届高等院校公关研讨会在杭州召开。50位高校从事公关教学、研究的人员对一些理论问题取得共识。

12月，第二届全国公关理论研讨会在上海召开。来自全国各地的近百位代表围绕“公共关系与改革开放”的主题进行了研讨。

12月，中国国际公共关系协会与美国韦达公关顾问公司在北京举行“高级公共关系与公共事务”研讨会，中美公关专家联袂进行学术交流。

12月10日至12日，全国首届明星企业公关演讲复赛在北京举行，来自全国12个省份的40个企业代表参加复赛。

1992年

1992年，日本的CIS（企业形象识别）之父中西元南先生到中国传播CIS理念，掀起了国内企业的CIS热，重现了日本在60年代工业高速成长时兴起的CIS运动景象。

1月，人民日报社公关信息部正式成立。该部隶属于人民日报社综合经营办公室。崔秀芝任副主任。

2月20日，颇受企业欢迎的《企业实用公共关系》电视讲座在中央电视台重播。

4月12日，首届上海公关精英电视大赛在上海电视台举办，余明阳、居易、郭惠民、廖为建、张安腾出任评委。

5月14～18日，中国国际公关协会在深圳蛇口召开的国际公关协会理事会和“走向亚太世纪”的专业研讨会，吸引了海外30多个国家和地区的170多位公关界人士和国内的150多位公关界、企业界代表参加。

6月，上海市公关协会与广东、福建、浙江省公关协会在浙江省宁波经济开发区联袂召开“沿海省市大中型企业公关研讨会”，总结交流大中型企业运用公共关系促进企业发展的经验，着重就社会主义公共关系如何为大中型企业服务问题做了研讨。

6月5日，《公共关系导报》开架北京图书馆。

6月10日，《中国公共关系大辞典》由全国24个省市和中央有关部门、38所高等院校、科研院所的150余名专家学者，历时三年半联袂编著，成为我国第一部大型理论辞书。这是当代中国所编公关辞书中篇幅最大、资料最新、内容最全的大型理论工具书。

7月5日，中国公共关系特色初探研讨会在山东省莱芜市举行。

11月10日，全国第五届公关组织联席会议在广西桂林举行，来自全国30个省份的300名代表与会，中国国际公关协会副会长朱传贤做了“公关之我见”的讲话，中国公关协会主席安岗、中国国际公关协会会长柴泽民为会议发来贺词。

12月，上海市公关协会、上海市消费者协会、“中国质量万里行”杂志社联合举办为期三天的“中国质量万里行”宣传日活动，分别在南浦大桥、人民广场、外滩等主要地段设立宣传点，达到了“宣传质量意识，增加消费观念”的目的。

12月，全国第二届企业创新与公关策划研讨会在营口召开。

12月2日，为期4天的第三届全国公关理论研讨会在福州举行，70余名专家、学者围绕着“公共关系与市场经济”这一主题进行探讨，收到论文120篇。

1993年

1993年，在石家庄创办的《公关世界》杂志由中国公共关系协会、中国国际公关协会与河北省国际国内公关协会共同创办。

3 月，上海市公关协会和上海广告公司联合举办“我最喜爱的广告语”评选活动，历时 7 个多月。全国有 99 家企业报名参加，通过群众推荐和专家评定相结合的办法，评出了 10 条“我最喜爱的广告语”。《解放日报》《文汇报》《新民晚报》等新闻媒体均报道了这次活动。东方电视台“东方大点播”做了长达 50 分钟的介绍。

4 月，中国国际公共关系协会第一届理事会第三次会议提出了“开拓、建立和发展中国公关市场”的战略构想。

6 月，首届中国最佳公共关系案例大赛（1992—1993）正式启动，每两年举办一届。

7 月 15 日，上海公关协会主办的上海市国际公共关系进修学院成立，薄一波亲自为学院题名。

8 月，中国广播电视出版社出版了全球总容量最大的公关图书《中国公共关系大辞典》。辞典 550 万字，由吴学谦、邵华泽作序。

9 月 22 日至 26 日，全国省市公关组织联席会议在贵阳举行，主题是“公共关系如何为社会主义市场经济服务”。

10 月 12～15 日，中国公共关系协会学术委员会在郑州召开全国公关报刊座谈会。

1994 年

1994 年，经国家教委批准中山大学创办了我国第一个公共关系本科专业。

1994 年，中山大学开始在行政管理专业硕士点招收公关研究方向的研究生。

3 月，由中国公共关系协会学术委员会主任翟向东主编、中国公共关系协会学术委员会联袂编著的《中国公共关系教程》在中国商业出版社出版。

9 月，中国国际公共关系协会与《公共关系报》（浙江）合作推出了“公关实务界人士眼中的中国公共关系市场”专版。

9 月，中国国际公共关系协会与中国环球公共关系公司合作举办了“中国公共关系市场高级研讨会”。

11 月，中国国际公共关系协会与《中国名牌》杂志推出了“机遇、策略与发展——中国公共关系市场特别报道”。

年底，华东六省一市公关工作者研讨会在上海举行，与会者就“公关如何适应市场经济发展”等课题进行了研讨。

1995 年

1995 年，山东省莱阳市成立了首家县级协会——莱阳市公关协会。

2 月 1 日，《中华人民共和国广告法》开始施行。

3 月 20 日，《中外优秀公关案例精选》10 集电视系列片在北京电视台连续播出，引起社会广泛关注。

5 月 29 日，中国高等教育公共关系委员会在西安成立，同时召开了首届学术研讨会。大会确定了理事会、常务理事会及有关执行机构的组成人选，通过了大会工作报告和章程。

6 月 2 日，在北京的中、外八大公关公司联合签署了《对在中国开展公关业务的职业标准立场》。其中有七家外资或合资公关公司，在全球公关排行榜上名列前十位内。

7 月，上海市公关协会、上海外商投资企业协会与上海家化联合公司联合举办“上海市企业界职业公关市场大讨论”活动，市政协副主席、市公关协会会长毛经权、上海外商投资企业协会副秘书长赵信勋、上海家化联合公司总经理葛文跃以及上海市企业界、理论界、新闻界等有关人士 110 人出席这次活动。

8 月，第五届全国公关理论研讨会在石家庄召开，议题是“公关策划”。

9 月，为迎接第四届国际妇女大会召开，上海市公关协会、《上海公关》杂志和上海教育电视台《阅读上海》栏目共同举办了为期半年的“公关风采录”，每周三次向公众开播，一展上海公关人员的风采。

11 月，第五届全国企业创新与公关策划研讨会在秦皇岛召开，大会主题为企业策划与现代企业制度。

12 月，复旦大学出版社出版的《公共关系学》和《公关心理学》入选“1995 年全国社科类优秀畅销书”。

1996 年

3 月，上海市公关协会和哈根达斯上海食品有限公司及上海市妇女联合会联合举办了“驻沪海外人士看上海”的活动。这次公关活动以“每个人都希望把自己的所爱与大家一起分享”为主题，把哈根达斯冰激凌的形象塑造巧妙地与评选上海的“十佳”相结合，该活动取得了相当理想的效果。

4月，中国国际公共关系协会举办了首次中国国际公共关系大会（即友谊宾馆会议），此后每两年举办一次，每次会议都有一个中心议题。这种全国性的中外专业交流活动，极大地推进了中国公共关系业的专业发展。

4月22日，沈阳工业学院公共关系协会正式成立，它是辽宁省高校中首家此类性质的学生团体。

5月，中国公关协会培训中心在北京举办“创名牌塑造企业形象高级研讨班”。

7月18日，由陕西、甘肃、青海、西藏四省联合举办“重振唐蕃古道计划”系列活动，开展集旅游、经贸于一体的“文成公主进藏西部开发考察行”公关活动。

10月，上海市公关协会主办“96上海国际公关营销研讨会”，国内外公关界、营销界的专家、学者以及企业界的领导和公关代表60余人出席了会议。毛经权会长在会上提出了“公关人”在迈向21世纪的最后时机，如何抓住机遇，创造辉煌，实现公关“质”的飞跃的新课题。会议还对评选出的16家公关营销优秀企业和成功案例进行了颁奖。

1997年

3月，中国出现了第一个商业性的网络广告，传播网站是China byte，广告表现形式为468×60像素的动画旗帜广告。Intel和IBM是国内最早在互联网上投放广告的广告主。互联网的产生和发展，一方面扩大了媒体公关的渠道；另一方面，也增强了媒体市场的竞争力。

4月18～22日，“首届海峡两岸公关学术及实务研讨会”在台北举办，郭惠民、余明阳、廖为建、程曼丽等大陆10位专业人士赴台交流。

6月10日，中国国际公共关系协会第二次会员代表大会在北京人民大会堂隆重举行。会议明确了协会全国性公共关系专业组织的性质和地位，提出了协会今后的发展战略和主要任务。

当年夏，中山大学和广州创意公共关系有限公司联合设立了“中山大学创意公共关系专业基金”，这是我国高等学府设立的第一个公关基金。

7月5日，中国国际公关协会接通互联网，中国公关网（www.chinapr. com）正式开通，标志着协会向信息化建设迈出了可喜的一步。

11月15～16日，由中国国际公关协会柴泽民会长任主任委员、全国十多位公关专家和学者组成的“全国公共关系职业审定委员会”在北京举行了成立仪式和首次专家论证会。根据劳动部的要求，该委员会将在广泛听取各方意见的基础上，就公关职业的名称、定义、工作描述、技能标准及签订规范等进行充分的论证。

11月下旬，“97中国国际公关研讨会暨浙江省公关协会成立十周年”庆典活动在杭州举行。

年底，中国国际公关协会进行年度公共关系行业调查，并发布了行业调查报告，该报告从行业规模、经营情况、业务发展以及行业发展前景等诸多方面进行了较详细的分析和研究，其数据和基本观点为公共关系行业的发展提供了有效的参考。

1998年

3月，中国国际公关协会与劳动出版社合作拍摄10集公关教学录像片《现代企业公关》。这是国内首部用于公关教学的录像片，极大地普及了企业公共关系专业知识。

4月，上海市公关协会为法商投资5 000万美元的上海依视路光学有限公司承办开业庆典活动。法国国务秘书、法国驻中国大使、法国驻沪总领事、法国依视路总裁、上海市外经委副主任、上海市公关协会会长毛经权以及松江县有关领导等150位中外来宾参加了庆典。上视、东视、有线等新闻媒介对庆典做了较好的报道。

5月，上海市公关协会与市政协经济委员会、科技委员会、市科协联合召开“当代企业与科技、金融关系”研讨座谈会。

8月7～10日，全国公关职业审定委员会第三次会议暨第一次扩大会议在上海召开。

9月18～22日，第十一届全国省市公关组织联席会议在河北省石家庄举行，会议集中探讨了城市形象、企业形象和公关组织自身形象建设的新发展、新经验和新问题。

9月25日至27日，全国高校公关理论与公关教育研究研讨会在湖北武汉举行，会议的研讨主题是“政府公共关系问题”。

1999年

1999年，根据教育部有关文件精神，公共关系被列为高等教育自学考试全国统考专业，并于2002年完全执行新的考试计划。

1月4日，国家职业分类大典和职业资格委员会办公室致函中国国际公关协会、中国公共关系协会，决定成立“国家职业资格工作委员会公关专业委员会”。该委员会是一个专家性组织，在国家职业资格工作委员会的指导下从事工作。

1月26日，中国公关协会培训中心与《公关世界》杂志社在石家庄联合举办首届公关教师高级研修班。

5月，上海市公关协会与上海世联公关咨询服务有限公司在上海瑞安广场会议中心联合主办“公关传播的力量”中国案例会议。会上，百余位海内外大型企业的高级管理人员和著名经济专家就公关传播策略和技巧方面的问题进行交流和研讨。

5月，国家劳动和社会保障部正式将“公关员”作为一种新职业列入《中华人民共和国职业分类大典》，这标志着国家正式承认了“公关员”这一职业。从此，高层次的公关职业教育培训已被提升到中国内地公关教育的议程上来。

6月19～21日，“全国首届省市公关组织秘书长工作会议”在大连召开，来自全国26个省、61个市的公关组织的秘书长及公关界人士参加了会议。会议期间，国家职业资格委员会公关专业委员会举行了指定培训学校授牌仪式，首批接受授牌的有20家。

7月21日，国家职业资格工作委员会公关专业委员会组织编写的《公关员职业培训和鉴定教材》在北京通过了国家鉴定。

7月23日，中国城市形象工程国际研讨会在京隆重举行，400多位政府官员、协会领导、专家学者参加了会议，极大地推进了全国城市形象工程的建设。

10月，上海市公关协会与上海BMR市场研究公司在光大会展中心联合主办《市场研究与企业发展》——产品赢得市场策略研讨会。会上不仅邀请专家讲述“中国加入WTO的市场研究与企业发展趋势”，且有五家企业从各自产品品牌在市场比较的分析入手，详细报告了品牌形象、企业形象、营销策略的转变与市场转变的过程，并由著名学者点评，使与会者受到很大启发。

12月19日，由中国国际公关协会、中国社会科学院世界经济与政治研究所、《人民政协报》社、中国国际友谊促进会、中国国际科学和平促进会共同主办的“澳门回归论坛”在人民大会堂澳门厅召开。在论坛上向对澳门回归做出贡献的中国国际公关集团总裁高伟凯颁发了回归贡献奖。

12月26日，广州举行了“1999年公关员职业资格全国统一鉴定广东分考场”试点统考，是我国首次公关员统考的试点。

2000年

年初，中国国际公关协会携同中国环球、海天网联、方圆、爱德曼、博雅等中外公关公司以及壳牌、可口可乐等一些著名的企业公关部，对北京、上海、广州等地几十家公关公司和企业公关部进行了问卷调查或走访调查。调查结果表明，日益活跃的公关业，已成为中国的一个朝阳产业。

5月，中国第一个公关专业基金会——广州中山大学创意公共关系基金会举行了颁奖大会。大会除奖励了中山大学一批优秀师生外，还奖励了社会上有突出贡献的两位公关界人士：一位是中国环球公关公司总经理王志文，一位是公关世界杂志社社长汪钦。

8月，第13届全国省市自治区公关组织联席会议在内蒙古呼和浩特、包头市召开。

9月，山西省国际国内公关协会联合《公关世界》《公共关系》杂志社共同发起主办了“2000年首届公关财富论坛”，集中探讨了“公关理论与市场经济如何做到最佳融合”，并得出了“公关创造财富”这一新理念。

10月下旬，中国国际公关协会组织“中国公关业代表团”一行10人首次访问美国，参加了在美国芝加哥举办的世界公共关系大会，并在会上发表了书面演讲。

11月，上海市公关协会与沪港经济杂志社联合主办“上海房地产市场形势与企业对策研讨会”，30位政府官员、学者专家及沪港两地有关房产企业负责人参加了研讨会。该研讨会旨在推动上海房地产业健康发展，以适应入世后的新形势的需求。

11月1日，“迎大运——万名大学生签名”活动总结会暨捐赠仪式在京举办。该活动由本届世界大学生运动会组委会与中国国际公关协会共同举办。

12月，上海市公关协会举办“社会公益与企业形象”研讨会，邀请海内外知名慈善家、学者，杰出慈善企业家，行善企事业单位代表共百余人参加。探讨企业从社会获利的同时，如何回报社会；企业在为社会公益事业做出贡献的同时，如何塑造自身良好的形象和声誉。

12月3日，首届全国公关员职业资格统一考试举行，全国24个省、自治区、直辖市的近7 000人参加了初、中、高三个级别的职业资格统一鉴定考试。大批公关员持证上岗，标志着中国公关业进入了职业化、专业化、规范化的新阶段。

2001年

4～6月，中国国际公共关系协会举办“中奥百城支持北京申奥签名活动”，召集国际公共关系公司为北京奥申献计献策，得到北京市及北京奥申委领导的高度评价。

4月，李岚清访问法国期间与法国外交部长韦德里纳签署了关于中法互设文化中心和互办文化年的《会谈纪要》。双方商定，2003年10月至2004年7月，中国在法国举办文化年；2004年秋季至2005年7月，法国在中国举办文化年。中法文化年的开展是我国政府进行国家公关的一种重要体现。

5月10日，在香港财富论坛闭幕的庄严时刻，董建华向与会代表隆重推出了“香港品牌——飞龙标志”，这又是一次成功的政府公关。

7月13日，北京成功申办2008年奥运会，这是一次成功的政府国际公关，将为我国公共关系业带来难得的发展机遇。

8月23日，“中国公共关系网”（www. chinapr. com. cn）及协会网站（www. cipra. org. cn）成功改版，业内人士有了自己的网络交流平台。

9月7～9日，全国公共关系员培训与职业鉴定工作座谈会在北京召开。会议总结了全国公共关系员培训工作经验，改选了部分委员，提出增设“公共关系师”和“高级公共关系师”两个职业等级。

9月20日，外资在华医药企业政策沟通会在北京国宾酒店举行。国家经贸委、国家计委、国家工商总局、卫生部、劳动和社会保障部以及国家医药管理局等政府主管官员与在华外资医药企业负责人就医药认证、医药市场等问题进行沟通。

10月14～17日，中国国际公共关系协会郑砚农常务副会长兼秘书长、和铭常务副会长代表中国公共关系界参加柏林国际公共关系大会，并在会上发表“中国公共关系业发展现状及前景展望”的演讲。

10月18日，APEC会议在上海召开，这次会议取得了圆满成功，是上海一次成功的国际公关，有助于树立良好的城市形象。

11月23日，中国国际公共关系协会与上海市公共关系协会共同举办“经济全球化下的公共关系”国际论坛。这是中国加入WTO后的一次重要会议，上海及周边地区的公共关系界、企业界代表参加了本次活动。

12月11日，中国加入WTO，为我国公共关系业的发展创造了良好的国际环境，标志着我国公共关系业走进“大公关时代”。

12月14日，中国国际公共关系协会十周年庆典在北京人民大会堂隆重举办。何鲁丽、经叔平、李肇星等近300位嘉宾参加了庆典活动。

12月21日，上海市优秀公共关系案例评选中，浦东新区政府与黄浦区建委两个公共关系项目获得上海市优秀公共关系金奖。

2002年

1月，香港公共关系业代表团访问上海。中国国际公共关系协会郑砚农常务副会长兼秘书长赴上海接待香港代表团一行，并进行了相关业务交流活动。

截至3月，全球排名前20名的国际公共关系公司已经有一半进入中国，成为加入WTO后中国公共关系公司与国际公共关系业进一步融合的标志和开始。

6月26～27日，第四届中国国际公共关系大会在北京国宾酒店隆重举办。蒋正华、经叔平、李肇星、龙永图、刘敬民等贵宾参加了本届大会。

6月27日，第五届中国最佳公共关系案例大赛颁奖典礼在京隆重举办。经叔平副委员长将“中国公共关系杰出大奖”奖杯颁发给了北京奥组委秘书长王伟，李肇星副部长向上海通用汽车颁发了“中国公共关系创意奖”，会上还颁发了15个金奖和19个银奖。

11月27日，中国国际公共关系协会与中国妇联联合举办“企业社会责任与企业形象论坛”，该活动受到企业界人士和女性企业家的高度评价。

12月3日，上海在五个城市中脱颖而出，获得了2010年世博会的主办权，在为上海进行了一次成功的国际公关的同时，再一次证明了政府在国际公关中发挥的重要作用。

12月29日，上海公共关系协会与香港《大公报》主办的中外公共关系专家对话活动在上海图书馆多功能厅举行。中心议题是“公共关系的人文价值”“创造企业发展的市场空间和整合公共关系传播”“开发企业品牌核心竞争力”。

年底，上海视点公共关系公司总经理朱艳艳获国际商业传播者协会IABC颁发的“金鹅毛笔奖”，成为国内捧回该奖的第一人。

2003年

1月22日，美国波音公司全球公共事务副总裁访问中国国际公共关系协会，双方就今后的合作进行了亲切友好的会谈。

2月22日～23日，“经济全球化下的企业危机管理”国际论坛在北京国际会议中心隆重举办。这次会议由中国国际公共关系协会与中国工业经济联合会共同举办，就经济全球化下的企业危机管理深入探讨，对提高中外企业界的认识和危机管理水平具有非常积极的影响。

3月25日，2003年中国公共关系业工作会议在京召开。会议发表了2002年度行业调查报告，对当前公共关系行业发展状况、存在问题及发展战略进行了深入研讨。

3月26日，“信息产业国际高峰论坛”在海口市举办。

3月27日～4月1日，中国国际公共关系协会李道豫会长率中国内地公共关系业代表团一行25人对香港特区进行为期四天的交流访问，在港期间，中国国际公共关系协会与香港公共关系专业人员协会签署了内地与香港公共关系业合作协议，正式确立内地与香港的交流形式。

4月20日，国家卫生部召开新闻发布会，高强首次承认，在“非典”期间，“工作中也确实存在一些缺陷和薄弱环节”“卫生部对北京市的防治工作指导检查也不够有力”，这是我国政府针对非典展开积极危机公关的起步点。

4月28日，联想开始启用新标志——“Lenovo联想”，这是我国企业开始进行国际公关的重要标志之一，自联想换标以后，我国的许多企业开始了换标活动。

4月24日～5月3日，在加拿大奥素幽士镇（Osoyoos），首次举办了“中国文化节”，这是中国进行的又一次“文化外交”，也是我国进行的又一次文化公关活动。

6月21～22日，首届中国企业家与公共关系高峰会论坛在北京举行。

7月，中国公共关系协会学术委员会、《公共关系世界》杂志、安徽省公共关系协会在安徽省蚌埠市联合主办“新世纪中国首届市县形象建设论坛”。

8月10～12日，由中国公共关系协会、中国新闻出版报、中华时报社联合主办的中国首届传媒沟通与危机公共关系研讨会在长春举行。

8月29日，上海公共关系协会和解放日报报业集团主办的优秀公共关系案例颁奖典礼在上海举行。

9月22日，国新办第一期全国新闻发言人培训班开课，自此，我国中央和地方政府全面展开了新闻发言人的培训，这是为我国建立“突发事件应急机制”所做的准备工作，我国政府开始为危机公关做准备。

12月4～18日，在泰国曼谷、清迈、廊开和洛坤府举行了“2003·中国西藏文化周”，这是我国首次在东南亚地区举办以西藏为主题的大型综合性宣传活动，也是我国首次在东南亚地区开展文化公关。

年底，经教育部批准，我国首个公共关系硕士点在复旦大学新闻学院建立。

2004年

3月4～5日，国家职业资格工作委员会公共关系专业委员会在北京召开了《公共关系员国家标准》（新版）审定会，并最终通过鉴定。

3月16日，中国国际公共关系协会主办的“中国公共关系业2004年工作会议”在北京国宾酒店隆重召开。会议发布了第六届中国最佳公共关系案例大赛结果，并发布了《中国公共关系业2003年度行业调查报告》。

6月24～26日，由中国国际公共关系协会主办的中国国际公共关系大会在北京举行，主题为“融合与发展”。

8月2～6日，中国高等教育学会公共关系专业委员会第六届学术年会暨第四期公共关系教师研修班在天津大学和燕山大学召开。

10月15～17日，中国公共关系协会、《公共关系世界》杂志主办，湖州市公共关系协会承办的“中国第二届公共关系市场理论研讨会”在湖州召开。

10月20～24日，中国高教学会公共关系教育专业委员会在海南澹州召开“中国高等教育公共关系专业建设研讨会”。

10月28～30日，“2004中国首届咨询业大会”在大连召开。

11月25～27日，中国国际公共关系协会在北京举办“第二届现代企业危机管理国际论坛”，主题是“科学、有效、危机管理”。

12月13日，“PR1000”工程在复旦大学正式启动，它的主要培训群体是地级市以上的秘书长及办公厅负责人。“PR1000”工程开启了政府专门进行公共关系人才培训的先河。

12月20日，由中国国际公共关系协会主办的“2004年度中国十大公关事件”评选在北京揭晓。“关爱妇女，抗击艾滋”防止艾滋病宣传月、法国文化年在华成功推广和2008奥运经济市场推介位居前三名。此外，F1成功登陆中国；CCTV推出“中国经验”品牌节目；杜邦“特富龙”事件；联想加入国际奥委会全球合作伙伴计划；《南方周末》中国内地人物创富榜成功推出；中消协挑战“霸王条款”；康佳倡议积极应对彩电反倾销等成为2004年度最受公众关注、最能影响中国的十大事件，正式入选本年度中国十大公关事件榜单。

2005年

1月30日，党中央、国务院通过了《关于推进社会主义新农村建设的若干意见》。

4月27日，复旦大学和中国国际公共关系协会联合成立的“国际公共关系研究中心”在北京召开“构建和谐社会主义公共关系的责任与使命座谈会”及“国际公共关系研究中心成立新闻发布会”。

5月26～30日，中国高等教育学会公共关系专业委员会在江西南昌召开十年庆典暨第七届学术年会，会议以“构建社会主义和谐社会”为主题。

8月24～26日，由中国公共关系协会、《公共关系世界》联合主办，廊坊公共关系协会承办的“中国公共关系与构建社会主义和谐社会高峰论坛”及“中国公共关系协会学术委员会2005年年会”在河北廊坊召开。

9月22日，上海公共关系协会和解放日报报业集团主办的上海市第三届优秀公共关系案例及优秀公共关系人士颁奖典礼在上海举行。

10月20～22日，由湖南省政府、中国公共关系协会、中国国际公共关系协会支持，湖南省公共关系协会主办的第15届全国公共关系组织联席会议在长沙举行。

11月，中央电视台“新闻调查”节目播出的一则关于“天价医疗费”的报道引起举国关注，“哈医大二院天价医疗费”的曝光，引发我国医院对危机公关的重视。

11月13日，由中国公共关系协会电子商务委员会主办的首届电子商务与公共关系研讨会在北京召开。

12月20日晚，由中国国际公共关系协会主办的“2005年度中国十大公关事件”评选结果在北京揭晓。经过专家组严格甄选和公众网络投票，三一重工成为股份分置改革成功第一股、2008年奥运会吉祥物发布等十项事件最终成功入选。

2006年

6月22～24日，以“突破与创新”为主题的中国国际公共关系大会在北京召开。

6月24日，第七届中国最佳公共关系案例比赛颁奖典礼在北京国宾酒店举行。

6月25日，中国公共关系协会第四届全员代表大会在北京人民大会堂举行，产生了以苏秋成为会长的新一届中国公共关系协会领导班子。王大平、邢颖、余明阳与李兴国当选为常务副会长，余明阳兼任学术委员会主任。

6月23～24日，第四届中国电子商务与公共关系研讨会在北京人民大会堂举行。

8月1～4日，中国高等教育学会公共关系专业委员会在新疆阿克苏市召开研讨会，主题为“创新公共关系教学方法，大力提高公共关系质量”。

11月1～2日，十六届全国公共关系组织联席会议及中国招商峰会在广西玉林召开。

11月2～3日，中国国际公共关系协会与AVAIL公司共同主办的“第六届中国企业与政府公共关系管理峰会”在北京港澳中心瑞士酒店举行。

12月19日，年度十大公关事件评选活动在“第四届中国公关节暨CIPRA·15周年庆典”上正式揭晓。“中非合作论坛北京峰会”“北京奥运会35个体育项目图标发布”“海选红楼梦中人”和“联想启动奥运联想千县行”等事件入选“2006年度中国十大公关事件”。

2007年

1月14日，北京媒体与公关行业沙龙茶会举行，会议主题为“媒体与公关如何能双赢”。

1月27日，由复旦大学国际公共关系研究中心和中国国际公共关系协会联合主办，安利（中国）日用品有限公司协办的“国家软实力建构与中国公共关系发展高层论坛”在京举行。与会的70多位公关界、外交界、新闻界的专家学者以及政府有关部门的领导，围绕国家软实力建构与中国公共关系发展这一战略问题进行了深入研讨。

1月28日，“杰出公关公司评选暨首届财富中国年会”在北京人民大会堂举行。

3月，在纽约举行的第八届PRWeek公关行业奖颁奖典礼上，高诚公关顾问公司荣获“2007年度大型公关公司奖”。该评选活动由*PRWeek*杂志主办。高诚公关顾问公司隶属于埃培集团旗下机构，成立于1956年。到2006年，高诚公关顾问公司走过了第50个年头。目前高诚公关在中国国内客户有陶氏化学、玩具反斗城、佳沛新西兰奇异果国际行销公司、自然美生物科技有限公司、通用磨坊公司、百时美施贵宝公司、箭牌糖果（中国）有限公司、味全生物科技、统一集团等。据悉，在本次颁奖盛典上，高诚公关还荣获了“年度最佳科技公关奖”和“年度最佳企业内部沟通奖”。

4月20日，“首届大学生公共关系策划大赛”颁奖典礼在中国传媒大学400人报告厅落下帷幕，来自中山大学、华中科技大学、中国传媒大学、澳门大学等9所高校的10支代表队获得十佳优秀奖进入总决赛，此次大赛历时六个多月，全国共有146所高校的443支大学生队伍参赛。

4月2～3日，东风公司2007年公关宣传工作会在湖北武汉召开，原国务院国资委宣传局副局长卢卫东、新闻处处长苏桂锋应邀参加了会议。东风汽车公司总经理、党委书记徐平、党委副书记范仲、总经理助理周强等领导出席了会议并做了重要讲话。会议期间，神龙汽车有限公司和东风汽车有限公司进行了公关宣传的经验交流；国务院国资委的领导和奥美公关公司的专家给与会者做了精彩的专题报告。

6月22日，中国公共关系协会成立20周年庆典。

2008年

8月8～24日，第29届奥林匹克运动会在中国首都北京举行。奥运会上中国运动员发挥出色，以51枚金牌、100枚奖牌名列奖牌榜首位。北京奥运会是全世界最受关注的事件，中国政府、企业、普通公众在事件中的表现也受到了世界人民的肯定，是一次很好的国家公关形象展示。

9月9日起，河北三鹿集团因涉嫌在奶粉中掺入三聚氰胺而致使全国多省婴幼儿患肾结石事件引发社会关注。三鹿集团在事发前后的一系列表现让公众彻底失望，是一次失败的危机公关。此次事件影响范围之大、影响之恶劣堪称中国食品安全史上之最。三鹿集团处理方式与态度为人所诟病。

5月12日14时28分，中国四川省汶川县发生了中华人民共和国成立以来破坏性最强、波及范围最广、救灾难度最大的一次地震，地震救灾过程是一次国家在危难时刻开展的公关，媒体及时跟进报道，为人称道。

11月，由国际公共关系协会（IPRA）主办、中国国际公共关系协会（CIPRA）承办的第十八届世界公共关系大会于11月15日在北京落下帷幕。本届大会主题为"公共关系——构建全球化时代的和谐社会"，历时两天，中国国家领导人、部委领导、行业精英和来自全球47个国家和地区的跨国企业及著名公关公司高层等700多名代表出席了大会，中央电视台3个频道及近80家媒体在第一时间报道了大会的情况。

2009年

2009年10月1日，是中华人民共和国的60周年华诞。为了庆祝这一伟大的盛事，我国在天安门前进行了60周年国庆阅兵仪式。天安门广场花团锦簇，60门礼炮齐整地排布在广场最南端，56根民族团结柱分立在广场两侧，为节日增添了喜庆的氛围。气势磅礴的国庆阅兵仪式上，14个徒步方队、30个装备方队以及12个空中梯队依次经过天安门广场，接受党和国家领导人的检阅。这是中华人民共和国成立60年来，中国军队装备数量最多、规模最大的一次全景展示，也是国家公关形象的一次大展示。

2010年

2月，蓝色光标正式登陆创业板，成为中国国内首家上市的公共关系企业，股票代码为300058。

7月，上海世博会是一个公关大舞台，参展的国家、城市及企业在这里尽情地展示和表达，而在其精彩纷呈的背后，则活跃着一个个公关公司的身影。伟达、万博宣伟、罗德、奥美、灵思、迪思等众多公关公司都参与了上海世博会。

11月，探索后世博时代"多元文化和公共关系"，上海市公共关系协会举办了2010上海国际公共关系高峰论坛。以“如何提升后世博时代公共关系的意识和服务水平”为主题，这次论坛就公共外交、国家公关、多元文化、城市形象、传媒使命、企业CSR战略、新媒体环境、网络公关、公关人才培养等问题进行了深入探讨。博雅公关公司等12家公关企业根据当前网络传播时代的特点，倡议并通过了《公关行业行为公约》，承诺“以坦诚的态度对待媒体和社会公众，所有在网上发表的内容必须是真实、公正、透明及准确无误的”。

2011年

7月6日，“公共关系与国家形象”主题报告会暨中国国际公共关系协会成立20周年庆祝活动在北京人民大会堂举行。何鲁丽和李蒙等领导人出席，同时来自外交部、国务院新闻办等单位的领导及全球公共关系领域资深专家、业内人士等近300人共聚一堂，共同探讨“公共关系与国家形象”这一话题，并庆祝中国国际公共关系协会成立20周年。会上，主办方中国国际公共关系协会还为39家单位和10名个人颁发了“杰出贡献奖”，并对22名个人进行了表彰。会议由中国国际公共关系协会常务副会长兼秘书长赵大力主持。

7月23日20时30分05秒，甬温线浙江省温州市境内，由北京南站开往福州站的D301次列车与杭州站开往福州南站的D3115次列车发生动车组列车追尾事故。此次事故已确认共有六节车厢脱轨，即D301次列车第1至4位，D3115次列车第15、16位。事故造成40人死亡、172人受伤，中断行车32小时35分，直接经济损失19 371.65万元。危机事件发生后，政府形象公关引发舆论关注。

2012年

6月1日，成都“大熊猫出租车跑奥运”活动在伦敦闪亮登场。50辆最具有代表性的黑色出租车被喷绘成中国大熊猫的图案，出现在伦敦各大标志性建筑旁，为伦敦市民和游客提供服务。

8月30日，广州市白云区政府应急办首开政务微信之先河，设立了“广州应急——白云”公众号，次日便被用于发布广东河源地震信息。

10月11日19点，瑞典文学院诺贝尔奖评审委员会向世界宣布，中国作家莫言获得2012年诺贝尔文学奖。至此，莫言成为中国第一位获得诺贝尔奖的作家。莫言荣获诺贝尔文学奖，其意义不仅在于中国文学获得国际社会的肯定，也在于我国对外、对内国家公关的进步。

11月9日，@国务院公报微博通过新浪微博认证，意义重大。新浪政务微博成为各地、各部门、各层级政府执政为民、行政亲民的有力渠道。新浪微博成为我国各地政府部门首选的最具影响力的政务平台。与民互动、为民办事，是政务微博的最终发展方向。

11月29日，习近平总书记提出“中国梦”，并把“中国梦”定义为“实现中华民族伟大复兴，就是中华民族近代以来最伟大梦想”，并且表示这个梦“一定能实现”。

2013年

3月11日，北京市公安局正式开通官方微信平台“平安北京”，这是首个通过腾讯微信认证的省级公安机关官方微信。

6月18日，2013戛纳创意节上首次推出以“中国日”命名的主题创意论坛，也是戛纳国际创意节与中国广告协会携手推出的“戛纳魅力中国周”活动的一部分。

10月，《国务院办公厅关于进一步加强政府信息公开回应社会关切提升政府公信力的意见》发布，意见要求，各地区各部门应积极探索利用政务微博、政务微信等新媒体，及时发布各类权威政务信息，尤其是涉及公众重大关切的公众事件和政策法规方面的信息，并充分利用新媒体的互动功能，以及时、便捷的方式与公众进行互动交流。

10月11日，中央人民政府门户网站官方微博和官方微信上线。

12月18日，国务院办公厅政府信息公开办公室在新浪开通“中国政府网”政务微博，引发舆论关注。

2014年

2月27日，全国人大常委会通过两个决定：确定9月3日为中国人民抗日战争胜利纪念日，并将12月13日设立为南京大屠杀死难者国家公祭日，公祭纪念活动上升至国家层面。

5月20～21日，亚洲相互协作与信任措施会议第四次峰会（亚信峰会）在上海举办，习近平总书记提出亚洲新安全观。

5月25日，中国国际公共关系协会在京举办以“新机遇·再出发”为主题的2014年中国国际公共关系大会。大会还开设了“公关的边界：消失与融合”“大数据与公关变革”“资本的力量”三个分论坛。

11 月 11 日，亚太经合组织（APEC）第二十二次领导人非正式会议在北京举行。各经济体领导人高度评价中国为促进世界经济繁荣发挥的重要作用。会议确立建设面向未来的亚太伙伴关系，启动亚太自贸区进程，批准《亚太经合组织互联互通蓝图》，在近 30 个领域取得 100 多项合作成果。

11 月 22 日，以“大数据时代的都市形象和公共关系”为主题的 2014 上海公共关系国际高峰论坛在沪举行。来自美国、英国、俄罗斯等国著名学者、企业家、社会各界代表 300 余人到会，就大数据时代下的都市发展、公共关系行业变革进行了深入讨论。

2014 年，国务院办公厅在《2014 年政府信息公开工作要点》中明确提出：“加强新闻发言人制度和政府网站、政务微博、微信等信息公开平台建设，充分发挥广播电视、报刊、新闻网站、商业网站等媒体的作用，使主流声音和权威准确的政务信息在网络领域和公共信息传播体系中广泛传播。”

2015 年

3 月 28 日，国家发展改革委、外交部、商务部联合发布了《推动共建丝绸之路经济带和 21 世纪海上丝绸之路的愿景与行动》，一带一路倡议走向纵深发展。

7 月 31 日，马来西亚吉隆坡举行的国际奥委会第 128 次全会上，冬奥会奥委会主席巴赫宣布：中国北京获得 2022 年第 24 届冬季奥林匹克运动会主办权。

10 月 5 日，瑞典卡罗琳医学院在斯德哥尔摩宣布，中国女科学家屠呦呦、一名日本科学家和一名爱尔兰科学家获得 2015 年诺贝尔生理学奖和医学奖，由此实现了中国人在自然科学领域诺贝尔奖零的突破。

10 月 29 日，习近平总书记在党的十八届五中全会第二次全体会议上的讲话鲜明提出了创新、协调、绿色、开放、共享的发展理念。新发展理念符合我国国情，顺应时代要求，对破解发展难题、增强发展动力、厚植发展优势具有重大指导意义。

11 月，在昆明召开的全国外宣工作协作会上，由中国外文局组织的 2015 年度“对外传播十大案例”评选活动揭晓。武汉市打造的城市形象视觉名片《大城崛起》入选并受到表彰，武汉是唯一有入选案例的副省级城市。

2016年

1月16日，由中国倡议成立，57国共同筹建的亚洲基础设施投资银行在北京正式开业。

6月23日，中国国际公共关系大会在京举行。本届大会主题是“公共关系：变革中前行”。大会还开设了“公关向何处去”“新媒体与公关变革”“资本市场与公关全球化”三个分论坛。

7月12日，菲律宾南海仲裁案公布所谓“最终裁决”，中国严正声明“不接受不承认”，得到国际社会高度支持。

9月4日，举世瞩目的G20峰会在杭州开幕。峰会确立的“构建创新、活力、联动、包容的世界经济”主题意义重大。其中，创新居于四大任务之首，“创新增长方式”成为峰会重点议题，这既是“中国智慧”的体现，也是“中国声音”的彰显。

9月，李克强赴纽约联合国总部出席第71届联合国大会，发表题为“携手建设和平稳定可持续发展的世界”重要讲话，就应对全球性挑战发出“中国声音”。

11月27日，由上海公共关系协会主办，以“互联网时代的公共安全与危机管理”为主题的2016上海公共关系国际高峰论坛在上海中心大厦举行，来自俄罗斯、美国、新加坡等国家和来自上海合作组织、国际传播咨询协会等国际组织的著名专家、企业家和社会各界代表450余人出席论坛，深入探讨互联网时代特大型都市经济与社会的公共危机管理。

2017年

5月10日，国务院批准设立“中国品牌日”，国务院鼓励各级电视台、广播电台以及平面、网络等媒体，在重要时段、重要版面安排自主品牌的公益宣传，其中核心是讲好中国品牌故事，即从叙事学角度为国家公关的品牌战略提出工作重点和努力方向。

5月14～15日，“一带一路”国际合作高峰论坛在北京隆重举行。29位外国元首和政府首脑，130多个国家和70多个国际组织的1 500多名中外嘉宾共商合作大计，共建合作平台。

7月1日，庆祝香港回归祖国20周年大会暨香港特别行政区第五届政府就职典礼在香港会展中心隆重举行。习近平总书记出席并发表重要讲话。

7月30日上午，庆祝中国人民解放军建军90周年阅兵在朱日和联合训练基地隆重举行。习近平总书记检阅部队并发表重要讲话。1.2万名受阅官兵、600多台受阅车辆装备集结列阵，100多架战机在6个机场整装编队。这是中国人民解放军首次以庆祝建军节为主题的盛大阅兵。

10月12日，国家商务部外贸发展事务局对外宣布“中国之造（ChinaMade）”品牌工作计划正式启动，推广口号是“我爱中国之造，让世界拥抱中国之造”，并请苏芒、刘雯、鹿晗担任官方公益形象大使。

12月29日，中国公共关系协会成立三十周年纪念会在北京召开。会议回顾了中国公共关系30年的发展历程，表彰了一批公共关系先进组织，并发布中国公共关系蓝皮书《中国公共关系发展报告（2017）》。

2018年

11月16日，中国国际公共关系大会在北京举行，本届大会的主题是“新时代，大公关——中国与世界”。紧紧围绕大会这一主题，吴红波发表题为《新时代大公关，助力实现中国梦》的主题演讲。大会开设了两个并行论坛，分别以“‘一带一路’：重构公关全球化新未来”“资本运营介入与公关转型”“‘公关+’：数字时代的变革升级”和“‘公关+’：数字时代的跨界融合”为主题。

11月25日，由上海公共关系协会主办，以“社会主义现代化国际大都市建设与上海形象国际传播”为主题的2018上海公共关系国际高峰论坛在上海国际会议中心举行，来自国内外的专家学者550余人出席，深入探讨上海建设社会主义现代化国际大都市面临的机遇和挑战。

12月8日，中国公共关系协会主办的“2018中国公共关系发展大会”在北京举行。大会的主题为“新时代、新作为：中国公共关系的全球实践”。该会议发布了“改革开放与公共关系40年”影响力公共关系人物、著作、组织、事件。本书作者余明阳教授当选为“改革开放与公共关系40年”影响力公共关系人物。

2019年

1月22～25日，中国国际公共关系协会（CIPRA）学术工作委员会2019学术年会暨第四期中国公共关系研究工作坊在广西召开。

4月25～27日，第二届“一带一路”国际合作高峰论坛在北京成功举行。

5月15日，中国国际公共关系协会（CIPRA）在北京发布了《中国公共关系业2018年度调查报告》以及中国公共关系业2018年度TOP 30公司榜单和最具成长性公司榜单。

5月29日，由香港公共关系专业人员协会（PRPA）主办的"第四届香港公共关系奖"在香港成功举办，共颁发10个类别32个奖项，"最高荣誉大奖"由香港市区重建局夺得。

9月17日，习近平总书记签主席令授予42人国家勋章和国家荣誉称号，其中国际公共关系协会名誉会长李道豫先生获"外交工作杰出贡献者"国家荣誉称号。

2020年

5月28日，中国国际公共关系协会（CIPRA）在北京发布了《中国公共关系业2019年度调查报告》以及中国公共关系业2019年度TOP 30公司榜单和最具成长性公司榜单。

9月18日，第十六届中国国际会展文化节的重要论坛版块——"2020年成都公共关系论坛"，在中国西部国际博览城绵阳厅顺利召开。

9月22日，国家主席习近平在第七十五届联合国大会一般性辩论上的讲话中，向世界作出中国"碳中和"的承诺。

11月18日，由中国国际公共关系协会（CIPRA）主办的两年一届的中国国际公共关系大会在北京举行，此次大会主题为"公共关系赋能变化之世界"。

12月7日，中国国际公共关系协会（CIPRA）发布2020年中国公关传播行业财富40强排行榜和利润最强TOP 20榜单。蓝色光标在两份榜单中均居榜首。

12月8日，2020中国公共关系发展大会教育扶贫分论坛在中国传媒大学举行，大会以"教育扶贫的中国实践"为主题。

2020年，国家主席习近平以"云外交"方式同外国领导人和国际组织负责人会晤、通话87次，出席22场重要双多边活动，为国际抗疫合作提出中国倡议。

2021年

3月4日，民政部发布"2019年度全国性社会组织评估等级公告"，中国国际公共关系协会获评为4A级全国性社会团体。

4 月 29 日，由中国公共关系协会主办、《中国青年报》承办的“中国公共关系讲坛之青年与公共关系”在中国青年报社举行。

5 月 8 日，国家网信办 2021 年“清朗系列”专项行动全面展开，重点任务包括“整治网上历史虚无主义”“治理算法滥用行为”“打击网络水军、流量造假、黑公关”等。

5 月 21 日，中国国际公共关系协会（CIPRA）在北京发布了《中国公共关系业 2020 年度调查报告》以及中国公共关系业 2020 年度 TOP 30 公司榜单和最具成长性公司榜单。

5 月，首届中国国际消费品博览会在中国海口举行，约 70 个国家和地区、1 500 多家企业、2 600 多个消费品牌参展。

7 月 9 日，中国国际公共关系协会（CIPRA）与清华大学国家形象传播研究中心联合举办“城市品牌与国际传播力”专题讨论会，暨“国家形象传播研究”系列沙龙第五期活动。

8 月 23 日，中国公共关系协会学术委员会组织召开“中华文化国际传播专题研讨会”。

9 月 25 日，由中国国际商会、中国国际公共关系协会和北京国际设计周组委会共同主办的首届“北京国际品牌周”启动仪式暨北京国际品牌周论坛在北京梅地亚中心举办。此次活动以“品牌的力量”为主题。

9 月 29 日，由中国公共关系协会主办的“中国公共关系讲坛暨湾区国际传播沙龙”在广州举行。讲坛以“从湾区到世界：加强对话，增进信任”为主题，由中国外文局—中山大学粤港澳大湾区国际传播研究中心、广州市人民政府新闻办公室及腾讯集团发展研究中心共同承办。

2022 年

1 月 7 日，中国国际公共关系协会成立三十周年庆典活动在北京举行。

6 月 7 日，中国国际公共关系协会（CIPRA）发布《中国公共关系业 2021 年度调查报告》，同时发布了中国公共关系业 2021 年度 TOP 30 公司榜单和最具成长性公司榜单。

7 月 31 日，由中国公共关系协会主办，中国公共关系协会学术委员会联合北京大学新闻与传播学院、当代中国与世界研究院、北京大学国家战略传播研究院共同承办的“新时代中国公共关系之公共关系的过去、现在与未来”论坛在北京召开。

8月28日，2022推进全球生态文明建设（洱海）论坛“中国生态文明建设的国际传播”分论坛在云南大理举行。该分论坛以“向国际社会讲好中国生态文明建设的故事”为主题，由中国公共关系协会政府公共关系委员会、企事业公共关系委员会会同中国对外书刊出版发行中心共同主办。

9月4日，由中国公共关系协会主办，全国工商联国际合作部、中国人民大学新闻学院、清华大学苏世民书院共同协办的“公共关系与中国企业全球合作发展专题论坛”在北京举行。

9月15日，“新时代中国公共关系之新技术发展助力公共关系”论坛在北京召开。论坛由中国公共关系协会主办，中国公共关系协会新技术委员会联合科大讯飞股份有限公司共同承办。来自中国公共关系协会以及科大讯飞、澎湃新闻、清华大学、哔哩哔哩、千机科技、网易传媒科技、中国传媒大学、零点有数、尚诚同力等传播、科技领域的产学研各界和相关机构代表参加论坛。

11月15日，由中国公共关系协会和中国外商投资企业协会共同举办的“加快构建新发展格局 着力推动高质量发展——中共二十大精神宣介会”在北京举行。

参考文献

[1] [美] 格鲁尼格. 卓越公共关系与传播管理（公共关系经典译丛）[M]. 卫五名，译. 北京：北京大学出版社，2008.
[2] [美] 斯科特·卡特李普，等. 有效公共关系 [M]. 汤滨，等，译. 北京：中国财政经济出版社，1988.
[3] [英] 迈克尔·里杰斯特. 危机公关 [M]. 陈向阳，陈宁，译. 上海：复旦大学出版社，1995.
[4] [美] 阿尔·里斯，[美] 劳拉·里斯. 罗汉，虞琦，译. 公关第一 广告第二 [M]. 上海：上海人民出版社，2004.
[5] 孟小平. 舆论学：揭示公共关系的奥秘 [M]. 北京：中国新闻出版社，1989.
[6] 吴玉宗. 论加强政府公共关系 [J]. 社会科学研究，2003 (06)：11-15.
[7] 廖为建，熊美娟. 公共关系的公共性解读 [J]. 中山大学学报（社会科学版），2005 (03)：1-6+123.
[8] 薛可，余明阳. 论公共关系形象评估指标体系 [J]. 国际新闻界，2007 (12)：34-39.
[9] 程曼丽. 中国本土公共关系发展的必由之路——从企业公关到政府公关 [J]. 国际新闻界，2007 (12)：28-33.
[10] 孟建，钱海红. 危机公关：融入中国社会发展的新战略——中国危机公关实践的学术考察 [J]. 国际新闻界，2008，No. 164 (06)：17-21+74.
[11] 涂光晋，宫贺. 国家形象传播的前提、理念与策略——以2008北京奥运与三鹿奶粉事件的对照研究为例 [J]. 国际新闻界，2008 (11)：25-32.
[12] 范红. 国家形象的多维塑造与传播策略 [J]. 清华大学学报（哲学社会科学版），2013，28 (02)：141-152+161.
[13] 薛可，余来辉，余明阳. 公共危机传播中社交媒体用户的参与动机与行为研究 [J]. 新闻界，2017 (09)：55-62.
[14] 黄懿慧，吕琛. 卓越公共关系理论研究三十年回顾与展望 [J]. 国际新闻

界，2017，39（05）：129-154.
[15] Barend Venter. “后真相”世界中的公共关系：价值链方法 [J]. 现代传播，2017，39（07）：43-49.
[16] 张迪，周晓辉，高涵. 影响央企新媒体策略使用的因素分析：卓越公共关系理论视角 [J]. 国际新闻界，2018，40（11）：166-176.
[17] 胡百精，高歌. 修辞、对话与认同：修辞流派对公共关系研究的弥合与拓展 [J]. 现代传播（中国传媒大学学报），2018，40（02）：120-127.
[18] 刘晓程，汪宁宁. 超越悖论：再论对话公关“何以可能”[J]. 新闻大学，2021（09）：90-103+120.
[19] Grunig J E，Dozier D M. Excellent public relations and effective organizations：A study of communication management in three countries [M]. Routledge，2003.
[20] Grunig J E. Excellence in public relations and communication management [M]. Routledge，2013.
[21] Doorley J，Garcia H F. Reputation management：The key to successful public relations and corporate communication [M]. Routledge，2020.
[22] Dutton J E，Dukerich J M. Keeping an eye on the mirror：Image and identity in organizational adaptation [J]. Academy of management journal，1991，34（3）：517-554.
[23] Balmer J M T. Corporate branding and connoisseurship [J]. Journal of General management，1995，21（1）：24-46.
[24] Turban D B，Greening D W. Corporate social performance and organizational attractiveness to prospective employees [J]. Academy of management journal，1997，40（3）：658-672.
[25] Balmer J M T. Corporate identity and the advent of corporate marketing [J]. Journal of marketing management，1998，14（8）：963-996.
[26] Hallahan K. Seven models of framing：Implications for public relations [J]. Journal of public relations research，1999，11（3）：205-242.
[27] Holtzhausen D R. Postmodern values in public relations [J]. Journal of public relations research，2000，12（1）：93-114.
[28] Gillan S L，Starks L T. Corporate governance proposals and shareholder activism：The role of institutional investors [J]. Journal of financial Economics，2000，57（2）：275-305.
[29] Guiniven J E. Dealing with activism in Canada：An ideal cultural fit for the two-way symmetrical public relations model [J]. Public Relations Review，2002，28（4）：393-402.

[30] Botan C H, Taylor M. Public relations: State of the field [J]. Journal of communication, 2004, 54 (4): 645-661.

[31] Cornelissen J P, Haslam S A, Balmer J M T. Social identity, organizational identity and corporate identity: Towards an integrated understanding of processes, patternings and products [J]. British journal of management, 2007, 18: S1-S16.

[32] Kelleher T. Conversational voice, communicated commitment, and public relations outcomes in interactive online communication [J]. Journal of communication, 2009, 59 (1): 172-188.

[33] Curtis L, Edwards C, Fraser K L, et al. Adoption of social media for public relations by nonprofit organizations [J]. Public relations review, 2010, 36 (1): 90-92.

[34] Tom K. Conversational Voice, Communicated Commitment, and Public Relations Outcomes in Interactive Online Communication [J]. Journal of Communication, 2010 (1): 172-188.

[35] Ferguson M A. Building theory in public relations: Interorganizational relationships as a public relations paradigm [J]. Journal of public relations research, 2018, 30 (4): 164-178.

[36] Xiong Y, Cho M, Boatwright B. Hashtag activism and message frames among social movement organizations: Semantic network analysis and thematic analysis of Twitter during the # MeToo movement [J]. Public relations review, 2019, 45 (1): 10-23.

[37] Meng J, Berger B K. The impact of organizational culture and leadership performance on PR professionals' job satisfaction: Testing the joint mediating effects of engagement and trust [J]. Public Relations Review, 2019, 45 (1): 64-75.

[38] Chanana N. Employee engagement practices during COVID-19 lockdown [J]. Journal of public affairs, 2021, 21 (4): e2508.

[39] Lee Y, Kim J. Cultivating employee creativity through strategic internal communication: The role of leadership, symmetry, and feedback seeking behaviors [J]. Public Relations Review, 2021, 47 (1): 101998.

[40] Balmer J M T, Podnar K. Corporate brand orientation: Identity, internal images, and corporate identification matters [J]. Journal of Business Research, 2021, 134: 729-737.